Arduino

Guía práctica de fundamentos y simulación

Eugenio López Aldea

Arduino

Guía práctica de fundamentos y simulación

Eugenio López Aldea

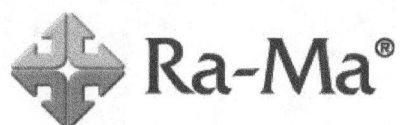

La ley prohíbe fotocopiar este libro

Arduino. Guía práctica de fundamentos y simulación
© Eugenio López Aldea
© De la edición: Ra-Ma 2016
© De la edición: ABG Colecciones 2020

MARCAS COMERCIALES. Las designaciones utilizadas por las empresas para distinguir sus productos (hardware, software, sistemas operativos, etc.) suelen ser marcas registradas. RA-MA ha intentado a lo largo de este libro distinguir las marcas comerciales de los términos descriptivos, siguiendo el estilo que utiliza el fabricante, sin intención de infringir la marca y solo en beneficio del propietario de la misma. Los datos de los ejemplos y pantallas son ficticios a no ser que se especifique lo contrario.

RA-MA es marca comercial registrada.

Se ha puesto el máximo empeño en ofrecer al lector una información completa y precisa. Sin embargo, RA-MA Editorial no asume ninguna responsabilidad derivada de su uso ni tampoco de cualquier violación de patentes ni otros derechos de terceras partes que pudieran ocurrir. Esta publicación tiene por objeto proporcionar unos conocimientos precisos y acreditados sobre el tema tratado. Su venta no supone para el editor ninguna forma de asistencia legal, administrativa o de ningún otro tipo. En caso de precisarse asesoría legal u otra forma de ayuda experta, deben buscarse los servicios de un profesional competente.

Reservados todos los derechos de publicación en cualquier idioma.

Según lo dispuesto en el Código Penal vigente, ninguna parte de este libro puede ser reproducida, grabada en sistema de almacenamiento o transmitida en forma alguna ni por cualquier procedimiento, ya sea electrónico, mecánico, reprográfico, magnético o cualquier otro sin autorización previa y por escrito de RA-MA; su contenido está protegido por la ley vigente, que establece penas de prisión y/o multas a quienes, intencionadamente, reprodujeren o plagiaren, en todo o en parte, una obra literaria, artística o científica.

Editado por:
RA-MA Editorial
Madrid, España

Colección American Book Group - Informática y Computación-Volumen 33.
ISBN No. 978-168-165-738-7
Biblioteca del Congreso de los Estados Unidos de América: Número de control 2019935073
www.americanbookgroup.com/publishing.php

Maquetación: Antonio García Tomé
Diseño de portada: Antonio García Tomé
Arte: Pressfoto / Freepik

A mi familia.

ÍNDICE

AGRADECIMIENTOS 11

ACERCA DEL AUTOR 13

CAPÍTULO 1. FUNDAMENTOS DE LA ELECTRICIDAD Y LA ELECTRÓNICA 15
    1.1   INTRODUCCIÓN 15
    1.2   DE LOS SISTEMAS A LOS COMPONENTES Y DE LOS COMPONENTES A LOS SISTEMAS 15
    1.3   FUNDAMENTOS DE LA TEORÍA DE CIRCUITOS 17
        1.3.1   Conceptos generales sobre la electricidad, tensión, intensidad y potencia 17
        1.3.2   Dipolos y cuadripolos... 20
        1.3.3   Generadores de tensión y corriente 20
        1.3.4   Componentes eléctricos, resistencia (pull-up y pull-down), capacidad e inductancia.. 23
        1.3.5   Ley de Ohm 25
        1.3.6   El transformador... 26
        1.3.7   Tipos de señales y aparatos de medida... 28
        1.3.8   Introducción a la Simulación de Circuitos 31
    1.4   CONCEPTOS DE ELECTRÓNICA ANALÓGICA 32
        1.4.1   Diodos semiconductores 32
        1.4.2   Transistores.. 33
        1.4.3   Fuentes de alimentación 37
    1.5   CONCEPTOS DE ELECTRÓNICA DIGITAL.. 38
        1.5.1   Información digital... 38
        1.5.2   Funciones lógicas y puertas digitales 38
        1.5.3   Circuitos integrados digitales. Microchips.. 42
        1.5.4   Convertidores A/D y D/A.. 45
    1.6   PUERTO USB.. 47

CAPÍTULO 2. PLATAFORMAS DE HARDWARE ABIERTO 49
    2.1   DEFINICIÓN GENERAL DE PLATAFORMA *HARDWARE* 49
    2.2   HARDWARE DE CÓDIGO ABIERTO 50
    2.3   TECNOLOGÍA HARDWARE DE CÓDIGO ABIERTO Y SUS TIPOS 50
            2.3.1   Arduino 51
            2.3.2   Beagle 52
            2.3.3   Flyport 53
            2.3.4   Nanode 55
            2.3.5   Raspberry Pi 57
            2.3.6   Otras: GP_Bot 58
    2.4   COMPARATIVA ENTRE PLATAFORMAS HARDWARE 59

CAPÍTULO 3. HARDWARE DE LA PLACA ARDUINO 63
    3.1   DEFINICIÓN DE ARDUINO Y PRESENTACIÓN DE LA PLACA 63
    3.2   DESCRIPCIÓN DEL HARDWARE ARDUINO 65
            3.2.1   El microcontrolador y su tipología 65
            3.2.2   Arquitectura interna de un microcontrolador 67
            3.2.3   Arquitectura RISC y CISC 68
            3.2.4   El microcontrolador de Arduino (Atmel) 69
            3.2.5   Memorias y registros del microcontrolador 72
            3.2.6   Sistemas de alimentación de Arduino 75
            3.2.7   Comunicación con el puerto serie 77
            3.2.8   Comunicación a través de chip ATmega 16u2 79
            3.2.9   Protocolos de comunicación I2C/TWI y SPI 79
            3.2.10 Entradas y salidas de la placa Arduino 83
    3.3   CARACTERÍSTICAS DE LA PLACA ARDUINO UNO 87

CAPÍTULO 4. MODELOS Y ESCUDOS ARDUINO 91
    4.1   MODELOS Y ACCESORIOS DE ARDUINO 91
    4.2   MODELOS DE PLACAS ARDUINO 91
            4.2.1   Arduino UNO 92
            4.2.2   Arduino Zero 93
            4.2.3   Arduino Leonardo 95
            4.2.4   Arduino Yun 96
            4.2.5   Arduino Due 98
            4.2.6   Arduino Mega 99
            4.2.7   Arduino Ethernet 101
            4.2.8   Arduino Fio 102
            4.2.9   Arduino Nano 102
            4.2.10 Arduino LilyPad 103
            4.2.11 Arduino Pro 103
            4.2.12 Arduino Pro Mini 104
            4.2.13 Arduino Esplora 105
            4.2.14 Arduino Micro 106
            4.2.15 Arduino BT 107

		4.2.16	Arduino Duemilanove	107
		4.2.17	Arduino Diecimila	108
	4.3	ESCUDOS (SHIELDS) HARDWARE DE ARDUINO		108
		4.3.1	Escudo Proto	109
		4.3.2	Escudo Motor	109
		4.3.3	Escudo Ethernet	110
		4.3.4	Escudo Wi-Fi	111
		4.3.5	Escudo GSM	111

CAPÍTULO 5. SOFTWARE ARDUINO **113**

	5.1	FUNDAMENTOS DE LA PROGRAMACIÓN		113
		5.1.1	Conceptos de la programación	114
		5.1.2	Algoritmos	115
	5.2	LENGUAJE DE PROGRAMACIÓN DE ARDUINO		116
		5.2.1	Estructura general de un programa en Arduino	117
		5.2.2	Sintaxis	118
		5.2.3	Variables	118
		5.2.4	Constantes	120
		5.2.5	Aritmética, operadores de comparación y lógicos	120
		5.2.6	Estructuras de control	122
		5.2.7	Funciones de entrada y salida digitales	124
		5.2.8	Funciones de entrada y salida analógicas	127
		5.2.9	Funciones de comunicación serie	129
		5.2.10	Funciones de tiempo	133
		5.2.11	Funciones personalizadas	135
	5.3	LIBRERÍAS DE ARDUINO		138
		5.3.1	Librería EEPROM	140
		5.3.2	Librería Ethernet y Wi-Fi	140
		5.3.3	Librería Firmata	140
		5.3.4	Librería GSM	141
		5.3.5	Librerías LiquidCrystal y TFT	141
		5.3.6	Librería SD	141
		5.3.7	Librerías Servo y Stepper	142
		5.3.8	Librerías SPI y Wire	142
		5.3.9	Librería Software Serial	143
		5.3.10	Creación de librerías propias	143

CAPÍTULO 6. ARRANCANDO ARDUINO **145**

	6.1	IDE DE ARDUINO		145
		6.1.1	Instalación del IDE de Arduino	145
	6.2	PRIMERA APLICACIÓN PRÁCTICA CON ARDUINO		151
	6.3	OTROS IDE DE ARDUINO		157

CAPÍTULO 7. APLICACIONES CON ARDUINO. SENSORES Y ACTUADORES ... 163

	7.1	SENSORES		163
		7.1.1	Clasificación de los sensores	164

       7.1.2   Características principales de los sensores 164
       7.1.3   Tipos de sensores 167
7.2   ACTUADORES 168
7.3   APLICACIONES PRÁCTICAS EN ARDUINO CON SENSORES Y ACTUADORES 169
       7.3.1   Aplicación con actuadores digitales. Secuencia de encendido de los LED 170
       7.3.2   Aplicación con sensores digitales. Detección de la pulsación de un botón 172
       7.3.3   Aplicación con sensores analógicos. Detección de un potenciómetro con Monitor Serial 174
       7.3.4   Aplicación con actuadores analógicos. Efecto de fundido con un LED y zumbador piezoeléctrico 176
       7.3.5   Aplicación para el movimiento de un servomotor y control motor DC 180
       7.3.6   Aplicación Display de siete segmentos 183
7.4   COMUNICACIÓN CON LA PLACA ARDUINO 186
       7.4.1   Uso en Arduino del bus I2C 188
       7.4.2   Uso en Arduino del bus SPI 190
7.5   REGISTROS DE DESPLAZAMIENTO 191
7.6   PUERTOS Y REGISTROS 195
7.7   INTERRUPCIONES 198
7.8   APLICACIONES CON LAS LIBRERÍAS DEL IDE DE ARDUINO 201
7.9   APLICACIÓN ESCUDO ETHERNET ARDUINO. CONEXIÓN A INTERNET 202
       7.9.1   Conceptos de redes 203
       7.9.2   Conexión de Arduino a Internet 205
7.10 ARDUINO EN LA INDUSTRIA 208

CAPÍTULO 8. HERRAMIENTAS DE SIMULACIÓN ELECTRÓNICA CON ARDUINO 211

8.1   INICIACIÓN A LA SIMULACIÓN ELECTRÓNICA 211
8.2   PROGRAMAS PARA LA SIMULACIÓN DE CIRCUITOS 211
8.3   HERRAMIENTA PARA EL DISEÑO DE PROTOTIPOS CON ARDUINO. FRITZING 216
8.4   SIMULACIÓN CON PROTEUS 220
8.5   HERRAMIENTA LIBRE DE SIMULACIÓN *ON-LINE* PARA ARDUINO.123D CIRCUITS 223

CAPÍTULO 9. BIBLIOGRAFÍA 235

ÍNDICE ALFABÉTICO 239

AGRADECIMIENTOS

A Bárbara, Abel y Sandro.

Quiero dar las gracias, en primer lugar, a mi mujer, Bárbara, y a mis dos hijos, Abel y Sandro. Ellos me han acompañado y animado a escribir el presente libro desde el primer día. Quiero agradecerles su comprensión por las tantas horas que he tenido que dedicarle a este trabajo. Me han respetado y ayudado para que pudiera hacerse realidad.

A Eugenio, mi padre, y a María Salomé, mi madre. A Toni, Paloma, David y Álvaro, mi núcleo familiar, por su apoyo, y por escuchar las historias acerca de lo que es capaz de hacer Arduino.

Quiero darle las gracias de manera especial a Eugenio, mi padre y profesor, que me inició en el campo de la electrónica y ha colaborado en el presente libro, aconsejándome sobre muchas formas de la didáctica, así como en la corrección.

También quiero dedicar este libro al catedrático Manuel Castro, el profesor que me inició y ayudó en el mundo de la investigación.

El autor

ACERCA DEL AUTOR

Eugenio López Aldea es ingeniero industrial por la Universidad Nacional de Educación a Distancia desde 2004 y posee el Diploma de Estudios Avanzados (DEA) por la misma Universidad. Ha orientado sus estudios al campo de los Microprocesadores y la Simulación de Circuitos Electrónicos aplicados a la docencia. Es coautor de numerosas publicaciones de libros, como *Electrónica General, Teoría, Problemas y Simulación*, y de congresos nacionales, como *Virtual Educa* o TAEE (Tecnologías Aplicadas a la Enseñanza de la Electrónica), o internacionales, como FIE (*Frontiers In Education*). Ha participado en varios proyectos de Investigación Europea, como *IPSS-EE* (Internet-*based* Performance *Support Systems with Educational Elements*) o DIPSEIL (*Distributed Internet-Based Performance Support Environment for Individualized Learning*). También ha participado de una Beca de Formación en el área de automatización y monitorización de procesos industriales de SIEMENS y de otra en la UNED. En el campo laboral ha trabajado en diferentes empresas del sector industrial, como IRM (*Ingeniería Reparación Mantenimiento*) e Indra Sistemas. En la actualidad es director gerente de Niedax Kleinhuis Ibérica.

1

FUNDAMENTOS DE LA ELECTRICIDAD Y LA ELECTRÓNICA

1.1 INTRODUCCIÓN

En este capítulo se presentan y resumen los diferentes conceptos de electricidad y electrónica analógica y digital sobre los que se apoya cualquier circuito eléctrico o electrónico, pero, en este caso, orientados al entendimiento de la placa Arduino y su *hardware* para una utilización más profunda de este completo dispositivo.

1.2 DE LOS SISTEMAS A LOS COMPONENTES Y DE LOS COMPONENTES A LOS SISTEMAS

Un circuito eléctrico o electrónico determinado se puede representar mediante un bloque en el que la circuitería interna quede oculta. De esta forma, el interés se centraría en el circuito como bloque o sistema y en su comunicación con el exterior (o en su comportamiento respecto a la tensión o intensidad de corriente que recibe e emite).

Como ejemplo de sistema puede ser la UCP o, más conocido, CPU (*Central Processing Unit* – Unidad de Proceso Central) de un ordenador, en cuyo interior aparece toda la circuitería necesaria para operar según su diseño de desarrollo. Como salidas o entradas se puede encontrar puertos USB (*Universal Serial Bus* – Puerto Serie Universal) para dispositivos externos, ratón o teclado, así como diferentes conectores para la conexión de altavoces o micrófonos, impresoras, monitor, etc.

A su vez, la placa madre interna sería un subsistema dentro de este sistema, y el microprocesador constituiría una parte de este subsistema de la CPU. Dependiendo del enfoque que adoptemos, también podríamos considerar al microprocesador como sistema dotado de una serie de entradas y salidas, o pines, que interactúan con el medio y procesan información, que a su vez es devuelta para, según su programación, obtener un resultado determinado.

La fuente de alimentación para una CPU puede ser considerada otro sistema o bloque que forma parte del ordenador con el fin de adaptar la señal de tensión de los 230 V (voltios) recibidos a los 3 o 12 V que realmente se necesitan. Los elementos de que se compone una fuente de alimentación son componentes más simples, que unidos ofrecen este resultado de adaptación.

Es interesante llegar al conocimiento de los diversos componentes comprendiendo antes que existen y conviven dentro de un sistema determinado que trabaja para un resultado común, como puede ser esta fuente de alimentación. Una vez se escoge el sistema que se va a estudiar, éste se puede desglosar en subsistemas, hasta llegar al componente electrónico más simple conocido comercialmente, y, a su vez, integrarlos o unirlos de diferentes formas para llegar a obtener un nuevo sistema u otro diferente con distintas aplicaciones.

Los circuitos eléctricos o electrónicos son tratados a veces como bloques, en los que todo el circuito se representa como un rectángulo, y sólo se representan de forma explícita los terminales accesibles exteriormente. Por ejemplo, en la Figura 1.1 se utilizan las siglas C.E. para indicar que es un circuito eléctrico genérico; C.P. para indicar específicamente que se trata de un circuito pasivo, o C.A. si se quiere hacer con uno activo.

El C.E. puede tratarse de un circuito eléctrico amplificador para un altavoz. En el caso del C.P. puede tratarse de una simple resistencia, condensador o bobina, es decir, no hay ningún elemento activo o generador. En un C.A. se encuentran elementos generadores, así como diferentes tipos de componentes semiconductores, como diodos y transistores.

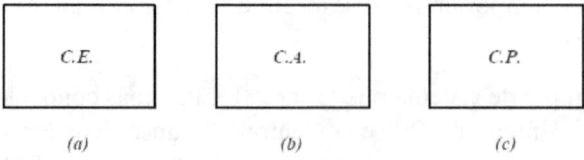

Figura 1.1. Diagrama de bloques de un a) circuito eléctrico genérico, b) circuito activo y c) circuito pasivo

Clase	Función
Amplificadores	Incrementan la intensidad o la tensión de las señales débiles.
Filtros	Separan las señales deseadas de las no deseadas y del ruido.
Fuentes de señales	Generan diversas formas de onda, como senoidales o cuadradas.
Circuitos conformadores de onda	Cambian una forma de onda a otra (por ejemplo, de senoidal a cuadrada).
Funciones de lógica digital	Procesan señales digitales.
Memorias digitales	Guardan información en formato digital.
Fuentes de alimentación	Proporcionan la corriente continua necesaria a los demás bloques funcionales.
Convertidores	Transforman unos tipos de señales en otra. Convertidores Analógicos/Digitales. Convertidores Digitales/Analógicos. Convertidores AC/DC, Convertidores DC/AC.

Tabla 1.1. Clasificación general de bloques componentes de Sistemas Electrónicos

1.3 FUNDAMENTOS DE LA TEORÍA DE CIRCUITOS

Se plantean los conceptos generales de electrónica y electricidad que se emplean a lo largo del libro, así como su aplicación directa en la utilización del sistema Arduino y su simulación.

1.3.1 Conceptos generales sobre la electricidad, tensión, intensidad y potencia

La electricidad se puede definir como un fenómeno físico originado por las fuerzas de interacción entre partículas subatómicas. La palabra *electricidad* tiene su origen etimológico en el término griego *elektron*, que puede traducirse como 'ámbar'.

La electricidad puede ser manifestada de diferentes formas. Entendida como el paso de los electrones (o la corriente) por un cable o conductor, se obtendría la expresión más utilizada: la corriente eléctrica.

La corriente eléctrica está definida por convenio en sentido contrario al movimiento de los electrones. También se define el sentido de la corriente como el movimiento de electrones que tiene lugar desde los puntos de tensión más altos a los más bajos (Figura 1.2).

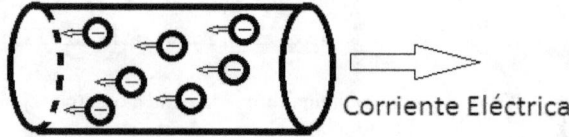

Figura 1.2. Ejemplo de corriente eléctrica sobre un conductor

Según el tipo de material por el que circule la corriente eléctrica, éstos pueden ser clasificados como **materiales aislantes**, en el caso del plástico o la madera. Como le ocurre a los átomos que los forman, es más difícil extraerles electrones de su última capa (los más alejados del núcleo); por tanto, no son susceptibles de que éstos fluyan por el material ante la aparición de una diferencia de la tensión o voltaje entre dos extremos. En el caso de los **materiales semiconductores** (germanio, silicio), al comunicarle energía se pueden obtener algunos de los electrones de su última capa, por lo que es posible generar un flujo determinado con una serie de aplicaciones interesantes en materia de amplificación o en puertas lógicas digitales. Por último están los **materiales conductores**, como los metales, en los que es muy fácil extraer electrones de su última capa y, por tanto, hacerlos fluir por el material al aplicarle una diferencia de tensión.

La **tensión** dentro del campo de la electricidad, también llamada **voltaje** (o **diferencia de potencial**), denominada frecuentemente por **U o V**, hace referencia a la magnitud que permite indicar la diferencia existente en el potencial eléctrico que se registra entre dos puntos separados de un material o un conductor, siendo el potencial eléctrico en un punto el trabajo que debe realizar una fuerza eléctrica para mover una carga positiva desde el punto de referencia hasta el punto indicado o de medida. El potencial eléctrico de un punto determinado P1 a un punto P2 sería el trabajo necesario para mover una carga unitaria desde P1 a P2. Los **voltios** son las unidades que se emplean para expresar el potencial eléctrico.

La **intensidad de corriente eléctrica**, denominada normalmente por **I**, es la cantidad de electricidad o carga eléctrica, Q, que circula por un circuito en la unidad de tiempo. Su unidad es el **amperio** (A).

$$I = \frac{Q}{t}$$

La intensidad de corriente eléctrica, al igual que la tensión eléctrica, puede ser continua o alterna (Figuras 1.3 y 1.4).

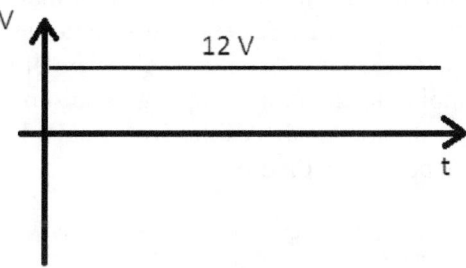

Figura 1.3. Ejemplo de tensión continua a 12 V

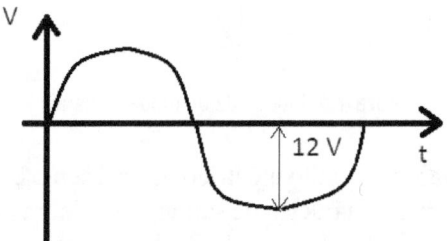

Figura 1.4. Ejemplo de tensión alterna de amplitud 12 V

La **potencia eléctrica** es la relación de paso de energía por un material por unidad de tiempo; es decir, la cantidad de energía entregada o absorbida por un elemento en un tiempo determinado. La unidad en el Sistema Internacional de Unidades es el vatio: **W** (Watt).

La potencia eléctrica en corriente continua se puede obtener multiplicando la tensión por la corriente:

$$1 + G(jw) H(jw) = 0$$

De esta forma, si tenemos un aparato que consume una potencia de 230 W alimentado con una tensión de 230 V, tendríamos un consumo de intensidad eléctrica de 1 A.

1.3.2 Dipolos y cuadripolos

Un **dipolo** es un circuito eléctrico con un terminal de entrada y un terminal de salida, donde se cumplirá que la corriente en el terminal de entrada es idéntica a la corriente en el terminal de salida. Se representa como un bloque con dos únicos terminales, que serán su única vía de comunicación con el exterior. Si conectamos a una tensión (por ejemplo, un enchufe) un aparato que supone una resistencia R, la intensidad que entra por uno de los dos cables será igual a la que sale por el otro de vuelta. De esta forma, tenemos un dipolo.

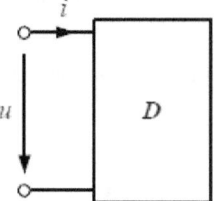

Figura 1.5. Bloque de un dipolo genérico

Un **cuadripolo** es un circuito eléctrico que presenta cuatro terminales: dos en un puerto de entrada y dos en un puerto de salida. La palabra *puerto* implica que cada uno de ellos se conecta a un dipolo, con lo que la corriente que entra por uno de los terminales sale por el otro. Un transformador de corriente podría representarse como un cuadripolo, donde la tensión e intensidad que entran por un lado se transforman en otra a la salida del mismo.

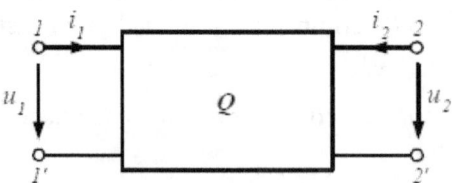

Figura 1.6. Bloque de un cuadripolo genérico

1.3.3 Generadores de tensión y corriente

Un **generador eléctrico** es todo dispositivo capaz de mantener una diferencia de potencial eléctrica entre dos de sus puntos (llamados polos, terminales o bornes), transformando un tipo de energía (normalmente, energía mecánica) en eléctrica.

Existen varios tipos de energía de partida, o dónde se transforma un acto o movimiento creado por un sistema determinado en una diferencia de potencial entre los dos polos a la salida, siendo posible conectar un circuito para la utilización de esa energía eléctrica mediante el empuje que recibe del paso de los electrones por sus conductores, cables o elementos de los que se compone. Esta energía de partida puede ser iniciada desde una transformación química, nuclear, electromagnética, térmica, nuclear o solar.

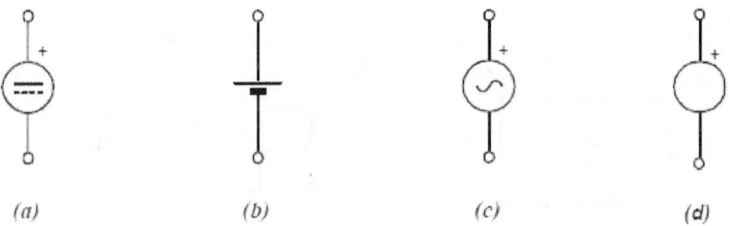

Figura 1.7. Ejemplos de símbolos para las fuentes de tensión: a) y b) fuente de tensión continua; c) y d) fuente de tensión alterna

Existen dos tipos de generadores principales ideales: los **generadores de tensión e intensidad**. El generador de voltaje o tensión ideal mantiene un voltaje fijo entre sus polos, con independencia de la resistencia de la carga que esté alimentando. Esto mismo sucede con el generador ideal de intensidad que mantiene ésta a pesar de la carga (o resistencia) que esté conectada a él.

A continuación, se muestra la curva característica de una fuente de tensión ideal (Figura 1.8). La tensión aquí se mantendría independientemente del consumo, aunque esto no ocurriría en aparatos reales.

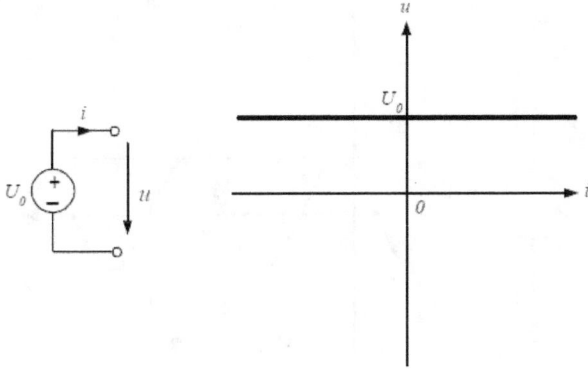

Figura 1.8. Curva característica de una fuente de tensión ideal continua

Hay muchos tipos de generadores de señal (intensidad o corriente), que pueden ofrecer diferentes configuraciones según las necesidades que se tengan. Como ejemplo, existen generadores de onda cuadrada y triangular (Figura 1.9), donde T, que es la inversa de la frecuencia, es el período de la señal que mide el tiempo que tarda en terminar un ciclo de la onda cuando ésta es repetitiva. También son muy frecuentes los generadores senoidales, habituales en generación eléctrica con alternador (esta señal alterna es la forma en la que llega la tensión a las viviendas).

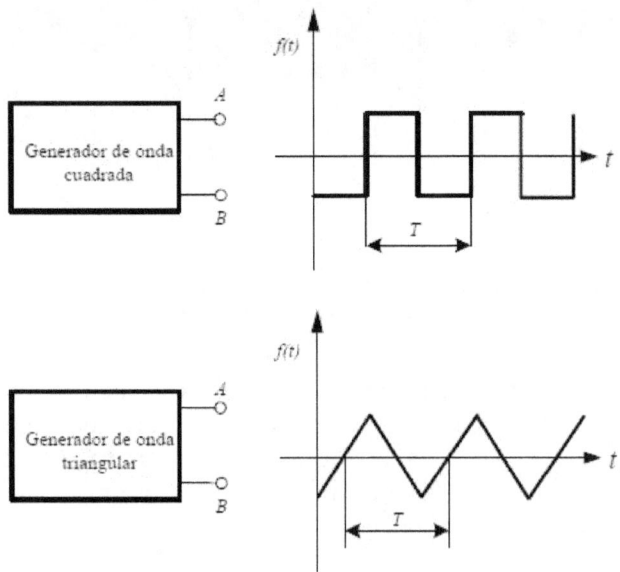

Figura 1.9. Ejemplo de: a) generador de onda cuadrada;

b) generador de onda triangular

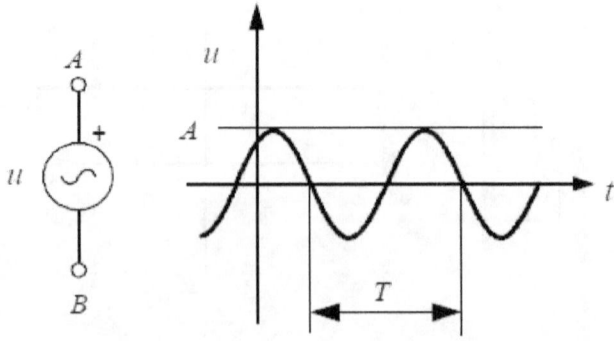

Figura 1.10. Fuente de tensión senoidal o alterna

1.3.4 Componentes eléctricos, resistencia (pull-up y pull-down), capacidad e inductancia

Dentro de los diferentes componentes eléctricos existentes, en esta sección se presentan los componentes pasivos resistencia, condensador y bobina, que son los componentes, o sus comportamientos físicos, más frecuentes en el campo de la electricidad.

Podemos definir la **resistencia** como aquel componente que opone cierta dificultad al paso de la corriente eléctrica; es decir, ofrece resistencia a dejarse atravesar por la corriente, pudiendo generar una polarización de carga o limitar la tensión. Las resistencias son los elementos que más abundan en los circuitos electrónicos (Figura 1.11, donde i representa el valor de la intensidad y R, el de la resistencia).

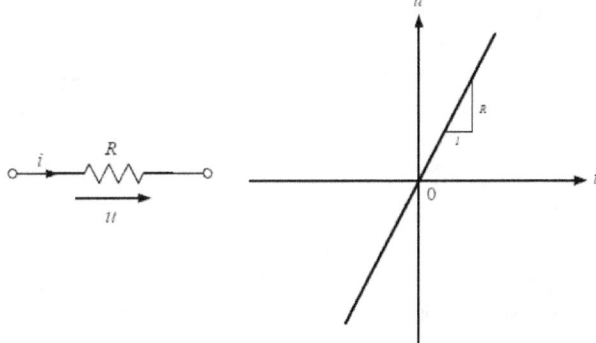

Figura 1.11. Resistencia: símbolo, referencias de tensión y corriente, y curva característica

Las resistencias pueden ser bobinadas (con hilos metálicos bobinados sobre núcleos cerámicos) o no bobinadas (el material resistivo, carbón o una película metálica, por ejemplo, se integra en el cuerpo del componente). Las resistencias se suelen representar con la letra R y se miden en ohmnios (Ω).

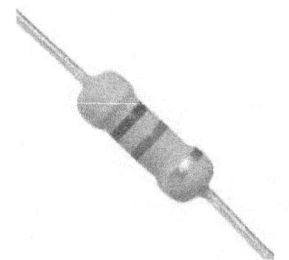

Figura 1.12. Imagen de una resistencia real

Los circuitos electrónicos, sistemas digitales, micros, etc., así como Arduino, disponen de componentes que funcionan en dos estados principalmente: *High* o *Low*, Alto o Bajo, o también 1 o 0, respectivamente. En estos circuitos es posible que, debido a diferentes factores como el ruido eléctrico o variaciones en la fuente de alimentación, el valor descienda a un rango indefinido y no sea posible determinar si el estado es 1 o 0. Para solucionarlo, se utilizan las **resistencias *pull-down* y *pull-up***. En realidad, son resistencias normales, pero llevan este nombre por la misión que cumplen. Una resistencia *pull-up/pull-down* está forzando todo el tiempo a que una entrada permanezca en un estado deseado: alto si está como *pull-up*, o bajo si está como *pull-down*.

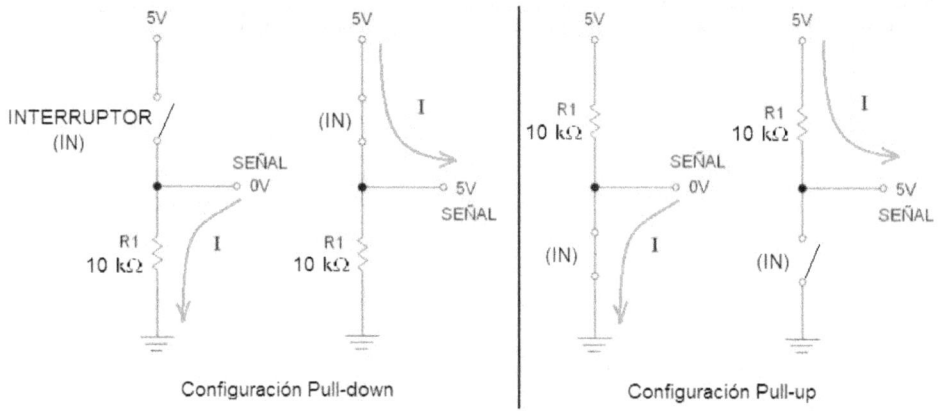

Figura 1.13. Configuración de una resistencia pull-down y pull-up

Un **condensador** es un dipolo pasivo que almacena temporalmente la energía eléctrica en un campo eléctrico. El condensador es la carga existente en el material dividido por su diferencia de potencial:

$$C = \frac{Q_1}{V_1 - V_2}$$

donde C es constante y se conoce como capacidad o capacitancia, V_1-V_2 la diferencia de potencial entre la placa 1 y 2 del condensador. De esta ecuación se deduce que la tensión en bornes del condensador es una función continua, ya que de otro modo su derivada no estaría definida en los puntos de discontinuidad. Por lo tanto, en bornes de un condensador **no puede haber variaciones bruscas de tensión**, independientemente del circuito al que se encuentre conectado.

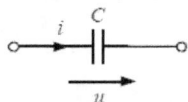

Figura 1.14. Símbolo y referencias de tensión y corriente de un condensador

Si disponemos de un condensador que se descarga sobre una resistencia, la caída de tensión en sus bornes no descendería rápidamente, sino que lo haría siguiendo una curva descendente que dependería del valor de la resistencia (Figura 1.15).

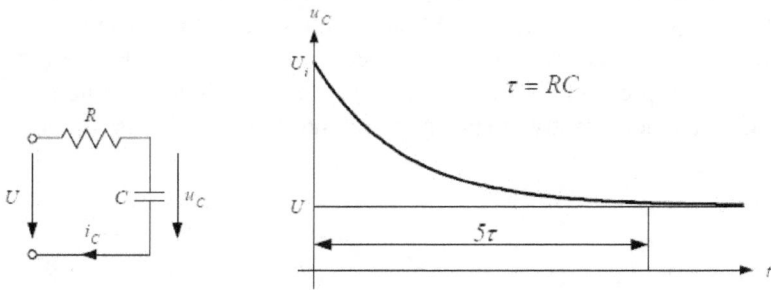

Figura 1.15. Descarga de un condensador a través de una resistencia

Una **bobina o inductancia** almacena la energía temporalmente, pero en este caso en forma de campo magnético, en lugar de hacerlo como un campo eléctrico, como le ocurre al condensador. Por tanto, la variación de intensidad en el tiempo (en lugar de la tensión, como se indica en el condensador) en la descarga con una resistencia también tendría un comportamiento similar al de la Figura 1.16.

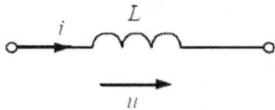

Figura 1.16. Símbolo y referencias de tensión y corriente de una bobina

1.3.5 Ley de Ohm

La Ley de Ohm establece las relaciones que existen entre potencial eléctrico (voltaje), corriente eléctrica y la resistencia, y expresa que la corriente eléctrica a través de un conductor será igual a la diferencia de potencial entre la resistencia que se halla en dicho conductor, es decir:

$$I = \frac{V}{R}$$

Siendo I la intensidad o corriente eléctrica medida en Amperios. V es el potencial o voltaje medido en voltios. R es la resistencia medida en ohms. Por tanto, si tenemos un circuito a 12 V con una resistencia de 12 Ω, la intensidad que circula por este circuito es de 1 A. La ley, así presentada, tiene validez para señales continuas, pero en caso de una corriente alterna, el concepto de resistencia se extendería al de impedancia (Z), que también es la medida de oposición que presenta un circuito a una corriente cuando se aplica una tensión, pero incluyendo aquí la fase (aparte de la magnitud R) que expresa el desplazamiento que la señal de tensión pueda tener con respecto al de intensidad motivado por componentes como bobinas o condensadores.

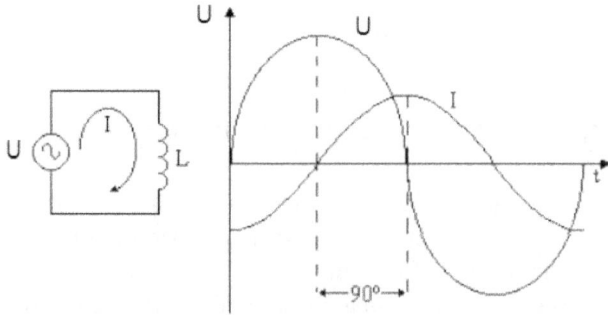

Figura 1.17. Tensión e intensidad desfasada en corriente alterna por una bobina

1.3.6 El transformador

Para utilizar un ordenador que trabaje a 12 V, necesitaríamos transformar la tensión alterna de 230 V, que llega al enchufe de una vivienda, a 12 V. Para ello, lo primero sería utilizar un sistema que redujese la amplitud de la tensión alterna de 230 a 12 V. Después, se trataría esta señal si se pretende pasar de una tensión alterna a continua.

Este sistema de transformación se desarrolla con un componente transformador, que es un dispositivo que convierte un cierto nivel de tensión alterna en otro, basándose en el fenómeno de la inducción electromagnética mediante la utilización de bobinas.

El transformador está constituido principalmente por dos bobinas de material conductor, devanadas sobre un núcleo cerrado de material ferromagnético, pero aisladas entre sí eléctricamente. La única conexión entre las bobinas la constituye el flujo magnético común que se establece en el núcleo (Figura 1.18).

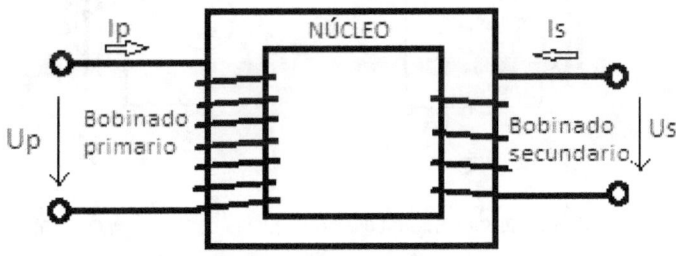

Figura 1.18. Representación básica de un transformador

Es necesario que la señal que se va a transformar sea alterna, ya que el funcionamiento de las bobinas tiene lugar con corriente alterna, y de recibir tensión continua en su entrada, no se conseguiría el resultado deseado a la salida.

El transformador básico consta principalmente de dos devanados: uno de entrada, llamado primario, y uno de salida, o secundario. El transformador primario recibe la potencia de la red o entrada, y se considera un receptor o consumidor. El campo magnético que se crea en la bobina del primario circula por el núcleo magnético que llega al secundario, y a su vez éste lo transforma en corriente eléctrica. El devanado secundario se conectaría al circuito de utilización; por tanto, el secundario se puede considerar como un generador. La frecuencia de la señal de entrada al transformador y de salida es la misma.

El transformador ideal es un cuadripolo lineal pasivo. En este caso, la tensión del secundario sería igual a la tensión del primario dividido por un factor a, siendo a la relación entre el número de espiras de la bobina del devanado primario con respecto al secundario.

$$u_1 = a \cdot u_2$$
$$i_1 = -i_2 / a \qquad \text{donde } a = n_1 / n_2$$

Así que si tenemos un transformador ideal donde el número de espiras del primario es 100 y el secundario es 50, *a* tendría un valor de 2, y la tensión de entrada, por tanto, se dividiría por 2; es decir, si tenemos 100 V alterna a la entrada, a la salida del transformador tendríamos 50 V.

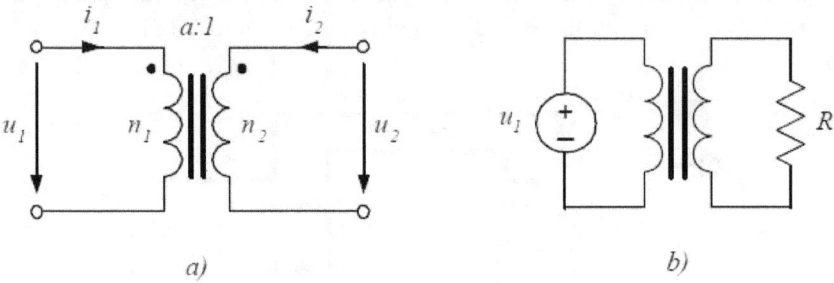

Figura 1.19. Transformador: símbolo y referencias de tensión y corriente

1.3.7 Tipos de señales y aparatos de medida

Se ha visto que tanto la corriente como la tensión pueden ser alternas o continuas. A su vez, las señales eléctricas pueden dividirse principalmente en señales analógicas y señales digitales. Las **señales analógicas** son las que experimentan una variación continua en intensidad o amplitud en el tiempo (puede ser continua o alterna). La radio y la televisión, antes de la era digital, se desarrollaban con señales analógicas. La tensión que llega a nuestras casas para utilizarla en nuestros aparatos es una señal analógica de corriente alterna. La desventaja de este tipo de señal es que el ambiente genera también señales de tipo analógico, conocidas como ruido, que generalmente interfieren con las que acarrean información, y crean complicaciones, dando como resultado una señal de menor calidad.

Las **señales digitales**, por el contrario, se asemejan a pulsos, y adquieren uno de dos valores (0 o 1, por ejemplo) a través del tiempo. Su comportamiento es equiparable al de un interruptor, que puede estar encendido o apagado, es decir, en dos estados finitos concretos. La ventaja de este tipo de transmisión es su inmunidad a las interferencias, ya que, al digitalizar una señal, se elimina el ruido generado por el medio ambiente, produciendo una señal más pura y de mayor resolución, y además puede codificarse utilizando el sistema binario.

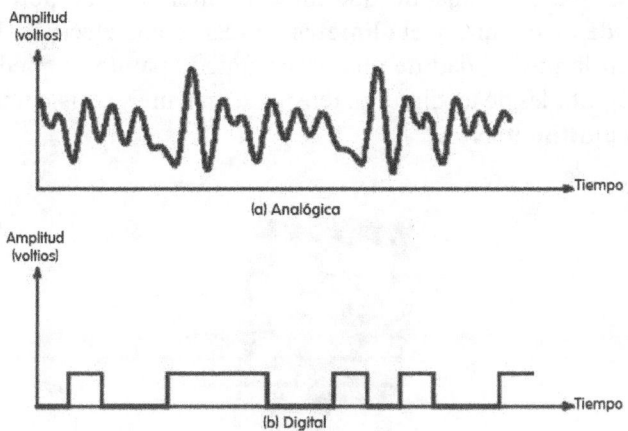

Figura 1.20. Señal analógica y señal digital

Para medir y conocer la amplitud o la frecuencia, así como su configuración en el tiempo de las señales eléctricas, se dispone de diversos aparatos de medida. Los más comunes son los amperímetros, voltímetros, óhmetros, multímetros, osciloscopios y analizador de espectro.

El **amperímetro** es un instrumento que mide y presenta el valor de la intensidad que está circulando por un cable en un momento determinado. En la Figura 1.21 se puede ver un ejemplo de amperímetro digital real en el que hay unas pinzas que se abrazan al cable que se desea medir. El campo magnético que se crea alrededor del cable al pasar la corriente permite que se induzca un valor en la pinza y, mediante un conversor y un microprocesador se calcula y presenta en la pantalla el valor de la intensidad.

Figura 1.21. Amperímetro digital de Extech, Mod. EX830

El **voltímetro** es el aparato que mide la diferencia de potencial o voltaje entre dos puntos de un circuito y el **óhmetro**, la resistencia eléctrica. En el mercado se ofrece también la posibilidad de que en un único aparato de medida se puedan medir las tres magnitudes de un circuito: tensión, corriente y resistencia. Este aparato se conoce como **multímetro**.

Figura 1.22. Multímetro AC + DC TRMS C.A 5289. de Chauvin Arnoux

Un **osciloscopio** representa gráficamente en una pantalla las señales eléctricas que varían en el tiempo. Es decir, que la gráfica en el tiempo que genera una señal, en función de la amplitud que toma en cada instante, se muestra en la pantalla del osciloscopio, permitiendo ver así cómo es o se comporta en el tiempo.

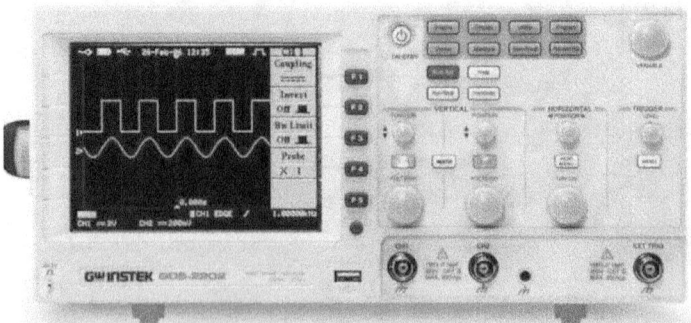

Figura 1.23. Ejemplo de señal digital y analógica (alterna) en un osciloscopio de GW-INSTEK

Si en lugar de representar una señal en el tiempo la representamos indicando en su eje de abscisas el valor de la frecuencia y en el eje de ordenadas su valor en amplitud, tendríamos una representación frecuencial de la señal (véase como ejemplo la Figura 1.24). Un **analizador de espectro** sería el aparato de medida que nos permite ver esta señal en función de la frecuencia en lugar del tiempo.

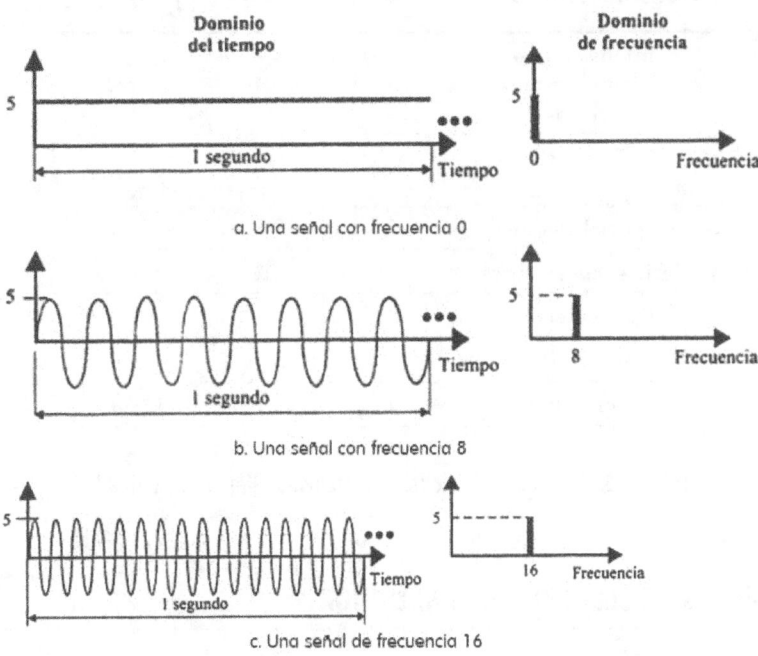

Figura 1.24. Ejemplo de señales en el dominio del tiempo y la frecuencia: a) señal continua; b) y c) señales alternas con diferentes frecuencias

1.3.8 Introducción a la Simulación de Circuitos

En diseño o aprendizaje de circuitos eléctricos y electrónicos, la simulación permite, sin costes o grandes costes de materiales reales, poner en funcionamiento el diseño que tenemos planteado, y ver así el resultado obtenido una vez se inicia la simulación. Por tanto, permite ayudar a mejorar los diseños, así como probarlos antes de una puesta en marcha real de un prototipo. Para el diseño y el aprendizaje de la electricidad, electrónica y circuitos, hoy en día resulta una herramienta muy útil, que nos permite realizar nuestros diseños y nos muestra el funcionamiento de los circuitos de forma virtual sin tener que desarrollarlo con componentes reales.

Un simulador de circuitos es un *software* que ofrece la posibilidad de, mediante una *interface* de usuario, situar los diferentes componentes y enlazarlos entre sí. Una vez creado el circuito deseado, se puede ver su comportamiento en función del tiempo y evaluar sus diferentes estados de tensión o corriente.

Nombre Símbolo	Símbolo	Unidad	Nombre Unidad
Intensidad de corriente eléctrica. Intensidad	i	A	Amperio
Tensión Potencial (Potencial eléctrico)	u V_A	V	Voltio
Resistencia eléctrica	R	Ω	Ohmio
Conductancia	G	S	Siemens
Impedancia	Z	Ω	Ohmio
Capacidad	C	F	Faradio

Tabla 1.2. Unidades eléctricas y electrónicas. Símbolos y unidad

1.4 CONCEPTOS DE ELECTRÓNICA ANALÓGICA

1.4.1 Diodos semiconductores

El **diodo** es el dispositivo semiconductor más sencillo, y se puede encontrar en cualquier circuito electrónico. Los diodos se componen principalmente de materiales semiconductores de silicio (el más utilizado) y de germanio. La particularidad del diodo semiconductor de dos terminales es que permite la circulación de la corriente eléctrica a través de él en un solo sentido.

Figura 1.25. Símbolo estándar de un diodo

Los diodos constan de dos partes: una llamada N y la otra llamada P, separados por una barrera o unión. Esta barrera o unión suele tener 0,3 V en el **diodo de germanio** y 0,6 V, aproximadamente, en el **diodo de silicio**.

El **diodo se** puede hacer trabajar de dos maneras diferentes: mediante **polarización directa**, lo que permite que la corriente circule sobre él como si apenas estuviese presente, mostrándose como un cortocircuito; o mediante polarización inversa, que es cuando el diodo se opone a la corriente y no permite el paso de la misma, comportándose como un circuito abierto, es decir, como si estuviesen desconectados los cables.

Los diodos tienen muchas aplicaciones, pero una de las más comunes es el proceso de conversión de corriente alterna (C.A.) a corriente continua (C.C.). En este caso, se utiliza el diodo como **rectificador**.

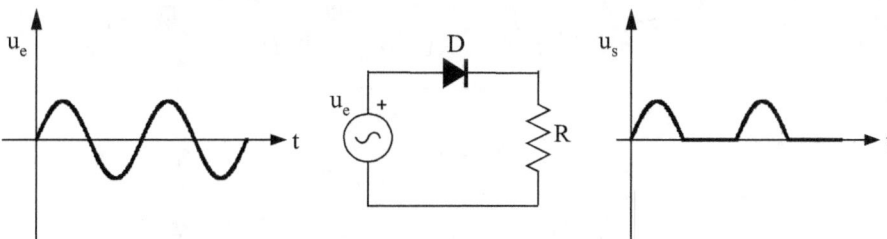

Figura 1.26. Rectificador de media onda

Las aplicaciones principales de los diodos, aparte de ser utilizados como rectificadores, se utilizan para doblar la tensión, como estabilizador (con diodos tipo Zener), limitadores, fijadores de la señal, multiplicadores y divisores de la tensión, entre otras aplicaciones.

Dentro del campo de los diodos, se presenta el diodo emisor de luz o diodo LED (*Light-Emitting Diode*). Se trata de un componente que, al pasar una corriente eléctrica por él, emite luz. **Todo LED debe estar acompañado por una resistencia que limite el paso de la corriente.** Este punto se verá en aplicaciones prácticas de encendido y apagado de un diodo LED con Arduino. Un LED emite una luz proporcional a la corriente que conduce, por lo que la resistencia debe calcularse cuidadosamente para obtener un brillo máximo sin quemar el componente.

1.4.2 Transistores

Los transistores son dispositivos electrónicos de estado sólido (semiconductores), no lineales y de tres terminales (en lugar de dos, como el diodo). Su nombre es un acrónimo de «trans-resistor», debido a que la resistencia entre dos de sus polos varía en función del potencial o de la corriente que en cada momento exista en el tercero. Hay diferentes tipos de transistores: los BJT (*Bipolar Junction*

Transistor, transistor de unión bipolar) y los FET (*Field Effect Transistor*, transistor de efecto de campo). La variación de la resistencia no es lineal, pero, como sucede con los diodos, su comportamiento puede modelarse como lineal en ciertos intervalos. Al igual que los diodos, están presentes en prácticamente todos los circuitos electrónicos modernos, sean analógicos o digitales, o bien como elementos discretos, o formando parte de circuitos integrados (*microchips*).

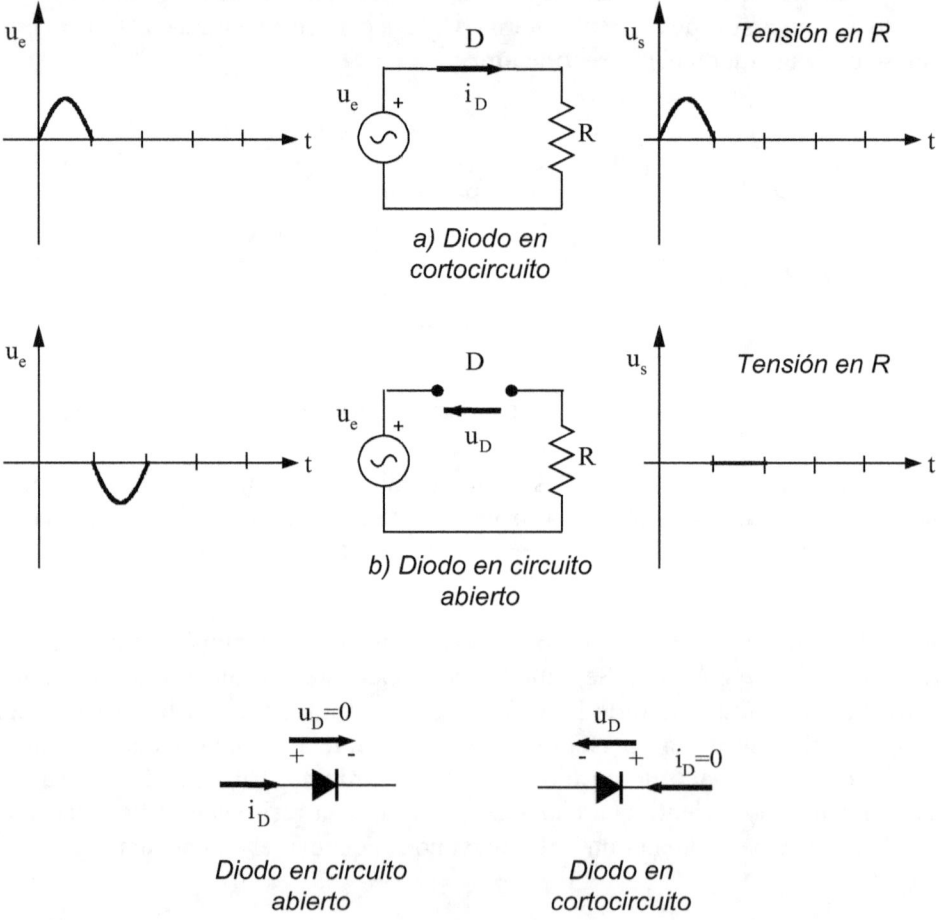

Figura 1.27. Diodo en cortocircuito y en circuito abierto en rectificador de media onda (Electrónica general. Teoría, problemas y simulación. UNED)

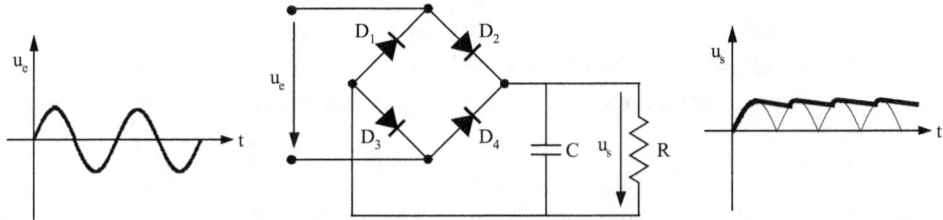

Figura 1.28. Rectificador en puente con filtro
(Electrónica general. Teoría, problemas y simulación. *UNED*)

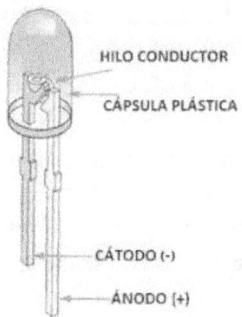

Figura 1.29. Diodo LED (*https://wikisistemasweb.wikispaces.com/Electronica?responseToken=c2294232e52f8882f745feaef894293e*)

En el caso de los transistores bipolares, éstos disponen de tres terminales: base (B), emisor (E) y colector (C). Lo interesante del comportamiento de los transistores es que una pequeña variación en su base produce grandes variaciones en la corriente del colector, es decir, está amplificando la señal de corriente que le llega a la base.

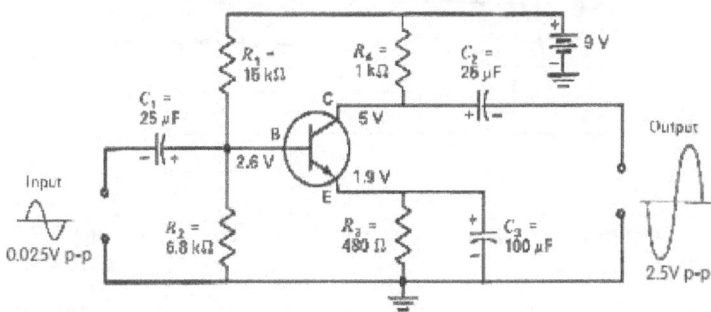

Figura 1.30. Ejemplo de circuito con transistor. La señal de entrada se amplifica, y se obtiene una señal de la misma forma pero de mayor amplitud (*http://101science.com/transistor.htm*)

El transistor se usó en un principio como amplificador, sustituyendo rápidamente a las válvulas de vacío. Las características de un transistor son generalmente estudiadas conectando un transistor a un circuito, variando las corrientes y voltajes de entrada y realizando la gráfica correspondiente de las corrientes y voltajes resultantes.

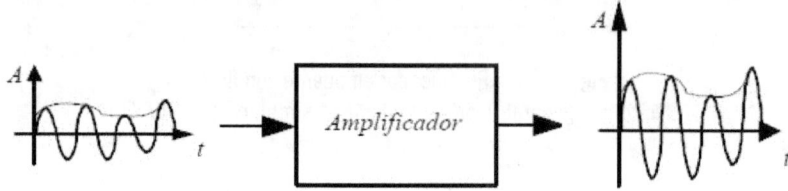

Figura 1.31. Efecto de la amplificación de una señal. Diagrama de bloque esquemático

En la curva del transformador se muestran las corrientes y voltajes como ejemplo de un transistor donde se pueden ver tres regiones bien definidas. Hay una zona **activa**, donde se realiza la amplificación de la señal, siendo una zona aproximadamente lineal. La zona de **corte**, donde el emisor y el colector se muestran como una resistencia grande al flujo de la corriente con una pequeña fuga en sentido contrario (corriente de corte). Y una tercera zona, llamada **zona de saturación**, donde el emisor y el colector están polarizados en directa con respecto a la base, y la unión colector-base así como la emisor-base presentan poca resistencia al flujo de la corriente.

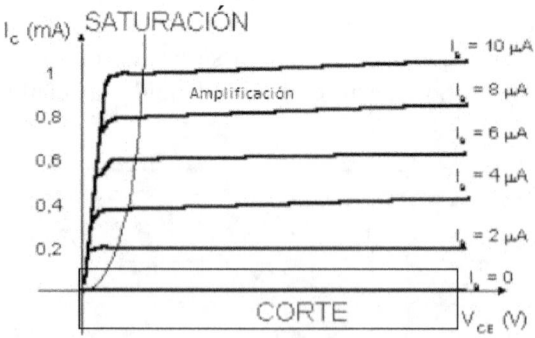

Figura 1.32. Curva de comportamiento general de un transistor

La región de saturación y corte es la región utilizada para todo circuito digital (que trabajan con dos estados: conducción o no conducción de la corriente, es decir, 1 y 0, respectivamente, si optamos por esta clasificación). En la actualidad, la base de la electrónica digital se sustenta en este concepto, y mediante la utilización de muchos transistores fabricados convenientemente con un solo sustrato de silicio, se crean los circuitos integrados de los que se conformarán los microcontroladores de las placas Arduino.

1.4.3 Fuentes de alimentación

La fuente de alimentación es un dispositivo electrónico capaz de modificar una corriente alterna en una continua, y adaptada a las necesidades de amplitud del dispositivo al que vamos a conectarla.

Hoy, la mayoría de los equipos electrónicos, como computadores, la placa Arduino, un equipo de música, etc., utilizan para su funcionamiento tensión continua. Sin embargo, la tensión o voltaje que recibimos en una casa es alterna, de valor 230 V. Para poder adaptar esta tensión a la que puede utilizar un ordenador a corriente continua a 12 V, es necesaria la fuente de alimentación.

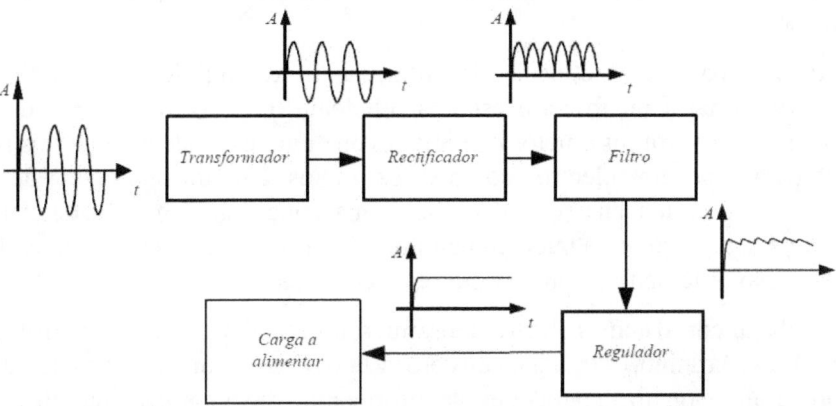

Figura 1.33. Esquema de bloques general de una fuente de alimentación regulada

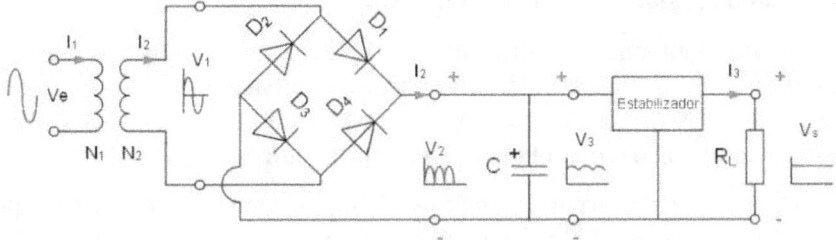

Figura 1.34. Esquema de circuito de una fuente de alimentación estándar

1.5 CONCEPTOS DE ELECTRÓNICA DIGITAL

Según podemos ver en la definición de Wikipedia, la electrónica digital es la rama de la electrónica más moderna y que evoluciona más rápidamente. Se encarga de sistemas electrónicos en los que la información está codificada en estados discretos (ceros y unos), a diferencia de los sistemas analógicos, donde la información toma un rango continuo de valores.

1.5.1 Información digital

El concepto de información digital se aplica a todo aquello que está representado mediante **ceros y unos** dentro de un sistema electrónico. La información digital incluye textos electrónicos, imágenes, audio y el vídeo, y posee diferentes formatos, codificaciones y representaciones en el mundo electrónico. Documentos de texto, imágenes, vídeos, animaciones, sonidos, etc., son convertidos a formato digital y almacenados en archivos que se distinguen unos de otros mediante el empleo de etiquetas unidas al nombre y que diferencian su naturaleza (.doc, .txt, .jpg, .gif, .wav, etc.).

Para trabajar con eficacia, la información digital debe convertirse de su formato original a un formato estándar eficiente. Un paso anterior y de gran importancia es convertir los objetos no digitales en digitales, es decir, en información utilizable para el sistema electrónico en ceros y unos. Una misma página de texto puede producirse y almacenarse de distintas formas, pues los programas de cómputo que se emplean para crearlos pueden manipular la información, resultando archivos de menor o mayor tamaño y con una diferente codificación.

Trabajar con sistemas electrónicos, microprocesadores y microcontroladores y, por tanto, con Arduino, es trabajar con ceros y unos de cualquier información digital que se procesan y organizan para que esta información fluya por las diferentes partes del circuito, dando como resultado el objetivo esperado para lo que es programado.

1.5.2 Funciones lógicas y puertas digitales

Muchos componentes utilizados en sistemas de control, como relés y contactores, presentan dos estados claramente diferenciados (abierto o cerrado, conduce o no conduce, cero o uno). A este tipo de componentes se los denomina componentes todo o nada, o también componentes lógicos.

Para estudiar de forma sistemática el comportamiento de estos elementos, se representan los dos estados por los símbolos 0 y 1 (0 abierto, 1 cerrado). De esta forma, se puede utilizar una serie de leyes y propiedades comunes con independencia del componente en sí; da igual que sea una puerta lógica, un relé o un transistor.

Todos los elementos del tipo todo o nada son representables por una variable lógica, entendiendo como tal aquella que sólo puede tomar los valores 0 y 1. El conjunto de leyes y reglas de operación de variables lógicas se denomina **álgebra de Boole**, ya que fue George Boole el que desarrolló las bases de la lógica matemática.

Sea un conjunto formado por sólo dos elementos, que designaremos 0 y 1. Se llaman variables lógicas a las que toman sólo los valores de este conjunto, es decir 0 o 1. En dicho conjunto se definen tres operaciones básicas: la suma, el producto y la negación lógica.

A continuación, se muestran los resultados de la suma lógica o también operación OR «o», que responde al siguiente comportamiento:

A	B	A+B
0	0	0
0	1	1
1	0	1
1	1	1

Tabla 1.3. Representación de la suma lógica

En el caso del producto lógico do AND («Y»), la operación responde a la Tabla 1.4:

A	B	A*b
0	0	0
0	1	0
1	0	0
1	1	1

Tabla 1.4. Representación del producto lógico

Y por último, la negación lógica NOT («N»):

a	a′
0	1
1	0

Tabla 1.5. Representación de la negación lógica

Las puertas lógicas procesan señales, las cuales representan un valor verdadero o falso. Normalmente, la tensión positiva de la fuente representa (por ejemplo, 5 V) el valor verdadero y los 0 V, el falso.

Las puertas lógicas son identificadas por su función lógica: NOT, AND, NAND, OR, NOR, EX-OR y EX-NOR. Normalmente, las letras mayúsculas son usadas para dejar claro que el término se refiere a una puerta lógica.

Las diferentes operaciones mostradas se representan de forma normalizada como se indica en la Figura 1.35:

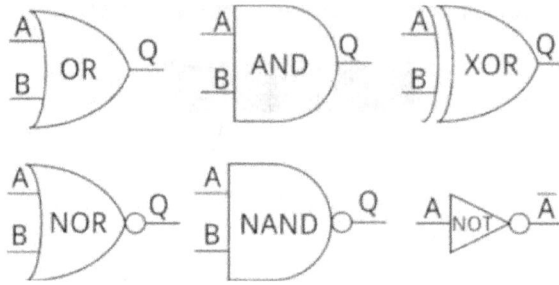

Figura 1.35. Representación de las puertas digitales OR, AND, XOR, NOR, NAND y NOT

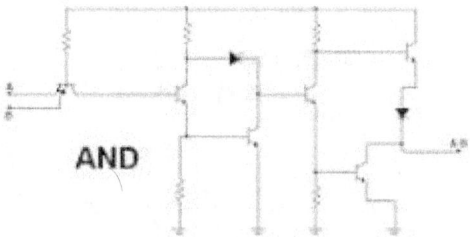

Figura 1.36. Esquema de la puerta lógica digital AND implementada con transistores (*https://es.wikipedia.org/wiki/Puerta_l%C3%B3gica*)

Los niveles de tensión que se corresponden con los niveles lógicos 0 y 1 dependen de la familia lógica empleada. Una de las tecnologías más empleadas es la **TTL** (*Transistor-Transistor Logic*, Lógica Transistor a Transistor). Ésta se alimenta con 5 V, por lo que los niveles de tensión se corresponderán con 5 V para el 1 lógico y 0 V para el 0 lógico. En el caso de disponer de un circuito como el indicado en la Figura 1.36, si en sus dos entradas se establece una tensión de 5 V, se obtendría a la salida los 5 V, y se podría encender un *led* conectado a ella, pero en el caso de que en una de las dos entradas ya no hubiese tensión, a la salida se tendría 0 V y, por tanto, el *led* conectado a ella se apagaría.

La aplicación más directa de las puertas lógicas es la combinación entre dos o más de ellas para formar circuitos lógicos que responden a funciones lógicas. Una función lógica hace que una o más salidas tengan un determinado valor para un valor determinado de las entradas.

Como ejemplo, si se dispone de dos entradas, A y B, y una salida Q, y se pretende que la salida sea un 1 lógico (o 5 V) cuando A y B tengan el mismo valor y 0 si A y B son diferentes.

En primer lugar, se muestran los valores de A y B que hacen 1 la función:

A = 1 y B = 1
A = 0 y B = 0

Es decir, se puede suponer dos funciones de respuesta para cada caso:

Q1= A*B (A y B a 1 da como resultado 1 en la Salida Q1).
Q2 = A'*B' (A y B a 0 da como resultado 1 en la Salida Q2).

Por tanto, la suma de estas funciones será la función lógica final que buscamos:

Q = Q1 + Q2 = (A*B)+(A'*B')

Para el desarrollo de circuitos digitales más complejos, se utiliza la tabla de la verdad. Ésta permite obtener los valores de una expresión. Esta expresión, luego, es configurada o implementada con la mezcla y conexión correspondiente de las diferentes puertas lógicas comentadas.

A	B	C	D	E	Q
0	0	0	1	0	1
0	0	1	1	0	1
0	1	0	0	0	0
0	1	1	0	1	1
1	0	0	0	0	0
1	0	1	0	0	0
1	1	0	0	0	0
1	1	1	0	1	1

Tabla 1.6. Ejemplo tabla de la verdad

A continuación, se muestra el diseño digital que cumple la tabla de la verdad Tabla 1.6.

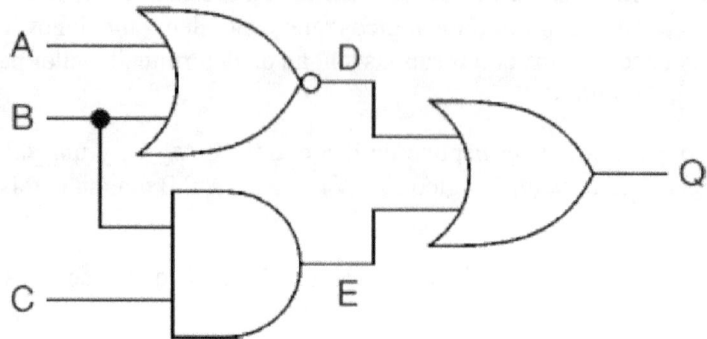

Figura 1.37. Ejemplo de diseño de circuito digital siguiendo la tabla de la verdad

1.5.3 Circuitos integrados digitales. Microchips

A medida que la tecnología se fue desarrollando en sistemas semiconductores, y por tanto en el desarrollo de la electrónica digital, las puertas lógicas digitales y los sistemas más reducidos, se fue desarrollando la industria tal y como se la conoce hoy día. Por consiguiente, existen en el mercado circuitos integrados digitales en los que se incorporan cientos de puertas lógicas integradas en un pequeño *chip* que ofrecen una alta capacidad de computar datos y procesos.

Ya a finales de 1960 aparece el circuito integrado (CI), que posibilitó la fabricación de varios transistores en un único sustrato de silicio en el que los cables de interconexión iban soldados.

Dentro de las aplicaciones principales de los circuitos integrados se dispone de operaciones aritméticas, funciones lógicas, amplificación, codificación y decodificación, controladores, etc. La desventaja de estos circuitos es que rara vez se pueden reparar, por lo que una vez inutilizados es mejor cambiarlos por otros.

Como se indicaba al principio, estos circuitos pueden ser tratados como un bloque funcional operativo con entradas y salidas conocidas para un uso determinado.

Según los niveles de integración, se clasifican en **SSI** (*Small Scale Integration*, con menos de 12 componentes integrados); **MSI** (*Medium Scale Integration*, de 12 a 100 componentes); **LSI** (*Large-Scale Integration*, con más de 100 componentes), aquí ya se dispone, entre otros, de Unidades Aritméticas y Lógicas y microprocesadores de 8 y 16 *bits*; **VLSI** (*Very Large Scale Integration*), donde se engloban los microprocesadores de 32 *bits* y microcontroladores; finalmente, las **ULSI** (*Ultra Large Scale Integration*) son módulos de construcción básica de los dispositivos electrónicos actuales, como radios, sistemas de telefonía, computadoras..., así como productos electrodomésticos.

Las características de las familias lógicas se agrupan en dos categorías generales: **bipolares (TTL)** y **MOS**. Las características más relevantes de un circuito integrado digital son: su velocidad, su consumo de potencia, su inmunidad al ruido y su confiabilidad. La **velocidad** mide la rapidez de respuesta de las salidas de un circuito digital a cualquier cambio en sus entradas. El **consumo de potencia** mide la cantidad de corriente o de potencia que consume un circuito digital en operación. La **inmunidad al ruido** evalúa la sensibilidad de un circuito digital al ruido electromagnético ambiental. Finalmente, la **confiabilidad** analiza el período útil de servicio de un circuito digital, es decir, cuánto tiempo se espera que trabaje sin fallar en algún nivel de voltaje y estados lógicos.

La **familia lógica TTL** es quizás la más antigua (la primera serie fue lanzada en 1964 por Texas Instruments) y común de todas las familias lógicas de circuitos integrados digitales. La mayor parte de los circuitos integrados SSI y MSI se fabrican utilizando esta tecnología. Los circuitos integrados TTL implementan su lógica interna, exclusivamente, a base de transistores NPN y PNP, diodos y resistencias. Estos circuitos integrados son usados en toda clase de aplicaciones digitales, desde el más sencillo computador personal hasta el más sofisticado robot industrial. La familia TTL está disponible en dos versiones: la serie 54 y la serie 74. La primera se destina a las aplicaciones militares y la segunda, a aplicaciones industriales y de propósito general. Los dispositivos de la serie 54 tienen rangos de operación de temperatura y voltaje más flexible (desde -55 hasta 125° C, contra 0 a 70° C de la serie 74).

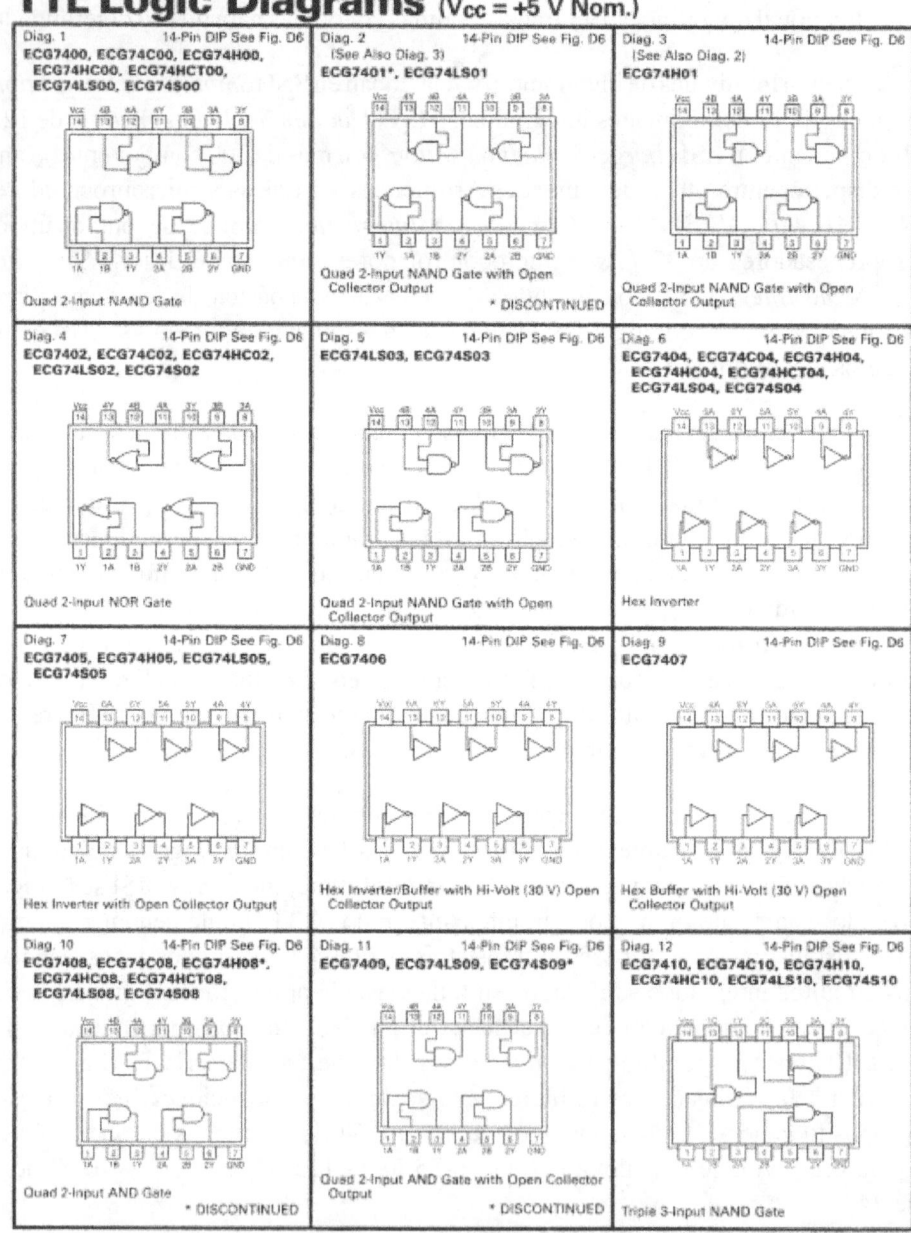

Figura 1.38. Ejemplo de diagramas lógicos de la familia TTL (*http://www.ie.itcr.ac.cr/rsoto/TTL%20Data%20Book%20y%20mas/MANUAL_TTL_esp.pdf*)

Familia	Ventajas	Inconvenientes	Otras familias mejoradas
TTL (74xx)	El menor producto retardo por disipación de potencia. Buena flexibilidad lógica. Baja impedancia de salida. Buena inmunidad al ruido. Numerosas funciones.	Generación de ruido.	74Hxx 74Sxx 74Lxx 74LSxx 74ASxx 74ALSxx
ECL	El menor retardo de propagación. Buena flexibilidad lógica. Buena impedancia de salida. Buena inmunidad al ruido. Baja generación de ruido.	Alta disipación (40 mW). Necesita circuito de adaptación con otras familias.	MECL 10K MECL 100K MECL 300K
MOS	Alto *fan-out*. Gran densidad de integración. La NMOS es más rápida que la PMOS.	Incompatibilidad con otras familias. Alta impedancia de salida. No admite cableado lógico. Baja velocidad PMOS.	
CMOS (400Cxx, 74Cxx)	La menor disipación de potencia. Amplios márgenes de ruido. Alto *fan-out* y alto *fan-in*. Amplios márgenes en la alimentación. Buena inmunidad al ruido.	No admitem cableado lógico. Menos rápida que TTL y ECL.	74HCxx 74HCTxx 74ACTxx 74 AHCTxx 74FCTxx 74ACTQxx 74VHCxx 74VHCTxx

Tabla 1.7. Comparación entre familias lógicas

1.5.4 Convertidores A/D y D/A

El mundo real está compuesto de señales analógicas (variación lenta de la temperatura o rápida, como una señal de audio). Por otro lado, los sistemas de computación y procesamiento actuales se desarrollan mediante información digital (0 y 1). Por ello, para comunicar uno con otro, es necesario un convertidor de información analógica a digital, y al revés.

Lo que sucede con las señales analógicas es que son muy difíciles de manipular, guardar y después recuperar con exactitud. Si esta información analógica se convierte a información digital, se podría manipular sin problema.

Una señal eléctrica puede convertirse de analógica a digital con un **CDA** o **DAC** (*Digital to Analog Converter*, Convertidor Digital Analógico) o de analógica a digital con un **CAD** o **ADC** (*Analog-to-Digital Converter,* Convertidor Analógico Digital). ADC manipulada puede volver a tomar su valor analógico si se desea con un DAC (Convertidor Digital Analógico). Un DAC contiene normalmente una red resistiva divisora de tensión que tiene una tensión de referencia estable y fija como entrada. Hay que definir con exactitud la conversión entre la señal analógica y la digital, para lo cual se define la resolución que tendrá. Dentro de las aplicaciones de estos sistemas está el manejo de señales de vídeo, audio, los discos compactos y la instrumentación y control industrial. Así mismo, Arduino dispone de pines analógicos y otros digitales, por lo que el tratamiento de una forma u otra de información se hace necesario.

Una buena conversión implica que los pasos intermedios se realicen de forma óptima para no perder información. Según el tipo de componente y su aplicación, existen distintos parámetros que lo caracterizan; éstos pueden ser: la **velocidad de conversión**, la **resolución**, los **rangos de entrada**, etc. Por ejemplo, una mayor cantidad de bit implica mayor precisión, pero también mayor complejidad.

A continuación, se muestran los diferentes diagramas de bloques que constituyen los procesos principales de un convertidor. De esta forma, se puede obtener de una señal analógica, que puede ser un valor de presión variable, a una información digital, que puede ser tratada por un microprocesador o microcontrolador.

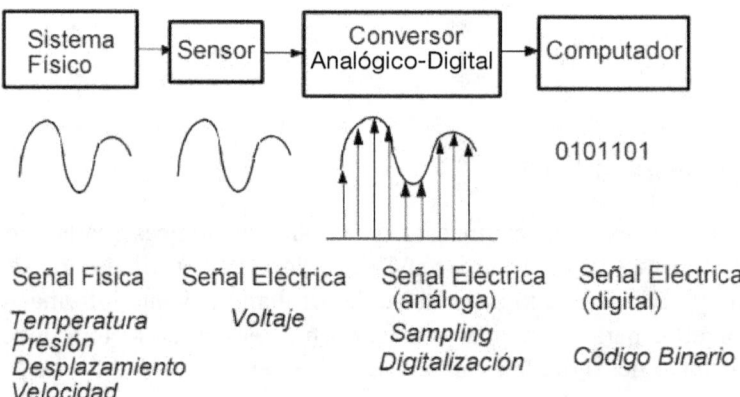

Figura 1.39. Diagrama de bloques de un Convertidor Analógico Digital (*http://quidel.inele.ufro.cl/~jhuircan/PDF_CTOSII/ad03.pdf*)

Figura 1.40. Diagrama de bloques de un Convertidor Digital Analógico (*http://quidel.inele.ufro.cl/~jhuircan/PDF_CTOSII/ad03.pdf*)

La placa *hardware* Arduino UNO, como se verá más adelante, dispone de seis convertidores analógico digital (ADC) entre los pines A0 y A5, y son capaces de convertir valores de tensión hasta un máximo de 5 V (tensión de referencia en Arduino). Los pines analógicos utilizan 10 bits de definición, por lo que dispone de una resolución de 2^{10}=1.024 posibles valores. Cada escalón de medida es de 5 V/1024= 0,0048828125 V, algo menos de 5 mV.

1.6 PUERTO USB

Muchos de los dispositivos del ordenador (sobre todo, los internos) se conectan a la placa base mediante los conectores internos específicos. La mayoría de los dispositivos externos, al estar fuera de la CPU, deben conectarse a través de conectores externos o puertos. Hay algunos dispositivos del ordenador, como, por ejemplo, el teclado y el ratón, que se conectan a través de unos conectores específicos implementados en la placa base.

El puerto más estandarizado y utilizado también en la placa Arduino para una conexión directa al computador es el Puerto USB (*Universal Serie Bus*, Bus Serie Universal). Se trata de puertos serie de gran velocidad de transferencia de información, que además permiten conectar hasta 127 dispositivos en cadena, uno tras otro. Otra característica fundamental es que permiten conectar y desconectar dispositivos sin necesidad de apagar el ordenador (es decir, en caliente). Los puertos USB han evolucionado desde el USB 1.0 o USB 1.1, hasta el USB 2, y siguen haciéndolo. La diferencia principal es la tasa de transferencia de información, pasando desde los 1,5 Mbps iniciales, por los 12 Mbps de los puertos USB 1.1, hasta los 480 Mbps en los puertos USB 2.

|  Puerto USB | USB 1.1, ya prácticamente en desuso, que presenta dos velocidades de transmisión diferentes: 1.5 Mb/s para teclados, ratones y otros dispositivos que no necesitan mayores velocidades, y una velocidad máxima de 12 Mb/s.
USB 2.0: aparecido en abril de 2000, ante la necesidad de una mayor velocidad de transmisión, llegando ésta hasta los 480 Mb/s teóricos (en la práctica, es muy difícil alcanzar esa velocidad).
USB 3.0: su velocidad llegará hasta los 4.8 gigabits por segundo. Además, se va a mejorar su eficiencia energética. | Tiene, entre sus ventajas, además de una mayor velocidad de transmisión, el que a través del mismo puerto se pueden alimentar periféricos de bajo consumo (incluido un escáner, un disco duro externo, etc.).

Será un estándar compatible con versiones anteriores para permitir la conexión de los dispositivos actuales, pero añadirá una conexión de fibra óptica en el mismo cableado. |

Tabla 1.8. Comparación entre familias lógicas

El **OTG** o **USB OTG** (*On-The-Go*) es una extensión de USB 2.0 que permite a los dispositivos con puertos USB poder conectar cualquier dispositivo a un *smartphone* o *tablet*, cámara digital, *pendrive*, módem USB, teclado, ratón, etc. Esto se basa en que el terminal pasa de ser un mero esclavo a ser *host*, lo que posibilita que podamos acceder como maestro a otros aparatos. El ejemplo más gráfico sería conectar un *pendrive*. Se puede acceder a la información que éste contiene simplemente conectándolo a nuestro *smartphone*.

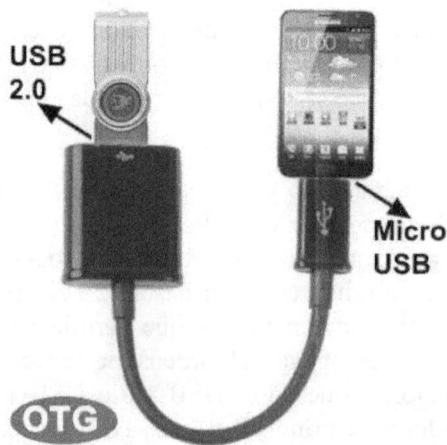

Figura 1.41. Puerto USB OTG (*http://www.elandroidelibre.com/2013/03/todo-sobre-el-usb-otg-que-es-como-se-usa-es-compatible-mi-smartphone.html*)

2

PLATAFORMAS DE HARDWARE ABIERTO

2.1 DEFINICIÓN GENERAL DE PLATAFORMA *HARDWARE*

En este capítulo se pretende contextualizar el sistema Arduino, presentando diferentes desarrollos en materia de plataformas de *hardware* abiertos. Arduino es el sistema más reconocido y extendido en la actualidad, pero su existencia va más allá de la de un simple dispositivo electrónico. Su creación pertenece y da vida a los conceptos actuales de desarrollo de plataformas electrónicas de *hardware* abierto (y no sólo *software*), así como el concepto sobre el Internet de las Cosas (IoT – *Internet of Things*), que fue propuesto por Kevin Ashton en 1999. El IoT describe un sistema donde la Internet está conectada a nuestro mundo físico vía sensores ubicuos.

Una plataforma *hardware* puede referirse a la arquitectura de un ordenador o de un procesador. También, en el contexto de desarrollo orientado a Arduino, la plataforma *hardware* consiste, principalmente, en una placa electrónica que contiene en esencia una unidad de control, así como diferentes entradas y salidas que pueden ser analógicas o digitales, que conectan el mundo físico real con el virtual. De esta forma, mediante sensores y actuadores, y junto con las instrucciones dadas a la unidad de control de la placa, se puede interactuar de diferentes maneras con el medio, logrando así los diferentes objetivos que puedan plantearse. Como ejemplo sencillo, el control de temperatura de una habitación. Mediante un sensor de temperatura, recogemos el dato que transmite este sensor, transformándolo a un dato que comprende la unidad de proceso. Según las instrucciones que se le indiquen, se podrá activar el arranque de un motor con ventilador para subir (junto con la acción de una resistencia) o bajar la temperatura.

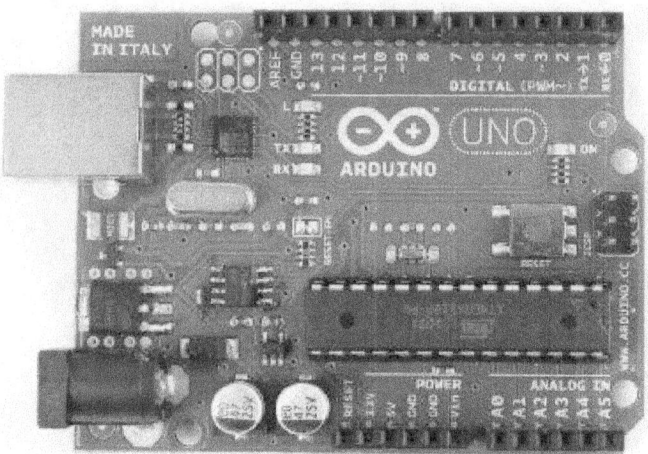

Figura 2.1. Plataforma Hardware libre Arduino UNO

2.2 HARDWARE DE CÓDIGO ABIERTO

El *hardware* de código abierto (*Open Source Hardware* u *OSHW*, por sus siglas en inglés) consiste principalmente en una filosofía que ofrece la posibilidad de crear *hardware* sin asociar la propiedad industrial a un dueño o empresa. De esta forma, es posible obtener de forma gratuita el conocimiento y análisis del desarrollo de las diferentes herramientas que se crean bajo este tratamiento.

La propiedad principal del *hardware* de código abierto consiste en compartir los diferentes diseños o desarrollos elaborados con distintos elementos de *hardware* (mecánicos y electrónicos, principalmente) para que otros puedan aprender, fabricar, modificar e incluso utilizar estos elementos con propósitos comerciales.

2.3 TECNOLOGÍA HARDWARE DE CÓDIGO ABIERTO Y SUS TIPOS

Siendo el *hardware* abierto (*Open Hardware*) dispositivos de *hardware* cuyos esquemas, configuración y especificaciones son de acceso público, éstos siguen la misma filosofía que el *software* libre.

La utilización de sistemas de *hardware* abierto ofrece múltiples ventajas, entre las que caben destacar la reutilización y adaptación de diseños de una forma colaborativa entre los usuarios que trabajan con ellos.

En el ámbito docente, los microcontroladores de bajo coste han facilitado en los últimos años la realización de prácticas de laboratorio, utilizando sistemas reales *hardware*. Mediante estas plataformas, se permite a los estudiantes disponer de su propio equipo de desarrollo en la creación de un *hardware* a medida del problema y montar un pequeño sistema desde el diseño PCB (*Printed Circuit Board,* Placa de Circuito Impreso) hasta la programación. Es muy popular la utilización en las aulas de pequeños robots que pueden seguir una línea o realizar combates de sumo.

A continuación, se muestran algunas de las plataformas y diseños más relevantes que se pueden encontrar en la actualidad y que consiguen, con costes muy reducidos, ofrecer herramientas potentes para el desarrollo y simulación de los diferentes procesos de implantación electrónica.

2.3.1 Arduino

Arduino, tema del presente libro, es una plataforma de *hardware* libre diseñada principalmente con una electrónica basada en una placa, un microcontrolador y un entorno de desarrollo que permite a cualquier persona implementar cualquier tipo de proyecto multidisciplinar. Puede ser utilizada para diseñar y fabricar dispositivos autónomos ligeros, de tamaño y de coste muy reducidos, con amplias posibilidades de conectividad y ampliación.

Figura 2.2. Logotipo de Arduino

La página web principal de Arduino (*https://www.arduino.cc*) la define como «una plataforma de electrónica abierta para la creación de prototipos basada en *software* y *hardware* flexibles y fáciles de usar. Se creó para artistas, diseñadores, aficionados y cualquier interesado en crear entornos y objetos interactivos».

Arduino se inventó en el año 2005 gracias el estudiante del instituto IVRAE Massimo Banzi, quien, en un principio, pensaba diseñar Arduino por una necesidad de aprendizaje para los estudiantes de computación y electrónica del mismo instituto, ya que, en aquel momento, adquirir una placa de microcontroladores era bastante cara y no ofrecía el soporte adecuado; no obstante, nunca se imaginó que esta herramienta se llegaría a convertir en años posteriores en el líder mundial de tecnologías DIY (*Do It Yourself*, hazlo tú mismo).

El primer prototipo de Arduino estaba basado inicialmente en una simple placa de circuitos eléctricos, donde estaban conectados un microcontrolador simple junto con resistencias de voltaje, además de que únicamente podían conectarse sensores simples, como *led* u otras resistencias.

Posteriormente, se fueron incorporando al equipo Hernando Barragán, en colaboración con David Mellis, quien contribuyó al desarrollo del entorno para la programación del procesador con Wiring.

Tiempo después, se unió al *Team Arduino* el estudiante español David Cuartielles, experto en circuitos y computadoras, quien ayudó a Banzi a mejorar la interfaz de *hardware* de esta placa, agregando los microcontroladores necesarios para brindar soporte y memoria al lenguaje de programación para manipular esta plataforma. A medida que se iban incorporando más colaboradores, la placa fue tomando cada vez más robustez, llegando a lo que hoy conocemos y sus variantes.

La placa Arduino dispone de un microcontrolador Atmel AVR y varios puertos de Entrada y Salida (E/S) digitales y analógicos, así como salidas PWM (*Pulse-Width Modulation*, Señal de Modulación por Ancho de Pulso) diferentes sobre comunicaciones para el control de objetos físicos (botones, motores, *led*, etc.). La extensión de la placa, su *hardware*, lenguaje y desarrollos, se extienden a lo largo de este libro.

2.3.2 Beagle

La plataforma *hardware* de Beagle es básicamente una placa base de bajo costo que dispone de un procesador de baja potencia ARM (*Advanced RISC Machine*, máquina RISC avanzada, siendo *RISC-Reduced Instruction Set Computer*, ordenador con un conjunto reducido de instrucciones) de la serie Cortex-A, producido por Texas Instruments. Estos procesadores son de la categoría *System on Chips* (SoCs), es decir, circuitos integrados que contienen todos los componentes de una computadora o sistema electrónico, especialmente diseñados para sistemas portátiles y tecnología móvil.

La fundación BeagleBoard.org (*http://beagleboard.org/*), organización sin ánimo de lucro con sede en Estados Unidos, nace con la idea de proporcionar un sistema para la enseñanza de *software* y *hardware* libres en computadores y sistemas embebidos. En su página web se pueden encontrar las diferentes modalidades de la placa, así como información acerca de su tratamiento.

En resumen, hay cuatro modelos principales: BeagleBone Black, Beagle Bone, Beagle Board-xM y BeagleBoard.

La placa BeagleBone consiste en un miniordenador del tamaño de una tarjeta de crédito que te permite ejecutar un sistema operativo, como puede ser **Linux/Android 4.0**. BeagleBone está diseñado para funcionar a un nivel más alto y tiene mucha capacidad de proceso.

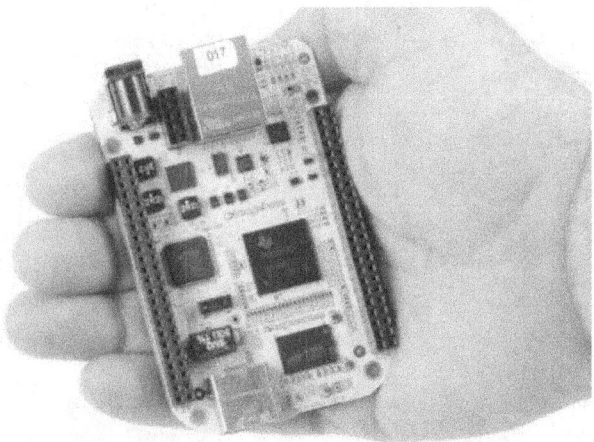

Figura 2.3. Imagen de la tarjeta BeagleBone (*http://beagleboard.org/*)

2.3.3 Flyport

Flyport es una plataforma *hardware* de desarrollo rápido y fácil para proyectos inalámbricos Wi-Fi. Flyport forma parte del proyecto OpenPicus, empresa fundada en 2011 y con sede en Italia. La idea inicial era crear una plataforma *hardware* y un *software* abiertos para acelerar los desarrollos de los dispositivos profesionales IoT. Está basado en un potente microcontrolador PIC 24FJ256GA106 (256K Flash, 16K Ram, 16 Mips) de Microchip y un transceiver Wi-Fi MRF24WB0MA/RM.

	BeagleBone Negro	BeagleBone	BeagleBoard_xM	BeagleBoard
Procesador	AM3358 AMR Cortex-A8	AM3358 AMR Cortex-A8	DM3370 AMR Cortex-A8	OMAP3530 AMR Cortex-A8
Velocidad Máxima Procesador	1 GHz	720 MHz	1 GHz	720 MHz
Pines Analógicos	7	7	0	0
Memoria	2 GB en placa 512 MB DDR3 (800 MHz x 16) Ranura para tarjeta Micro SD	256 MB DDR2 (400 MHz x 16) Ranura para tarjeta Micro SD	512 MB LPDDR (333 MHz x 32) Ranura para tarjeta Micro SD	256 MB LPDDR (333 MHz x 32), Ranura para tarjeta Micro SD
USB	HS USB 2.0 client Port, LS/FS/HS USB 2.0 Host Port	HS USB 2.0 client Port, LS/FS/HS SB 2.0 Host Port	4 Port LS/FS/HS SB Hub HS USB 2.0 OTG Port	USB HB Host Port HS USB 2.0 OTG Port
Vídeo	MicroHDMI. Cape add-ons	cape add-ons	DVI-D (vía HDMI connectors), S-Vídeo	DVI-D (vía HDMI connectors), S-Vídeo
Audio	MicroHDMI. Cape add-ons	Cape add-ons	3.5 mm stereo jack	3.5 mm stereo jack
Interface Soportado	4x UART, 8x PWM, LCD, GPMC, MMC1 2x SPI, 2x 2C, Convertidor A/D, 2x CAN Bus 4 Timers	4x UART, 8x PWM LCD, GPMC, MMC1 2x SPI, 2x 2C, Convertidor A/D, 2x CAN Bus 4 Timers FTDI USB a Serial JTAG Vía USB	McBSP, DSS, 2C, UART, LCD, McSPI, PWM, JTAG, Cámara Interface	McBSP, DSS, 2C, UART, McSPI, PWM, JTAG
Precio estimado	40 €	80 €	130 €	110 €

Tabla 2.1. Comparación entre las diferentes tarjetas Beagle

La placa Flyport dispone de diferentes pines de entrada/salida con todo lo necesario para conectarla con varios sensores u otros circuitos. Así mismo, está dotada del dispositivo de control de puertos y dispositivos serie UART (*Universal Asynchronous Receiver-Transmitter*, Transmisor-Receptor Asíncrono Universal), bus de comunicaciones I2C (*Inter-Integrated Circuit Communications,* comunicación de circuitos integrados, pronunciado I *squared* C) y el bus SPI (o *Serial-Peripheral Interface*, bus de interfaz de periféricos serie), que se utilizan como protocolos para unir un microprocesador a otros micros o circuitos integrados. Para su programación, se utiliza un potente pero sencillo entorno de desarrollo integrado (IDE) gratuito, desde el cual se descarga el programa a la placa. Dispone de un gestor de arranque (*bootloader*) integrado, por lo que no es necesaria la utilización de un programador externo.

Esta placa puede actuar como servidor web, cliente STMP (*e-mail*), aplicaciones con *sockets* TCP/IP, etc.

Flyport se ofrece a la venta en tres versiones compatibles:

1. FlyportPRO Wi-Fi 802.11g.

2. FlyportPRO GPRS quadband.

3. FlyportPRO Ethernet.

En la Tabla 2.2 se muestran las diferencias que caracterizan a cada una de las tarjetas.

2.3.4 Nanode

Nanode (*http://www.nanode.eu/*) es una placa de *hardware* abierto con microcontrolador que permite conectarse a Internet a través de un API. Se puede incluso utilizar como servidor de páginas web simples, permitiendo al usuario configurar el dispositivo. Al igual que Arduino, se programa con el mismo entorno abierto, estando disponible para que se pueda programar desde cualquier sistema operativo (MAC, Linux y Windows). Algunos opinan que Nanode es el siguiente paso lógico en la creación de los excitantes proyectos *hardware*.

Como aplicaciones más interesantes, Nanode permite servir una página web, e interactuar con su *hardware* desde una Interface en el explorador. También se puede utilizar para enviar datos del medio ambiente.

	Flyport PRO WI-FI	Flyport PRO GPRS	Flyport PRO ETH
Microcontroller Microchip PIC24F256GB206 32 MHz 16 bits	✓	✓	✓
Serial bootloader onboard	✓	✓	✓
256 Kbyte Internal Flash (program memory space)	✓	✓	✓
96 Kbyte RAM	✓	✓	✓
16 Mbit external FLASH (for web server and FOTA)	✓	✓	✓
64 Kbit EEPROM	✓	✓	✓
Wi-Fi 802.11G transceiver (uFL connector for external antenna)	✓	✓	✓
GPRS Quadband transceiver (uFL connector for external antenna)		✓	
Ethernet 10/100 Base-T			✓
RTC real time clock			✓
#10 ADC channles (10 bits – 2.048 V precise voltage reference onboard)	✓	✓	✓
UART ports	4	4	3
SPI	1	1	1
I2C	2	2	2
#9 PWM	✓	✓	✓
3.3 V single power supply	✓	✓	✓
Dimension 34*34*9 mm	✓	✓	✓
Temperature range -20° C + 85° C	✓	✓	✓

Tabla 2.2. Tabla comparativa de las tres versiones de las placas Flyport

Figura 2.4. Imagen de la Placa Hardware libre NANODE

2.3.5 Raspberry Pi

La plataforma Raspberry Pi es una placa computadora SBC (*Single Board Computer*, ordenador de placa reducida) de bajo coste.

La plataforma incluye un *System-on-a-Chip* Broadcom BCM2835. Contiene un procesador central (CPU) ARM1176JZF-S a 700 MHz. El sistema operativo se carga desde una tarjeta SD, y dispone de una conexión HDMI (*High-Definition Multimedia Interface*, Interfaz Multimedia de Alta Definición como norma de audio y vídeo digital cifrado sin compresión apoyada por la industria para que sea el sustituto del euroconector), para conectar a monitores o televisores. También cuenta con un puerto Ethernet para conectarse a Internet o a una red local, dos puertos USB (*Universal Serial Bus*, Bus Universal en Serie, un bus estándar industrial que define los cables, conectores y protocolos usados en un bus para conectar, comunicar y proveer de alimentación eléctrica entre computadoras, periféricos y dispositivos electrónicos) y alimentación a través de un puerto microUSB.

La placa Raspberry Pi, del tamaño de una tarjeta de crédito, adopta la forma de una PCB (*Printed Circuit Board*, Placa de Circuito Impreso, es decir, superficie constituida por caminos, pistas o buses de material conductor laminadas sobre una base no conductora). Utiliza SoC (*System-on-a-chip*, el Sistema en un solo Chip, que, como se ha indicado, describe la tendencia cada vez mayor de utilizar las tecnologías de fabricación que integran todos o gran parte de los módulos componentes de un computador, o cualquier otro sistema informático o electrónico, en un único circuito integrado o *Chip*), de Broadcom.

En resumen, las características principales de la placa se pueden agrupar en las siguientes partes:

- Un procesador ARMv6 de 700 MHz.
- 256 MB de RAM, Modelo A, y 512 MB de RAM para el Modelo B.
- Una GPU 1080 p con salidas HDMI y de vídeo.
- Conector de audio de 3,5 mm.
- Conector de 26 vías con GPIO, UART, I2C y SPI.
- Conectores para JTAG, DSI (display LCD) y CSI (cámara).
- Ranura para tarjeta SD.
- USB y Ethernet.

Figura 2.5. Imagen de la Plataforma hardware libre Raspberry Pi

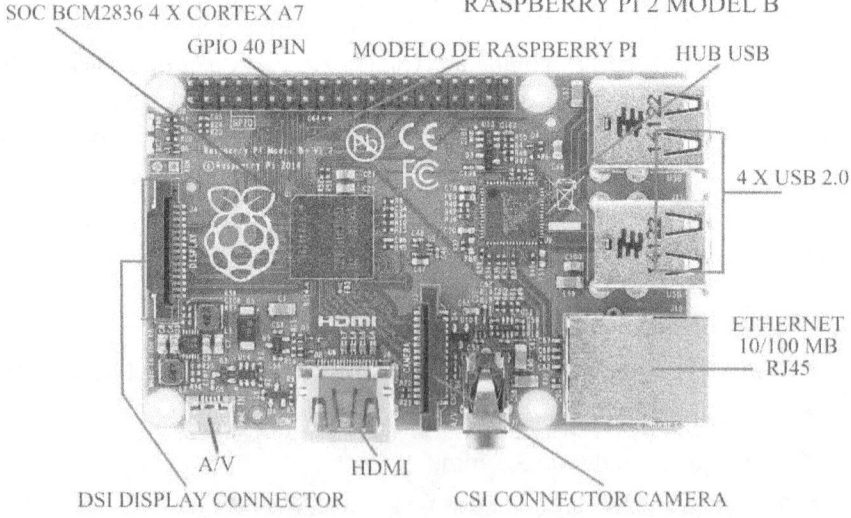

Figura 2.6. Elementos principales de la placa Raspberry Pi.

2.3.6 Otras: GP_Bot

Las plataformas *hardware* ODROID, Stamps, FEZ, etc., son otros desarrollos que se pueden encontrar en el mundo de las plataformas de *hardware* abierto.

Como ejemplo interesante, citaremos aquí el Sistema GP_Bot. Este sistema es uno de los ejemplos de tarjeta con desarrollo propio por parte de universidades o escuelas que han utilizado sus propios diseños para impartir su área de docencia. La ventaja del desarrollo propio radica en la reducción de costes, así como en la facilidad para la reparación de equipos.

La tarjeta GP_Bot es una placa de desarrollo *hardware* de propósito general basada en el microcontrolador de 8 bits MC68HC908GP32 de Motorola. Su arquitectura, basada en la familia M68HC08, está optimizada para compiladores C y aplicaciones de control. Puede trabajar en modo Monitor, a través del cual se puede acceder desde un PC a todos los recursos internos, registros y contenidos de memoria, tanto ROM como RAM, permitiendo incluso la ejecución paso a paso del programa almacenado.

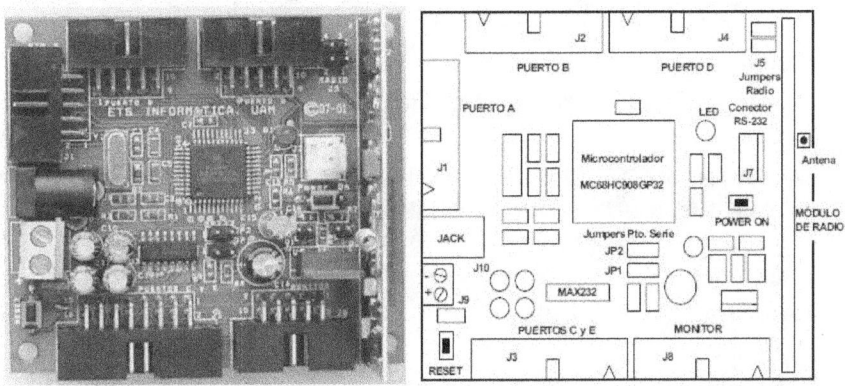

Figura 2.7. Imagen de la tarjeta GP_Bot y su distribución de componentes

Las características técnicas principales de esta tarjeta incluyen pulsadores *reset* y entrada de interrupción, *driver* serie de tipo RS-232 y un módulo de transmisión-recepción por radio, en la banda de 433 MHz. Funciona con una fuente de alimentación regulada de 5 V.

2.4 COMPARATIVA ENTRE PLATAFORMAS HARDWARE

Las diferentes plataformas *hardware* contienen características diferenciadas que las hacen más adecuadas, según la aplicación. No obstante, la mayoría alcanza la posibilidad de realizar aplicaciones de propósito general y donde las aplicaciones o la docencia encuentran un campo prácticamente ilimitado.

En Internet se pueden encontrar en detalle todas las características técnicas de cada placa y su tipología, así como algunos casos comparativos entre algunas de ellas. Se expone a continuación una comparativa técnica de las placas Arduino, Raspberry Pi, BeagleBone y FlyPort.

Figura 2.8. Placas Arduino, Raspberry Pi y BeagleBone

	Arduino Uno	Raspberry Pi B	BeagleBone Black
Procesador	ATMega 328	Arm11	AM335x
Velocidad	16 MGz	700 MGz	1 GHz
RAM	2 KB	512 MB	512 MB
USB	N/A	2	1
Audio	N/A	HDMI, Analógico	HDMI
Vídeo	N/A	HDMI, Analógico	Mini - HDMI
Ethernet	N/A	10/100	10/100
I/O	14 GPIO, 6-10 bit analog	8 GPIO	69 GPIO, LCD, GPMC, MMC1, MMC2, 7 AIN, 4 temporizadores, 4 puertos seriales, CAN0
Tamaño	2,95" x 2,1"	3,37" x 2,125"	3,4" x 2,1"
Sistema Operativo	N/A	Linux	Android, Linux, Windows, Cloud9, CE, etc.
Entorno	Arduino IDE	Linux, IDLE, Open-Embedded, QEMU, Scratchbox, Eclipse	Python, Scratch, Linux, Eclipse, Adroid ADK
Coste aproximado	20 €	30 €	40 €

Tabla 2.3. Prestaciones Arduino Uno, Raspberry Pi B y BeagleBone Black

Arduino	OpenPycus (FlyPort)	Raspberry Pi
– 20 € (Arduino Leonardo). – Programación en C/C++ propio o ensamblador en Arduino IDE – No soporta sistema operativo. Carga del programa en *flash*. – 16 MHz, 32 KB *flash*, 2 KB de *SRAM*, 1 KB de *EEPROM* (Arduino uno). – Conexiones USB, I2C, SPI e ICSP.	– Microcontrolalores PIC. – 39 € FlyPort Ethernet. – Programación en C en OpenPICUS IDE. Soporte HTML y jQuery en servidor web. – Sistema operativo FreeRTOS. – PIC de 16, 8 MHz y 16 MIPS, con 256 KB de *flash*. – Conexiones Wi-Fi o Ethernet, USB, USB On–The-Go, UART, I2C y SPI.	– Microprocesadores ARM. – (System On-A-Chip). – 25 € (Rasberry Pi modelo A). – Programación en varios lenguajes, según el sistema operativo. Soporte Open GL ES 2.0. – Varios sistemas operativos, oficialmente distribuciones de GNU/Linux para ARM. – Arquitectura Von Neumann en SoC: CPU ARM11 a 700 MHz 256 MiB de SDRAM compartida entre CPU y GPU. GPU VideoCore IV a 250 MHz. – Conexiones USB host, Ethernet, MicroUSB, GPIO, RCA, HDMI, jack 3,5 mm y RJ45 (sólo modelo B).
VENTAJAS		
– Capacidades de control y computación básica. – Muy bajo consumo. – Sencillez en la programación. – Orientado a usuarios básicos. – Comunidad multitudinaria. – Extensa documentación y tutoriales. – Gran capacidad de extensión mediante escudos (*shields*). – Arquitectura fácil de construir con componentes económicos.	– Capacidades de control, computación y comunicación directa mediante protocolos y servidor web empotrado. – Bajo consumo. Sencillez en la programación. – Orientado a soluciones comerciales reales y al Internet de las cosas. – Comunicación integrada. – Servidor web empotrado y soporte a protocolos de Internet. – Arquitectura conocida y muy utilizada en multitud de ámbitos. – Extensa documentación.	– Capacidades de computación de propósito general: operaciones, vídeo, audio, Internet, etc. – Bajo consumo, si tenemos en cuenta que es un microordenador. – Varios sistemas operativos completos de PC, con la ventaja que esto supone. – Audio/vídeo. – Arquitectura ARM muy utilizada y con bastantes desarrolladores y soporte. – Orientado a aprendizaje. – Relación precio/prestaciones superior a otras alternativas.

DESVENTAJAS		
– Escasa potencia. Adecuado para tareas sencillas y control de sensores/actuadores. – Menos memoria. – Necesidad de *shields* para obtener comunicación internet, *bluetooth*, audio limitado, vídeo limitado, controles adicionales, etc. – Coste adicional para cada escudo (*shield*).	– Potencia limitada. – Gasto de energía superior en el modelo Wi-Fi. – Poco usado en investigación y desarrollo, menor comunidad de soporte. Aunque PIC sí posee una gran comunidad. – Coste excesivo en relación precio/prestaciones con otras alternativas. – Necesidad de extensiones Nest para obtener más funcionalidad. Coste elevado de cada extensión Nest.	– Demasiada potencia y gasto de energía para determinados casos de control sencillo, donde Arduino sería más indicado. – Arquitectura ARM11 obsoleta y con menor soporte por parte de terceras empresas. – No incorpora Wi-Fi USB compatible con el sistema operativo instalado. – No posee almacenamiento masivo integrado; es necesaria una tarjeta SD para el sistema operativo.

Tabla 2.4. Prestaciones Arduino Leonardo, FlyPort (OpenPycus) y Raspberry Pi

3

HARDWARE DE LA PLACA ARDUINO

3.1 DEFINICIÓN DE ARDUINO Y PRESENTACIÓN DE LA PLACA

Arduino, tal y como se indica en la definición de su portal de Internet (*https://www.arduino.cc/*), es una plataforma electrónica de código abierto basado en un *hardware* y un *software* de fácil uso.

La placa Arduino incorpora un microcontrolador, que puede ser reprogramado, y una serie de entradas y salidas, que permiten conectar diferentes sensores o actuadores para interaccionar con el medio.

También definimos Arduino como una plataforma libre de computación de bajo coste basada en una placa con entradas y salidas que, junto con un entorno de desarrollo IDE (*Integrated Development Environment*, Entorno de Desarrollo Integrado), basado en *Processing/Wiring*, implementa el lenguaje de programación en C/C++. Arduino se puede usar para desarrollar objetos interactivos automáticos o conectarse a *software* en el ordenador.

Arduino, por tanto, puede ser lo que uno desee en cuanto a aplicaciones informáticas. Puede ser un programador de riego, de temperatura o incluso un servidor web.

La placa Arduino, como se muestra en la Figura 3.1, se compone de varias partes: el microcontrolador o cerebro de la placa, las entradas analógicas, el pin de alimentación y tierra, el botón *reset* (o reinicio), un conector para la fuente de alimentación externa, un regulador de voltaje, un conector USB y pines digitales de entrada y salida, así como los de comunicación puerto serial, entre otros.

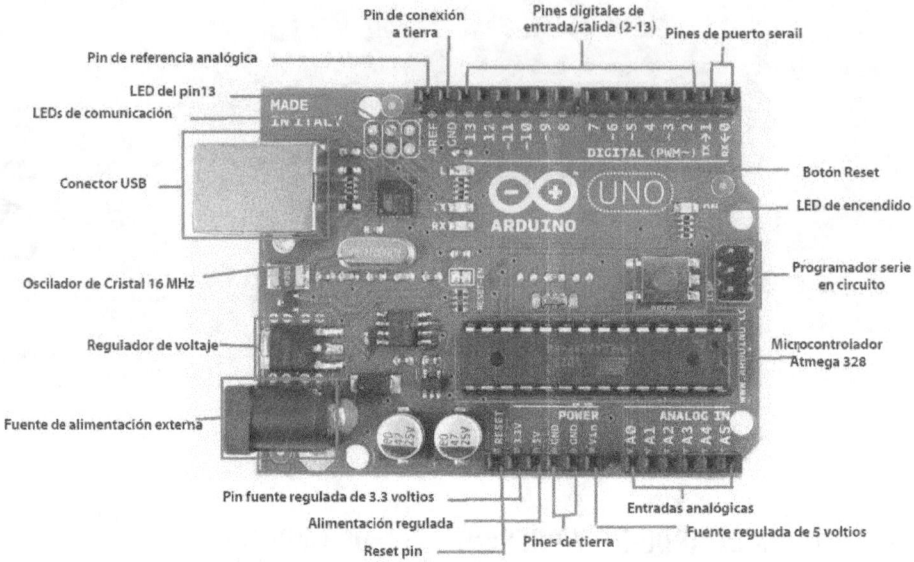

Figura 3.1. Características generales de la placa Arduino UNO

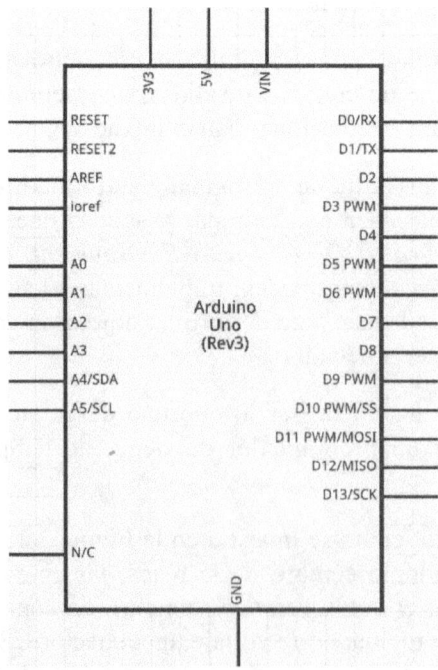

Figura 3.2. Esquema general de la placa Arduino UNO (Rev3) (imagen creada con Fritzing)

3.2 DESCRIPCIÓN DEL HARDWARE ARDUINO

3.2.1 El microcontrolador y su tipología

Para conocer el *hardware* de que se compone un sistema Arduino, se comienza por comprender cómo funciona su microcontrolador, que es el corazón de la placa base del dispositivo.

Un microcontrolador (formado por dos palabras: *micro-*, pequeño, y *controlador*, maniobrar o procesar) es, en esencia, un computador completo, aunque con prestaciones más limitadas. El microcontrolador está contenido en el chip de un circuito integrado programable, y se destina a desarrollar una tarea determinada con el programa que reside en su memoria. Los pines de entrada y salida de los que dispone soportan el conexionado de los sensores y actuadores con los que se interacciona para el desarrollo de nuestro objetivo.

Figura 3.3. Esquema básico de un microcontrolador

La composición principal de un microcontrolador está dada por varios bloques funcionales, basados generalmente en la arquitectura de Harvard, que consiste en dispositivos de almacenamiento separados (memoria de programa y memoria de datos).

Las dos arquitecturas *hardware* más relevantes son la arquitectura de **John von Neumann** y la arquitectura de **Harvard**. En el primer caso, la unidad central de proceso (UCP o CPU, *Central Processing Unit*) está conectada directamente a una memoria única que contiene tanto las instrucciones del programa como los datos. Esta configuración limita los tiempos de acceso a ambas partes al disponer de un único bus, tanto para los datos como para las instrucciones que debe procesar.

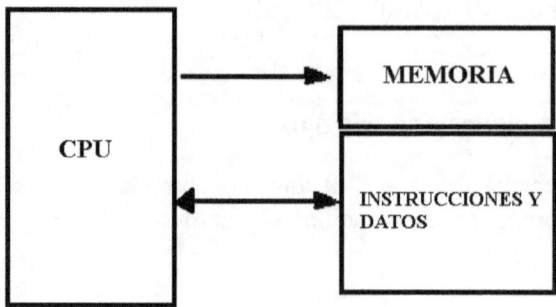

Figura 3.4. Representación de la arquitectura de John von Neumann

Por otro lado, la arquitectura de Harvard se dispone de tal forma que la UCP se conecta a dos memorias diferentes por medio de buses separados. Una de las memorias se utiliza para las instrucciones del programa y la otra, para los datos.

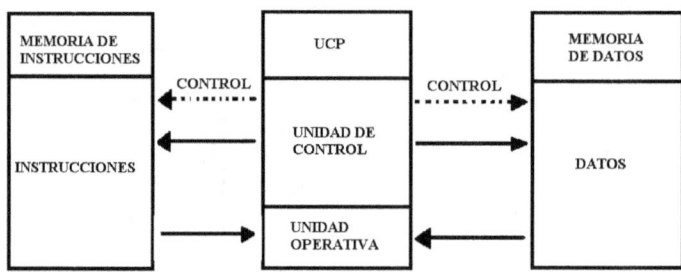

Figura 3.5. Representación de la arquitectura de Harvard

La arquitectura Harvard permite una mayor velocidad y menor longitud de programa al no estar relacionado el tamaño de las instrucciones con el de los datos, pudiéndose incluso superponer el tiempo de acceso a las instrucciones con el de los datos. Por otro lado, la arquitectura de Harvard se dispone de tal forma que la UCP se conecta a dos memorias diferentes por medio de buses separados. Una de las memorias se utiliza para las instrucciones del programa y la otra, para los datos.

Las diferencias principales de un microcontrolador y un microprocesador están basadas en que el microcontrolador incluye todos los elementos del microprocesador y memoria en un solo circuito integrado. Normalmente, el coste es menor, y su arquitectura suele estar basada en la arquitectura Harvard.

En el mercado hay muchos fabricantes de microcontroladores, pero podemos mencionar, entre otros, los fabricantes Atmel, Motorola, Intel, Microchip, Hitachi, Philips, Toshiba, Zilog, Siemens y National Semiconductor.

3.2.2 Arquitectura interna de un microcontrolador

Un microcontrolador está constituido principalmente por una unidad central de proceso, la memoria y unidades de entrada y salida.

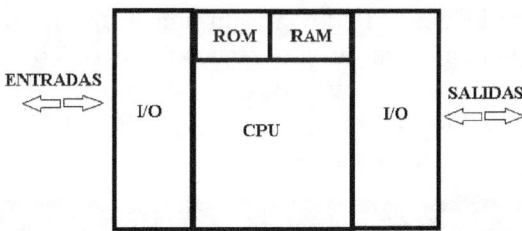

Figura 3.6. Arquitectura interna de un microcontrolador

La UCP es la responsable de ejecutar las instrucciones que están almacenadas en la memoria. Esta parte también es conocida coloquialmente como microprocesador. La memoria almacena la información que hay que procesar y las instrucciones, que indican cómo se han de procesar estos datos. La clasificación básica de la memoria distingue entre: memoria volátil, aquella que pierde la información que se almacena en ella al desconectarla de la alimentación; y la no volátil, que la mantiene. Finalmente, las unidades de entrada y salida son los sistemas encargados de comunicar al microcontrolador con el exterior. Como ejemplo, si disponemos de un *led* que deseamos encender intermitentemente, éste se conectará al sistema de salida del dispositivo. De tal forma que introducimos el programa en la memoria y lo ejecutamos para tal fin.

Se pueden resumir las características principales de un microcontrolador en los siguientes puntos que lo definen:

- Velocidad del reloj u oscilador.
- Tamaño de palabra.
- Memoria: SRAM, Flash, EEPROM, ROM, etc.
- E/S (Entradas/Salidas) Digitales.
- Convertidor Digital Analógico.
- Buses.
- Comunicación UART.

3.2.3 Arquitectura RISC y CISC

Desde el punto de vista de las instrucciones que procesa un microprocesador, se pueden distinguir dos tipos de arquitecturas. Las arquitecturas RISC (*Reduced Instruction Set Computer*, Computadoras con un Conjunto de Instrucciones Reducido) y CISC (*Complex Instruction Set Computer*, Computadoras con un Conjunto de Instrucciones Complejo). Éstas se distinguen precisamente por la característica de procesar un conjunto de instrucciones más reducidas o complejas, respectivamente, teniendo como resultado también una mayor o menor complejidad en el *hardware* del procesador.

Aunque en realidad es difícil comparar ambas arquitecturas, ya que tienen objetivos diferentes, sin embargo, un procesador RISC típico puede llegar a tener una capacidad de procesamiento entre dos a cuatro veces la de un procesador con arquitectura CISC. La arquitectura RISC apuesta por la sencillez del *hardware* y la CISC, por la aceleración en instrucciones.

ARQUITECTURAS ASPECTOS	RISC	CISC
Significado	Computadoras con un conjunto de instrucciones complejo.	Computadoras con un conjunto de instrucciones reducido.
Aplicación	Utilizada para entornos de red.	Aplicada en ordenadores domésticos.
Características	Instrucciones de tamaño fijo. Sólo las instrucciones de carga y almacenamiento acceden a la memoria de datos.	Instrucciones muy amplias.
Objetivos	Posibilitar la segmentación y el paralelismo en la ejecución de instrucciones y reducir los accesos a memoria.	Permitir operaciones complejas entre operandos situados en la memoria o en los registros internos.
Ventajas	La CPU trabaja más rápido al utilizar menos ciclos de reloj, reduciendo la ejecución de las operaciones. Cada instrucción puede ser ejecutada en un solo ciclo del CPU.	Reduce la dificultad de crear compiladores. Permite reducir el costo total del sistema. Mejora la compactación de código. Facilita la depuración de errores.
Microprocesadores basados en…	**Intel** 8086, 8088, 80286, 80386, 80486. **Motorola** 68000, 68010, 68020, 68030, 68040.	MIPS Technologies. IBM Power. Power PC de Motorola e IBM. SPARC y UltraSPARC.

Tabla 3.1. Tabla comparativa arquitecturas RISC y CISC

3.2.4 El microcontrolador de Arduino (Atmel)

El microcontrolador utilizado en la placa *hardware* de Arduino es el Atmega. Los Atmega pertenecen a la familia AVR, que son una serie de microcontroladores RISC del fabricante Atmel (*http://www.atmel.com/*). Los microcontroladores de Atmel más utilizados con las placas Arduino son el Atmega168, Atmega 328, Atmega 1280 y Atmega 8 por su sencillez y bajo coste, permitiendo a su vez el desarrollo fácil de múltiples diseños.

Figura 3.7. Placa Arduino UNO, microcontrolador ATmega 328p

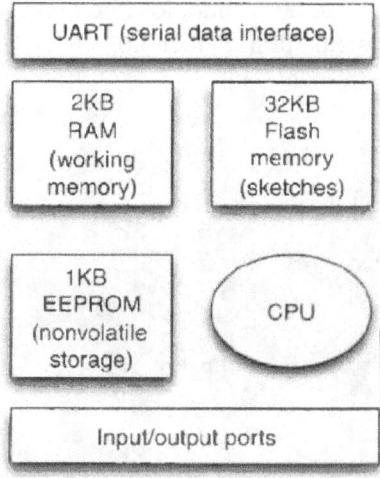

Figura 3.8. Diagrama de bloques simplificado del microcontrolador ATmega 328p

El microcontrolador recibe información de las entradas (*read*), la procesa y escribe un 1 o un 0 (5 o 0 V) en las salidas (*write*), actuando sobre el dispositivo que tenemos conectado. Al microcontrolador, por lo tanto, conectamos unos sensores a la entrada y unos actuadores a la salida, para que, en función del programa y de la lectura de los sensores, se produzcan una serie de actuaciones.

El microcontrolador de la placa Arduino se programa mediante el lenguaje de programación Arduino. Se trata de un lenguaje de alto nivel basado en *Wiring* y con una sintaxis muy similar a las del lenguaje C. Arduino también dispone de un entorno de desarrollo basado en *Processing*, que permite la edición de un programa con el lenguaje Arduino, su verificación, su compilación y el volcado o grabación sobre el controlador. Dicho entorno es de código abierto y está disponible para plataformas Windows, Mac y Linux. Una vez que se graba un programa sobre la memoria del controlador, éste se ejecutará sin necesidad de estar ya conectado a un ordenador.

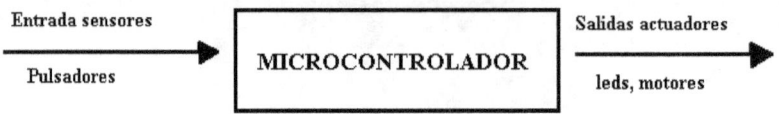

Figura 3.9. Esquema simplificado de un microcontrolador. Entradas y salidas procesadas

La característica de los microcontroladores ATmega es que son, como se ha indicado, de la familia AVR, con 4 a 256 kB de memoria flash programable, encapsulados de 28 a 100 pines y con conjunto de instrucciones extendido. Según qué tipo de placa Arduino se esté utilizando, los microcontroladores incorporados en ellas pertenecen todos a la misma familia tecnológica, por lo que su funcionamiento en realidad es bastante parecido entre sí.

Figura 3.10. Encapsulados de los microcontroladores de la familia AVR de Atmel

Producto	Flash (KB)	EEPROM (Bytes)	RAM (Bytes)	E/S	SPI	USART	TWI	PWM	Chip Debug debugWire
megaAVR									
Atmega48	4	256	512	23	1	1	1	5	Y
Atmega8	8	512	1K	23	1	1	1	3	-
Atmega88	8	512	1K	23	1	1	1	5	Y
Atmega8515	8	512	512	35	1	1	-	3	-
Atmega8535	8	512	512	32	1	1	1	4	-
Atmega16	16	512	1K	32	1	1	1	4	-
Atmega162	16	512	1K	35	1	2	-	6	-
Atmega168	16	512	1K	23	1	1	1	5	Y
Atmega32	32	1K	2K	32	1	1	1	4	-
Atmega64	64	2K	4K	53	1	2	1	8	-
Atmega128	128	4K	4K	53	1	2	1	8	-
Atmega256	256	4K	8K	53	1	2	1	16	Y
Atmega169	16	512	53	53	1	1	-	4	-
Atmega329	32	1K	53	53	1	1	-	4	-

Tabla 3.2. Tabla de características de los microcontroladores ATmega AVR

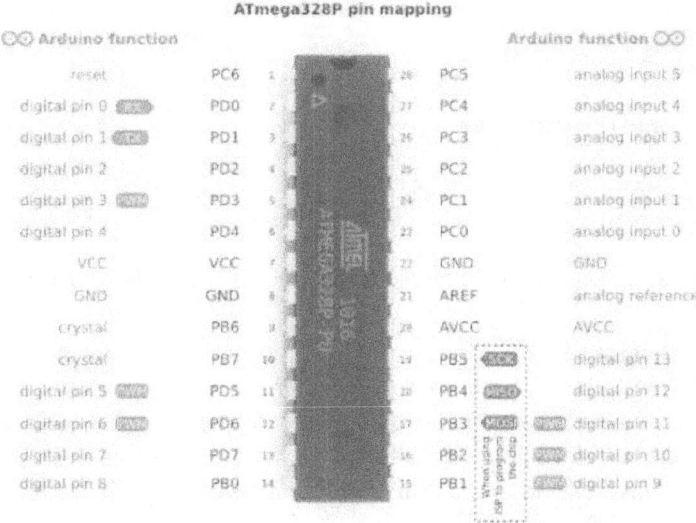

Figura 3.11. Pines del microcontrolador Atmega 328p de Atmel.

3.2.5 Memorias y registros del microcontrolador

La unidad de memoria es una parte del microcontrolador que se utiliza para almacenar los datos o el programa/instrucciones que serán procesados por el procesador.

Según se indicó, la memoria de los microcontroladores debe estar ubicada normalmente dentro del mismo encapsulado, siguiendo la idea de mantener el circuito completo dentro de un solo sistema integrado. En los microcontroladores, la memoria no suele ser abundante, a diferencia de las memorias de los ordenadores o computadores personales.

Las memorias, al igual que las casas de una vivienda, se direccionan. Cada dirección de la memoria corresponde a una parte/situación de la misma, donde estará alojada la información que corresponda en ese momento del dato o instrucción. El contenido de cualquier localidad de la memoria se puede leer o escribir o ambas, según el tipo de memoria.

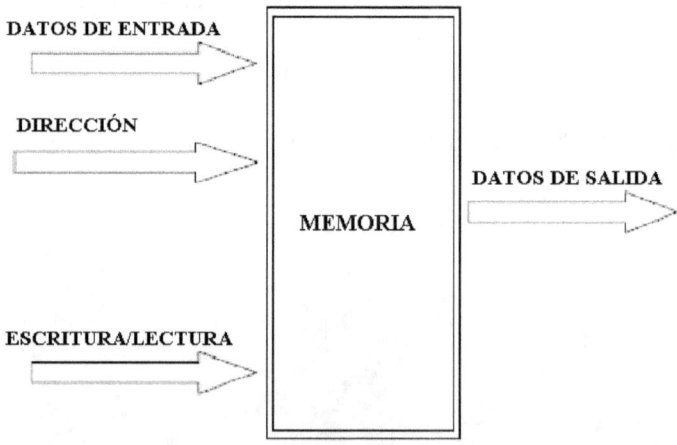

Figura 3.12. Esquema simplificado de entradas y salidas de un bloque de memoria

En general, existen varios tipos de memoria. Las dos memorias principales básicas son RAM y ROM. En el mercado se han desarrollado numerosas memorias en torno a sus fundamentos básicos, según la forma de acceso, la volatilidad o permanencia de la información o la forma de escribir en ellas. En el caso de las placas Arduino, las tres memorias principales con las que trabajará son SRAM, Flash y EEPROM.

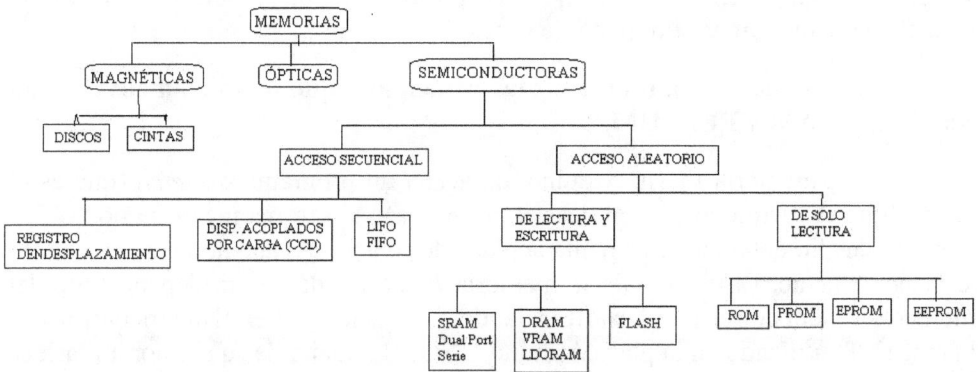

Figura 3.13. Clasificación de las memorias según su tecnología

Las memorias **RAM** (*Random Access Memory*, Memoria de Acceso Aleatorio) se utilizan como memorias de trabajo para el sistema operativo y los programas. Se denominan memorias de acceso aleatorio porque permiten ser leídas o escritas en una posición o localización de la memoria con un tiempo de espera igual en cualquiera de las posiciones, sin necesitar seguir un orden. Esta memoria es volátil, por lo que pierde su información cuando se desconecta el equipo o se deja de alimentar. Dentro de la familia de las memorias RAM, aparece la memoria **SRAM** (*Static Random Access Memory*, memoria estática de acceso aleatorio o RAM estática) para denominar a un tipo de tecnología de memoria RAM basada en semiconductores, capaz de mantener los datos, mientras siga alimentada, sin necesidad de circuito de refresco. Ésta será una de las memorias utilizadas por Arduino.

La memoria **ROM** (*Read Only Memory*, memoria sólo de lectura) se utiliza en ordenadores y dispositivos electrónicos que permiten sólo la lectura de la información pero no su escritura. Normalmente, los datos de una memoria ROM no pueden ser modificados.

Con la memoria **EEPROM** (*Electrically Erasable Programmable Read-Only Memory*, es decir, ROM programable y borrable eléctricamente) se tiene la posibilidad de cambiar el contenido durante el funcionamiento, siendo similar a la RAM, pero con la diferencia de que esta información se queda permanentemente guardada después de la pérdida de la alimentación a la memoria (una vez apagado el dispositivo, es decir, aquí se comporta como una memoria ROM pero modificable).

Las **memorias Flash**, memorias no volátiles, permiten velocidades de funcionamiento muy superiores frente a la tecnología EEPROM primigenia. Se inventaron en los años 80 en los laboratorios de la compañía INTEL, con la finalidad de conseguir una memoria en la que sea posible escribir y borrar el contenido prácticamente un número ilimitado de veces.

Como se ha citado, **las memorias principales que se utilizan en Arduino son Flash, SRAM y EEPROM**.

En la memoria Flash, Arduino almacena un programa o *sketch* (que es el nombre que usa Arduino para indicar el programa). Al ser una memoria no volátil, si se deja de alimentar eléctricamente la placa, los datos se mantendrán almacenados permanentemente. El tamaño de la memoria *Flash* puede variar, dependiendo del microcontrolador con el que se esté trabajando. Como ejemplo, en el microcontrolador ATmega328, utilizado en la placa Arduino UNO, el tamaño de su memoria Flash es de 32 KB.

Tipo	Categoría	Borrado	Volátil	Aplicación típica
SRAM	Lectura/escritura.	Eléctrico	Sí	Caché.
DRAM	Lectura/escritura.	Eléctrico	Sí	Memoria principal.
ROM	Sólo lectura.	Imposible	No	Equipos (volumen de producción grande).
PROM	Sólo lectura.	Imposible	No	Equipos (volumen de producción pequeño).
EPROM	Principalmente lectura.	Luz UV	No	Prototipos.
EEPROM	Principalmente lectura.	Eléctrico	No	Prototipos.
FLASH	Lectura/escritura.	Eléctrico	No	Cámara digital.

Tabla 3.3. Tabla comparativa entre diferentes tipos de memoria

La memoria SRAM en Arduino es el espacio donde los programas o *sketches* almacenan las diferentes variables durante la ejecución. Esta memoria se utiliza por el programa en ejecución y es eliminada (volátil) cuando Arduino pierde la alimentación. Para el caso de Arduino UNO, el tamaño de su microcontrolador ATmega328 es de 2 KB (2.048 *bytes*).

Finalmente, la memoria EEPROM utilizada en Arduino es un espacio que se emplea por los programadores para almacenar información a largo plazo. Aquí se pueden almacenar datos que se desean grabar una vez apagado el microcontrolador para poderlos utilizar posteriormente en futuros reinicios. Por ejemplo, si se diseña una alarma, la contraseña sería una información susceptible de ser usada en esta memoria. El tamaño de la EEPROM para un chip ATmega328 es de 1 KB (1.024 *bytes*).

Los microcontroladores disponen de unas memorias muy reducidas, pero necesarias para el desarrollo operativo de su actividad, llamadas **registros**.

Los registros almacenan datos de operaciones o resultados de la ejecución de instrucciones. Cuando se trata de un microprocesador que es de 4, 8, 16 o 32 bits, se refiere a las operaciones con registros de datos que tienen ese tamaño y, por tanto, determina en parte su potencia, en cuanto a velocidad de ejecución. En el caso de Arduino con ATmega328 se trata de 8 bits.

3.2.6 Sistemas de alimentación de Arduino

Cualquier circuito electrónico que interactúa con los diferentes elementos físicos o mecánicos precisa de una alimentación de tensión con la que generar la diferencia de potencial necesaria que origine el movimiento de los electrones, en definitiva, la corriente eléctrica.

La placa Arduino también necesita estar alimentada para que pueda operar en el desarrollo de sus tareas programadas. Ésta viene preparada para recibir la alimentación desde varias partes. Por un lado, es posible alimentarla mediante la **conexión por USB** que le proporcionará a la placa una tensión de 5 V (que es la tensión de trabajo de la placa Arduino).

También se puede alimentar (externa a la conexión con un ordenador) mediante una **conexión tipo *jack*** que recomienda su entrada entre 7 a 12 V (aunque soporta de 6 a 20 V) o incluso una **pila** de 9 V. Esta tensión será rebajada posteriormente mediante el circuito regulador de tensión o voltaje que viene incorporado dentro de la placa a los 5 V.

Por otro lado, de cara a alimentar en lugar de ser alimentada, la placa dispone de los pines desde donde se extrae la tensión para los circuitos con los que se trabaja. Para ello, se dispone del **pin 3,3 V**, que proporciona esta misma tensión de 3,3 V, con una intensidad máxima de 50 mA. Este pin está regulado, con un margen de error del 1 %, por el circuito que incorpora la placa, el LP2985. El pin 5 V proporciona esta tensión con una intensidad máxima de 300 mA. GND es la toma de tierra o nivel de 0 V y, finalmente, **Vin** ofrece el mismo voltaje que entra por el conector de alimentación. Es decir, si se alimenta con una pila de 9 V también se obtiene en este pin un voltaje de 9 V.

En el caso de tener que alimentar con la placa Arduino dispositivos que consuman una intensidad superior a 200 mA, como motores, relés o electroválvulas, normalmente conviene alimentar adecuadamente la placa Arduino. Mediante el cable USB, el límite proporcionado es de 500 mA en total (donde la placa consume unos 2,5 W). Si utilizamos una fuente de alimentación externa conectada al *jack*, la intensidad máxima que puede entregar Arduino a los actuadores que queramos controlar es de 1 A, aunque una exposición larga a esta corriente podría dañar la placa. Lo recomendable es 800 mA. Hay que añadir que la tensión que proporciona el pin *Vin*, en realidad, es el voltaje de la fuente conectada al *jack*, como se citó, menos la pequeña caída de tensión que proporcione el diodo de protección que hay entre ellos. Desde este pin se podría sacar un cable y alimentar los actuadores que se necesiten.

Otra opción para alimentar la placa Arduino externamente sin necesidad de utilizar el conector *jack* es a través del pin *Vin* y GND. Aquí, el problema es que el diodo de protección no actuaría (y evita que se queme el circuito por un exceso de corriente), pero tampoco se restaría su caída de tensión.

En resumen, al utilizar actuadores que tengan un bajo consumo, como un *led*, se puede trabajar directamente con la alimentación de la conexión USB, pero si se necesita accionar elementos de mayor consumo, como un motor, se recomienda la alimentación externa desde el *jack* con un rango de entre 9 y 12 V.

Figura 3.14. Imagen ampliada de los pines de potencia en Arduino UNO

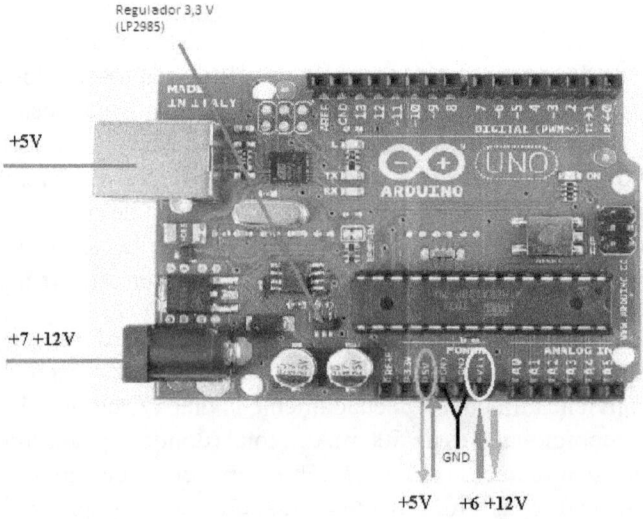

Figura 3.15. Sistemas de alimentación de la placa Arduino UNO

El adaptador que se utilice para conectar el *jack* ha de ser un conector con polaridad «con el positivo en el centro». Esto quiere decir que la parte externa del adaptador ha de ser el borne negativo y el hueco interior del cilindro ha de ser el borne positivo.

3.2.7 Comunicación con el puerto serie

Para que dos sistemas electrónicos se puedan comunicar (sea un microcontrolador o un ordenador) tienen que ponerse de acuerdo en qué sistema de comunicación van a utilizar. Para ello, se establece un **protocolo de comunicación** o sistema de reglas, que permiten que dos dispositivos se comuniquen entre sí mediante la transmisión de información por variación de algún tipo de magnitud física conocida, como suele ser la tensión o voltaje. En las reglas de un protocolo, se establecen la sintaxis, la semántica, la sincronización y la metodología para la recuperación de errores.

Para la comunicación de estos dispositivos se establecerá un **tipo de transmisión**, que puede ser de tipo **síncrona** o **asíncrona**. En la transmisión síncrona existe una coordinación temporal precisa entre el emisor y el receptor. No hay señales o bits de inicio o parada. Esta transmisión se puede dar en una conversación telefónica, por ejemplo. En el caso de la transmisión asíncrona, no hay coordinación temporal entre el emisor y el receptor, por lo que cada información transmitida debe contener una señal de comienzo y parada. La comunicación también puede clasificarse según los tipos de sincronismos, sincronismo de bit, carácter o bloque.

Según el **medio de transmisión**, ésta puede ser **serie**, donde se envía la información, por ejemplo, de un *bit* de uno en uno (secuencialmente), o **paralela**, donde se envían varios *bits* al mismo tiempo (de forma paralela). Finalmente, si se analiza desde el **tipo de la señal transmitida**, ésta puede ser de forma **analógica** o **digital**, que transmiten una señal analógica o digital según el caso.

Para comunicarse entre dos ordenadores o dispositivos, se utilizan los diferentes puertos. Los puertos serie son la forma principal de comunicar una placa de Arduino con un ordenador.

El puerto serie, como se ha indicado, envía la información mediante una secuencia de bits. Arduino dispone también de dos conectores para transmisión serie llamados RX (recepción) y TX (transmisión), aunque pueden existir otros conductores, como referencias de tensión o sincronismos del reloj.

La transmisión en paralelo es más utilizada en aquellas aplicaciones que requieren la transmisión de mayor volumen de datos. Sin embargo, según los procesadores se iban haciendo más rápidos, los puertos serie fueron desplazando a los paralelos. Los puertos serie más extendidos son el USB y el RS-232. También existen otros como el RS-485, Serial Ata, Ethernet, FireWire o los que dispone también Arduino I2C y SPI, que se verán a continuación.

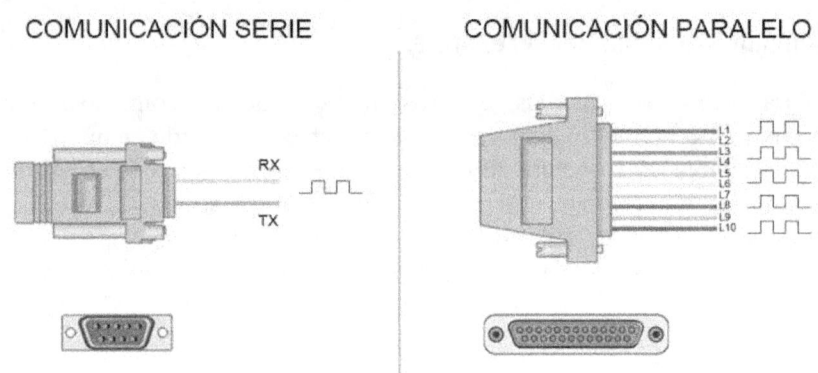

Figura 3.16. Comunicación serie y paralelo (*http://www.luisllamas.es/2014/04/arduino-puerto-serie*)

En ocasiones, los puertos serie se definen como **UART** (*Universal Asynchronous Receiver/Transmitter*, Transmisor-Receptor Asíncrono Universal), siendo en realidad éste el dispositivo que controla el puerto serie. Se trata de una unidad incorporada en ciertos procesadores para la conversión de los datos a una secuencia de bits y transmitirlos o recibirlos a una velocidad determinada. Es decir, el UART recoge los *bytes* de datos que se desean transmitir y envía los *bits* individuales de forma secuencial. En el destino, un segundo UART vuelve a enlazar los bits en *bytes* completos.

Los puertos series también se pueden encontrar con el término **TTL** (*Transistor-Transistor Logic*, Lógica Transistor-Transistor), donde la comunicación se realiza mediante variaciones en la señal entre 0 V y Vcc (donde Vcc suele ser 3,3 o 5 V). Sin embargo, otros sistemas de transmisión como los puertos RS-232 varían de –Vcc a +Vcc (en este caso, -13 a 13 V). Por este motivo, es importante que las tensiones que se empleen en los sistemas de transmisión sean compatibles. Si no es así, deberíamos utilizar un dispositivo adaptador de la señal.

Las diferentes placas de Arduino disponen normalmente de una unidad UART. En el caso de la placa Arduino UNO, los pines empleados son 0 (RX) y 1 (TX). A su vez, muchas placas de Arduino disponen directamente de un conector USB conectado a uno de los puertos serie, simplificando así la conexión con un ordenador.

3.2.8 Comunicación a través de chip ATmega 16u2

En la placa Arduino UNO se dispone de un microcontrolador secundario (ATmega 16u2) que sirve como *interface* entre la conexión de datos de entrada mediante el cable USB conectado a un ordenador.

Arduino Uno puede comunicarse, aparte del ordenador, con otra placa Arduino u otros microcontroladores a través del puerto serie utilizando los pin 0(RX) y 1(TX). En este caso, el chip ATmega 16u2 de la placa convierte la comunicación serie a USB y aparece como un puerto virtual (COM) en el ordenador. En la placa, los *led* (RX y TX) parpadean cuando hay una transmisión de datos vía Serial a USB en comunicación con el ordenador (pero no parpadean cuando hay una comunicación Serial con los pins 0 y 1). El Atmega 16u2 permite al dispositivo ser *Plug and Play* y ser reconocido como un dispositivo periférico USB (2).

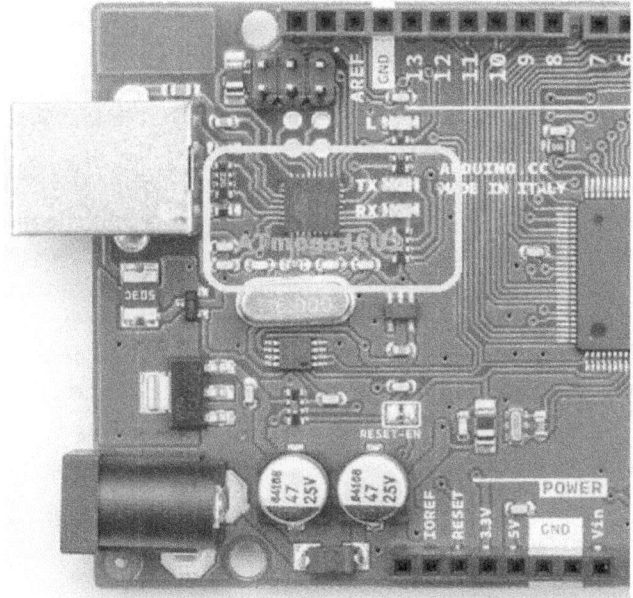

Figura 3.17. Chip ATmega 16u2 de la placa Arduino UNO

3.2.9 Protocolos de comunicación I2C/TWI y SPI

Arduino puede mejorar sus capacidades comunicándose con diversos circuitos o componentes externos. En la actualidad, muchos circuitos integrados implementan protocolos de comunicación digital estandarizados que facilitan la comunicación entre el mircrocontrolador y los diversos dispositivos. La placa Arduino UNO, con el microcontrolador ATmega328p, utiliza para ello también los protocolos de comunicación serie **I2C/TWI** y el **SPI**.

Se muestran a continuación:

Protocolo I2C/TWI. En los años 80, Phillips propuso una norma de comunicación digital entre los diferentes componentes de un sistema electrónico. I2C se utiliza principalmente en la industria para la comunicación entre microcontroladores y sus periféricos en sistemas integrados, lo que lo hace especialmente interesante en aplicaciones con Arduino. Esta norma especificaba los niveles de tensión, la velocidad y el protocolo que debía seguirse. Fue llamada IIC o, más conocido, como I2C (*Inter Integrated Circuit*, circuitos inter-integrados o, también conocido, como TWI, *Two Wire Interface*, *Interface* de dos hilos/cables), que pronto se convierte en un estándar en la industria motivado por su sencillez y por ser un protocolo abierto.

El protocolo I2C, que es una transmisión serie y síncrona, utiliza dos hilos de control, uno para transmitir los datos, SDA (*System Data*, Sistema de datos), y otro, el reloj asíncrono, que indica cuándo leer los datos SCL (*System Clock*, sistema de reloj). Aparte de la alimentación y la masa o tierra (GND, *Ground*). Los datos y direcciones se transmiten en palabras de 7 bits (A7-A1) más uno (A0), que indica si es lectura o escritura. Uno de los componentes conectados al bus debe actuar como *master* (maestro), y éste será el que controla reloj (sigue el modelo maestro-esclavo). De esta forma, no es requerida una velocidad de reloj concreta, ya que es el *master* quien decide. En el protocolo pueden conectarse varios maestros, pero sólo uno puede estar activo al mismo tiempo, y proporcionará el arbitraje y la detección de colisiones. La comunicación es bidireccional *Half Duplex*, es decir, que sólo puede ir en uno u otro sentido al mismo tiempo. En la placa Arduino UNO, los pines de conexión para comunicación I2C están en A4 (SDA) y A5 (SCL).

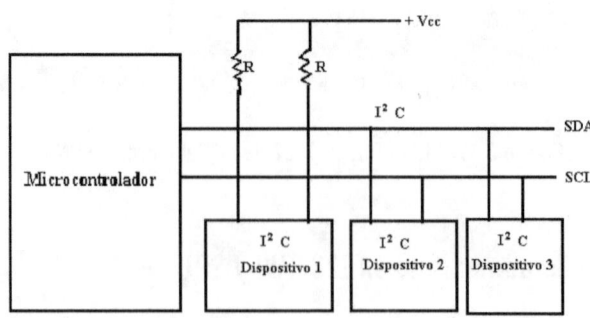

Figura 3.18. Conexión de varios dispositivos al microcontrolador mediante el protocolo I2C/TWI

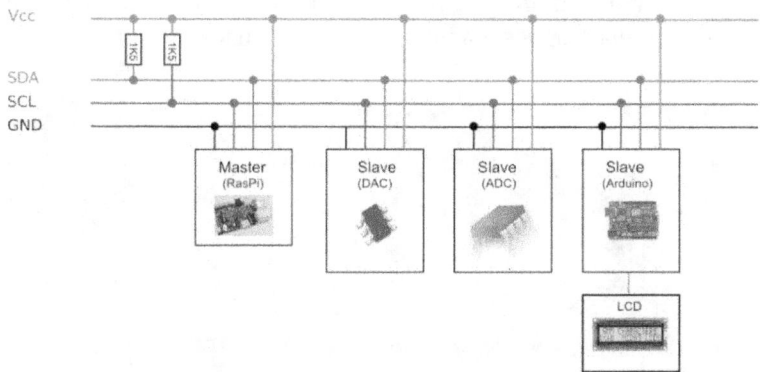

Figura 3.19. Ejemplo de conexión de varios dispositivos mediante el protocolo I2C/TWI(*http://quick2wire. com/articles/i2c-and-spi/*)

Tal como se muestra en la Figura 3.18, para el correcto funcionamiento de las línea de datos y reloj, SDA y SCL, éstas necesitan polarizarse en estado alto mediante la conexión de una resistencia *pull-up* a una fuente de alimentación común, la cual puede proveer un voltaje que generalmente sería de 5 V, ya que los dispositivos sólo pueden forzar al bus a ponerse a cero.

Los pines que utiliza Arduino UNO para el puerto I2C/TWI son los **pines A4 (SDA) y A5 (SCL)**. En el capítulo 7 se muestra una aplicación práctica de utilización de este interesante puerto.

Protocolo SPI. Se trata de un protocolo de comunicación síncrona desarrollado por Motorola en 1982, utilizado para la transferencia de información entre circuitos integrados en equipos electrónicos. Permite alcanzar velocidades muy altas. La comunicación es *full duplex*, es decir, permite mantener una comunicación bidireccional mediante el envío y la recepción de mensajes de forma simultánea.

El protocolo SPI utiliza una solución síncrona, mediante unas líneas diferentes para los datos y otra para el reloj (*clock*). El reloj es una señal que indica al dispositivo que está recibiendo cuándo leer los datos, por lo que el problema de pérdida de sincronía se elimina. El reloj generado por el maestro (*master*) recibe el nombre de CLK por *clock* o SCK por *Serial Clock*. Cuando el maestro envía información, lo hace por una línea de datos llamada **MOSI** (*Master Out Slave In*, salida de datos del master y entrada de datos al esclavo. También llamada SIMO). Si el esclavo responde, lo hará por la línea llamada MISO (*Master In Slave Out*, salida de datos del esclavo y entrada al master. También conocida por SOMI). Hay una última línea de control, llamada *Slave Select* o **SS** (Selección de un esclavo, también llamada SSTE), que indica a un esclavo que el mensaje que viene es para él, o bien le reclama que envíe una respuesta a una petición del maestro.

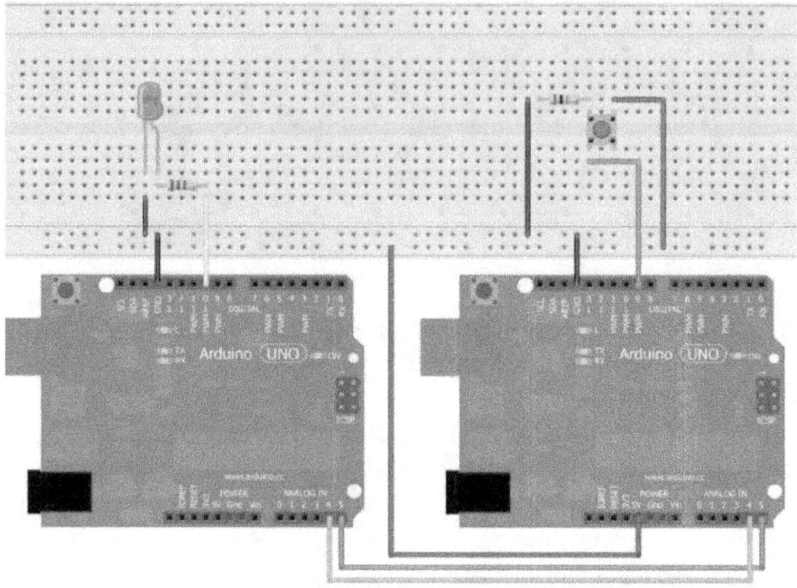

Figura 3.20. Ejemplo de conexión y comunicación I2C entre placas Arduino. Pulsador detectado en una placa y comunicación a la otra para el encendido del led (*http://www.ikkaro.com/comunicacion-i2c-arcuino/*)

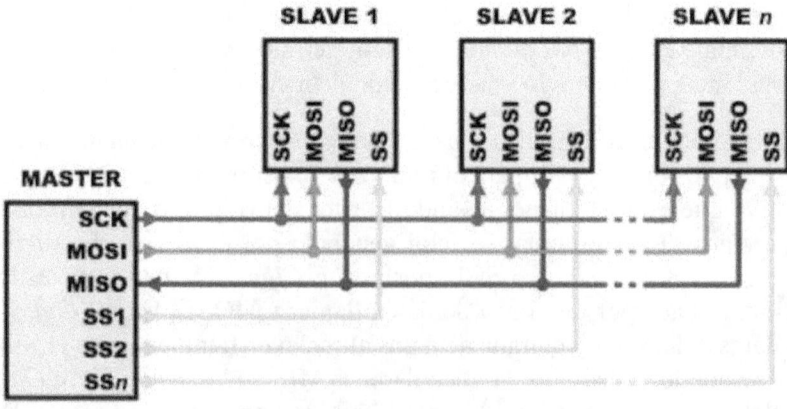

Figura 3.21. Conexión de varios dispositivos al microcontrolador mediante el protocolo SPI (*http://www.prometec.net/bus-spi/*)

El protocolo SPI es más rápido que el I2C y el tamaño de los mensajes puede ser más grande. Los esclavos no necesitan de osciladores al proporcionarse la señal de reloj. Sin embargo, funciona en distancias cortas, se necesitan más pines y el maestro suele ser único. El Bus SPI elimina el problema de necesitar distintas direcciones para los dispositivos esclavos.

Al igual que con el puerto I2C, Arduino dispone de la **biblioteca SPI** integrada para su utilización en las diferentes aplicaciones.

Los pines utilizados en la placa Arduino UNO para el desarrollo del protocolo SPI son el 11 (MOSI), 12 (MISO), 13 (SCK) y 10 (SS Slave).

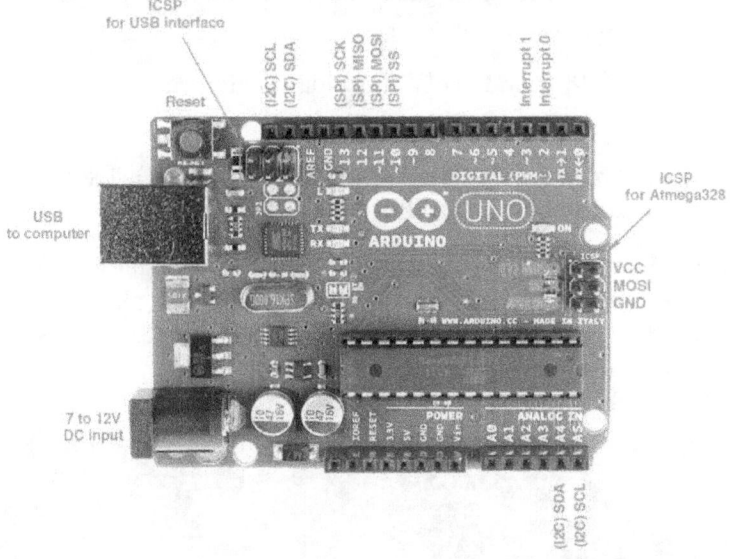

Figura 3.22. Descripción de los pines del Puerto SPI y I2C en Arduino UNO. (*http://gammon.com.au/spi*)

3.2.10 Entradas y salidas de la placa Arduino

Centrándonos en la placa Arduino UNO, las entradas y salidas de que se compone la placa nos permitirán conectar, aparte de la alimentación y comunicación, los diferentes dispositivos eléctricos con los que interaccionar con el medio.

Comenzando con las **entradas y salidas digitales**, Arduino UNO dispone de **14 pines**, como se muestran en la Figura 3.23. Cada uno de ellos se puede utilizar como una entrada o salida. Estos pines digitales funcionan a 5 V, proporcionan o pueden recibir un máximo de 40 mA (aunque si se conectan varios, sólo podrá suministrar 100 mA entre los pines 0 y 4 y otros 100 mA entre el resto, 5 a 13) y tienen una resistencia de *pull-up* (desconectada por defecto) de 20 a 50 kΩ. En ocasiones, estos pines digitales hembra, que tienen un propósito general, se los llama pines GPIO (*General Purpose Input/Output*, entradas y salidas de propósito general).

Los pines digitales hembra, además de su función estándar, tienen otras funciones dentro de la placa, que se resumen a continuación:

- **Pin 0 (RX) y 1 (TX).** Se utilizan para recibir (RX) y para la transmisión (TX) de datos serie TTL (comunicación serial).

- **Pin 2 y 3.** Se utilizan también para la gestión de interrupciones externas. Se trata de pines encargados de interrumpir el programa secuencial establecido por el usuario.

- **Pin 3, 5, 6, 9, 10 y 11.** PWM, salidas analógicas simuladas. Las salidas PWM se explican a continuación.

- **Pin 10 (SS), 11 (MOSI), 12 (MISO), 13 (SCK).** Estos pines ofrecen apoyo a la comunicación SPI.

- **Pin 13.** Pin del LED «L». El pin 13 dispone de un led conectado a él, que detecta (se enciende) si el valor de entrada es alto. De esta forma, se pueden detectar por aquí señales de entrada sin necesidad de tener ningún componente extra.

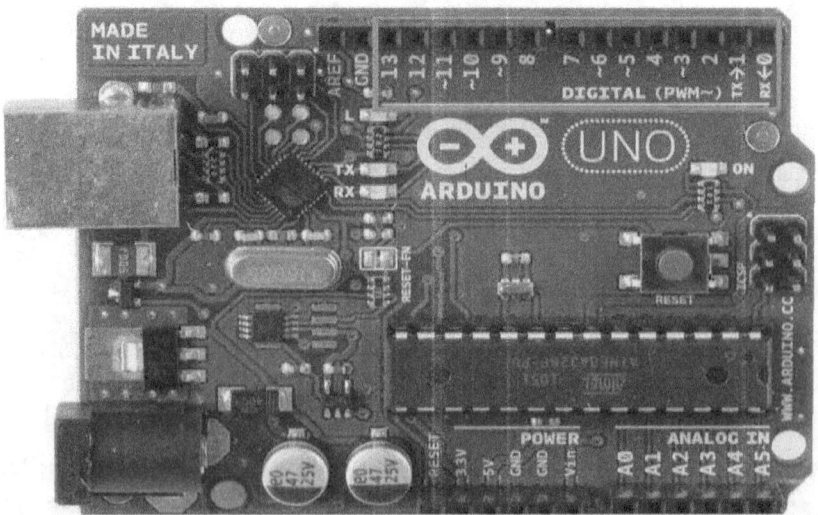

Figura 3.23. Placa Arduino UNO. Entradas y salidas digitales

Por otro lado, se dispone de **6 pines de entradas analógicas**, etiquetadas desde la **A0 a A5**. La placa Arduino, que sólo puede trabajar con valores digitales, necesita una conversión previa del valor analógico que recibe por estas entradas a un valor digital. Esta conversión se realiza mediante un circuito conversión analógico/digital que viene incorporado en la placa. De esta forma, cada una de las entradas analógicas ofrece 10 bits de resolución una vez convertidas (es decir, 1.024 estados). Por defecto, se reciben voltajes dentro de un rango de valores continuos de entre 0 y 5 V, aunque este valor es modificable con la ayuda del pin AREF, como se mostrará más adelante. Estos pines también pueden ser utilizados de la misma manera que se emplean los pines hembra digitales citados anteriormente y, sumados a los 14 ya indicados, le dotan de 19 pines digitales en total, pudiendo ser utilizados indistintamente.

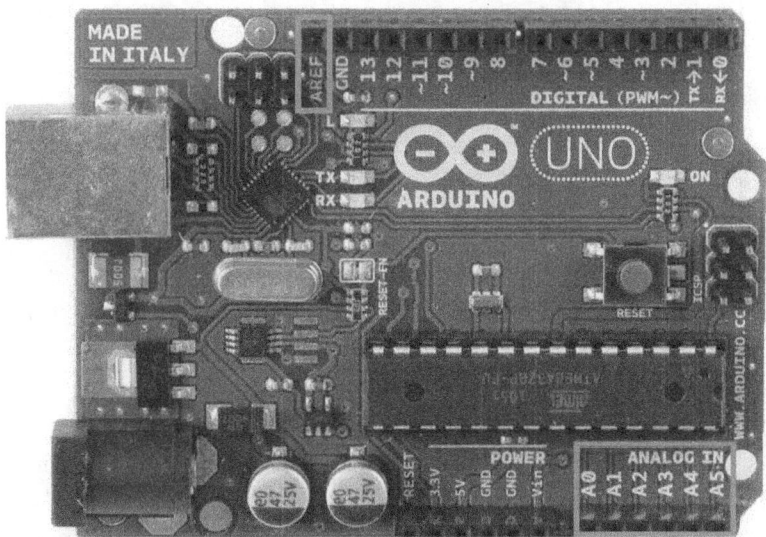

Figura 3.24. Placa Arduino UNO. Entradas y salidas analógicas. Pin AREF

Para poder enviar **señales analógicas** a nuestro entorno y poder así interactuar con este tipo de señales en los dispositivos que trabajen con ellas, como motores o zumbadores, Arduino UNO dispone, en los pines 3, 5, 6, 9, 10 y 11, de la capacidad de trabajar de este modo, simulando un comportamiento analógico. Los pines de este tipo se indican con la **etiqueta «PWM»**.

Las **salidas PWM** (*Pulse Width Modulation*, Modulación por Ancho de Pulso) presentan, por tanto, una técnica para simular una salida analógica con una salida digital. Para ello, se utiliza una onda cuadrada, una señal que conmuta constantemente entre encendido y apagado. Este patrón de encendido-apagado puede simular voltajes entre 0 (siempre apagado) y 5 V (siempre encendido) simplemente variando la proporción de tiempo entre encendido y apagado, obteniéndose a la salida un valor promedio de la tensión. A la duración del tiempo de encendido (ON) se le llama Ancho de Pulso (*pulse width*). Para variar el valor analógico, cambiamos o modulamos ese ancho de pulso, obteniendo a la salida la media del tiempo, que está a 5 V con respecto al tiempo, que está a 0 V.

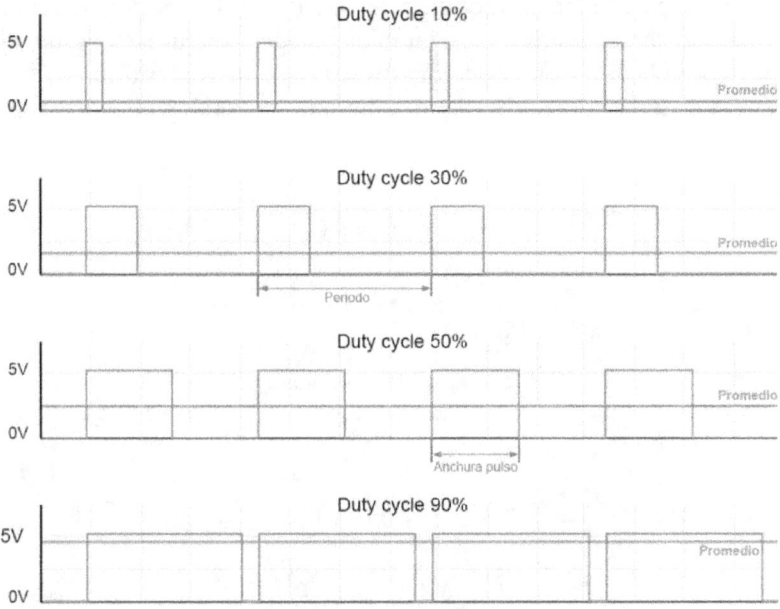

Figura 3.25. Ejemplo de diferentes tensiones de salidas utilizando salidas PWM (*http://www.luisllamas.es/2015/08/salidas-analogicas-pwm-en-arduino/*)

Cada pin-hembra PWM dispone de una resolución de 8 bits, por lo que, calculando el número de combinaciones entre las dos posibilidades 0 o 1 que dispone cada bit, se podrían obtener 256 valores diferentes de tensiones promedio a la salida de voltajes entre 0 y 5 V.

En el caso de los pines-hembra de entrada analógica, existen también algunas con función especial.

▼ **Pines A4 (SDA) y A5 (SCL).** Utilizados para comunicaciones mediante el protocolo I2C/TWI ya indicado. La placa Arduino ofrece (por una simple cuestión de comodidad y ergonomía) una duplicación de estos dos pines-hembra en los dos últimos pines-hembra tras el pin «AREF», los cuales están sin etiquetar porque no hay más espacio físico.

▼ **Pin AREF.** El pin AREF (*Analog Reference*, Referencia Analógica) ayuda a mejorar la precisión de las entradas analógicas mediante un voltaje de referencia externo. Las señales que normalmente se utilizan en Arduino están alrededor de 5 V; comparar contra este valor sería lo razonable, y además, la industria dispone de una gama amplia de sensores cuyo valor máximo devuelve 5 V. Sin embargo, cada vez más, se están desarrollando en 3,3 V y si utilizamos el ADC para señales de 3,3 V, se estaría perdiendo precisión y resolución, es decir, un tercio de los valores. Por tanto, se hace interesante cambiar el valor de tensión contra el que comparamos en lugar de 5 a 3,3 V. Esto se consigue en Arduino con el pin AREF, que permite conectar una tensión externa de referencia contra la que se comparará la señal que se lea de las puertas A0 a la A5.

▼ **Pin RESET.** Permite reiniciarse y poner de nuevo en marcha el *bootloader*.

3.3 CARACTERÍSTICAS DE LA PLACA ARDUINO UNO

Revisando los conceptos anteriores y para plasmarlos en una placa concreta, se presenta a continuación la placa Arduino UNO en bloques. De esta forma, se podrán, desde la creación más básica y general de Arduino, ver los detalles que estos dispositivos ofrecen en profundidad.

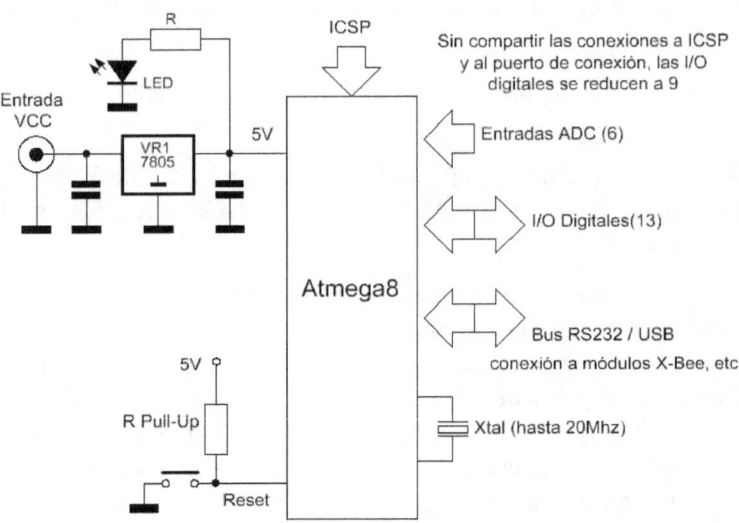

Figura 3.26. Esquema general Hardware de Arduino UNO (*http://www.neoteo.com/comparativa-arduino-arduino-vs-el-resto-15399*)

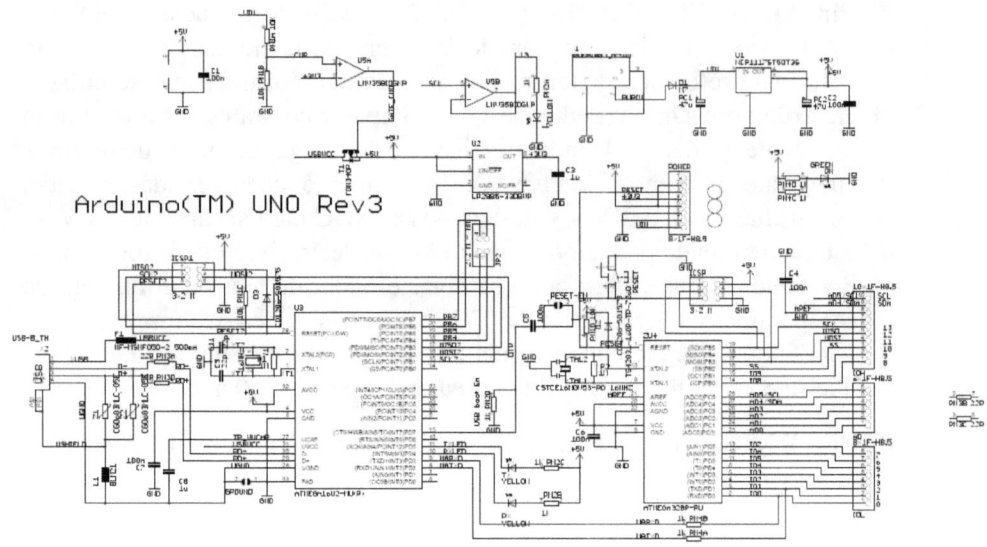

Figura 3.27. Esquemático de Arduino UNO (*https://www.arduino.cc/en/uploads/Main/Arduino_Uno_Rev3-schematic.pdf*)

Resumiendo las características de la placa Arduino, la plataforma está basada en el entorno de desarrollo *Processing* y el microcontrolador Atmega 328 de la firma ATMEL. Esta misma dispone de 14 pines digitales de entrada/salida (de las cuales, 6 se pueden utilizar como salidas PWM), un oscilador cerámico de 16 MHz y una interfaz USB.

La dimensión de la placa es: longitud de 68,6 mm, ancho de 53,4 mm y peso de 25 g.

En cuanto a la **memoria**, se dispone de memoria *flash* de 32 KB (dentro del ATmega 328), de los que 0,5 KB de éstos los usa el *bootloader*. SRAM de 2 KB y EEPROM de 1 KB.

Para las **Entradas y Salidas**, el Arduino Uno tiene 14 pines E/S digitales (o también pines I/O, *Input/Output* digitales), que operan a 5 V (6 de ellos con salida PWM). Cada pin puede dar y recibir un máximo de 40 mA, y tienen una resistencia de 20 – 50 KΩ *pull-up*. Algunos de estos pines tienen características especiales. Serial: 0 (RX) y 1 (TX). Estos pines se usan para la comunicación serie. Están conectados al chip ATmega 16U2 para la conversión USB a TTL *Serial data*. Las salidas PWM (*Pulse-Width Modulation*) para los pines 3, 6, 5, 9, 10, 11 proporcionan una salida PWM de 8 bits a 490 Hz. SPI en los pines 10(SS), 11(MOSI), 12(MISO), 13(SCK) soportan la comunicación SPI. Interrupciones Externas (*External Interrupts*) en el 2 y 3 para configurar una función del programa cuando reciben ésta.

El Arduino Uno también tiene 6 entradas analógicas (A0 a A5). Cada pin tiene 10 bits (1.024 valores) y trabajan a 5 V. También hay pines analógicos con características especiales, como los pines para soportar la comunicación I2C: A4 o pin SDA y A5 o pin SCL. AREF, como voltaje de referencia de las entradas analógicas, sirve para cambiar a través de programación el voltaje máximo de entrada de los pines analógicos. Reset, colocando este pin a LOW, se reinicia el programa.

En la alimentación, Arduino Uno puede alimentarse a través de la conexión USB o con una alimentación externa de tensión continua a través del conector *jack* o los pines *Vin* y GND. La placa soporta un mínimo de 6 y un máximo de 20 V en esta alimentación, aunque es recomendable alimentarla de entre 7 a 12 V para evitar dañar la placa. La placa, a su vez, alimenta con los pines *Vin* con la misma tensión con la que se alimenta en el conector de alimentación de entrada, GND como pin de masa, tierra (*ground*), 5 V para proporcionar una salida de 5 V regulada desde la placa y 3,3 V con una salida regulada y un máximo de 50 mA.

Comunicación. El Arduino Uno puede comunicarse con un ordenador, otra placa Arduino u otros microcontroladores a través del puerto serie utilizando los pin 0(RX) y 1(TX). El chip ATmega 16U2 de la placa convierte la comunicación serie a USB y aparece como un puerto virtual (COM) al ordenador. El Atmega328 también soporta comunicaciones I2C y comunicaciones SPI.

Característica	Descripción
Microcontrolador	Atmega328P
Tensión de operación	5V
Tensión de entrada(recomendada)	7 – 12 V
Tensión de entrada(límite)	6 – 20 V
Pines digitales de E/S	14(de los cuales 6 proveen salidas PWM)
Pines de entrada analógicos	6
Corriente DC por pin E/S	40 mA
Corriente DC para pin 3.3 V	50 mA
Memoria Flash	32 kB(de los cuales 0,5 kB usados para bootloader)
SRAM	2 kB
EEPROM	1 kB
Frecuencia de reloj	16 MHz

Tabla 3.4. Especificaciones técnicas de la placa Arduino UNO

En general, se puede **programar un microcontrolador** ATMega a través de una interfaz **ICSP** (*In Circuit Serial Programming*), utilizando un programador específico. En las placas Arduino existen 6 pines ICSP, que pueden ser utilizados para este fin. Sin embargo, como se verá, programar el microcontrolador de la placa

Arduino es posible de forma más sencilla a través de USB, gracias al gestor de arranque (*bootloader*) de Arduino. El gestor de arranque se carga en el microcontrolador ATMega en fábrica, permitiendo utilizar USART serie para la carga del programa. Arduino UNO y Mega 2560 disponen de un microcontrolador secundario (Chip ATMega 16U2 y, anteriormente, 8U2), que hace de interfaz o comunicador entre el cable USB y los pines USART serie del microcontrolador ATMega principal y poder así ser programados de esta manera.

El **gestor de arranque o *bootloader*** es un programa que permite inicializar todos los recursos de nuestro sistema una vez se arranca. Es el primer programa que se ejecuta para dar paso al programa principal. Sin el *bootloader*, ATmega no servirá de nada, por eso es necesario ponérselo para que pueda interpretar los programas, recibir y enviar datos por los diferentes puertos o generar señales de control y, sobre todo, hace que sea posible la comunicación USB.

4

MODELOS Y ESCUDOS ARDUINO

4.1 MODELOS Y ACCESORIOS DE ARDUINO

Los modelos más comerciales de Arduino se categorizan en cuatro productos diferentes: placas, escudos (*shields*), conjuntos (*kits*) y accesorios.

En la página web de Arduino (*https://www.arduino.cc*) se pueden encontrar todas las diferentes placas oficiales que existen, sus características y esquemas. No obstante, hay muchas placas no oficiales y fabricantes que están lanzando constantemente placas nuevas con diferentes características.

El presente capítulo pretende resumir algunos de los diferentes modelos existentes en la actualidad y exponer las ventajas de cada una de las placas. Las diferencias entre los sistemas y capacidades que disponen cada una las dota para abordar diversas tareas con éxito, según el planteamiento del objetivo que se tenga.

4.2 MODELOS DE PLACAS ARDUINO

A continuación, se expone el listado de las placas, escudos, conjuntos y accesorios que se van a describir aquí.

Placas de Arduino:

- Arduino Uno
- Arduino Zero
- Arduino Leonardo
- Arduino Yun
- Arduino Due
- Arduino Mega
- Arduino Mega ADK
- Arduino Micro
- Arduino Esplora
- Arduino Ethernet
- Arduino Mega 2560
- Arduino Robot
- Arduino Mini
- Arduino Nano
- Arduino LilyPad Simple
- Arduino LilyPad SimpleSnap
- Arduino LilyPad
- Arduino LilyPad USB
- Arduino Pro Mini
- Arduino Fio
- Arduino Pro
- Arduino Tre (En Desarrollo)

El desarrollo y la creación de diferentes placas de *hardware* Arduino para distintas aplicaciones son muy amplios. Hay mucha variedad hoy día en el mercado de electrónica y que da respuestas a multitud de diferentes aplicaciones. A continuación, se detallan las principales placas que hoy existen y que se pueden fabricar o comprar.

4.2.1 Arduino UNO

Como ya se ha comentado en el capítulo 3, no se darán más detalles aquí de sus características; sin embargo, hay que tener en cuenta que Arduino UNO es la plataforma más extendida y la primera que salió al mercado. Todas las características de esta placa estarán implementadas en casi todas las placas restantes, con algunas pequeñas excepciones. Resumiendo, Arduino UNO se basa en el microcontrolador Atmel ATmega328p de 8 bits a 16Mhz, que funciona a 5 V, 32 KB de memoria flash (0,5 KB reservados para el *bootloader*), 2 KB de SRAM y 1 KB de EEPROM. Las salidas pueden trabajar a voltajes superiores, de entre 6 y 20 V, pero se recomienda una tensión de trabajo de entre 7 y 12 V. Contiene 14 pines digitales, de los cuales 6 se pueden emplear como salidas PWM. Dispone de 6 pines analógicos con una capacidad de intensidad de corriente de trabajo de hasta 40 mA. La placa está disponible tanto en versión DIP (D=dual, P=paralelo, compuesto por muchas patas a los lados e instalado sobre un zócalo) como en versión SMD (S=superficie, M=montaje, D=componente, que instala el microcontrolador soldado directamente sobre la placa). La versión Arduino UNO R3 utiliza un chip ATmega16U2 para la conversión USB a Serie.

Figura 4.1. Placa Arduino UNO-R3 (*http://diegorys.es/2014/10/02/primeros-pasos-con-arduino/*)

4.2.2 Arduino Zero

La placa Arduino Zero es similar a la de Arduino UNO. Sin embargo, contiene un microcontrolador potente Atmel SAMD21 MCU de 48 Mhz con un *core* ARM Cortex M0 de 32 bits. La placa está dotada de 32 KB de SRAM, 256 KB de memoria flash, y una EEPROM de más de 16 KB por emulación. El voltaje en el que opera es de 3,3 V. Contiene 14 pines E/S digitales, de los cuales 12 son PWM y UART. Dispone de 6 entradas analógicas para un canal ADC de 12 bits y una salida analógica para DAC de 10 bits.

Microcontrolador	ATSAMD21G18, 32-Bit ARM Cortex M0+
Voltaje de operación	3,3 V
Pines digitales de entrada/salida	20
Canales PWM	Todos menos los pines 2 y 7
UART	2 (Nativas y Programadas)
Pines de entrada analógica	Pines 6, 12-bit ADC
Pines de salida analógica	1, 10-bit DAC
Interrupciones externas	Todos los pines excepto el 4
Corriente DC (continua) por I/O	7 mA
Memoria Flash	256 KB
SRAM	32 KB
EEPROM	No dispone, pero se puede emular
Velocidad del Reloj	48 MHz

Tabla 4.1. Características de la placa Arduino Zero

Figura 4.2. Placa Arduino Zero (*http://diymakers.es/arduino-zero-nueva-placa-arduino/*)

4.2.3 Arduino Leonardo

La placa Arduino Leonardo está basada en un microcontrolador ATmega 32u4 de bajo consumo y que trabaja a 16 Mhz. El microcontrolador ATmega 32u4 que llevan estas placas les ofrece la característica de poder funcionar como un ratón o teclado al ser conectados a un ordenador por medio de un puerto USB. La memoria flash tiene una capacidad de 32 KB (4 KB para el *bootloader*) y 2,5 KB de SRAM. Dispone de una memoria EEPROM de 1 KB. Puede manejar 20 pines digitales (7 de ellos pueden ser manejados como PWM) y 12 pines analógicos. La ventaja de Arduino Leonardo es que el volumen es inferior al de la placa de Arduino UNO, lo que la hace interesante en proyectos donde se desea ahorrar espacio.

Microcontrolador	ATmega 32u4
Voltaje de operación	5 V
Voltaje de entrada	7-12 V (recomendada)
Límites de Voltaje de entrada	6-20 V
Pines digitales de entrada/salida	20
Canales PWM	7
Pines de entrada analógica	12
Pines de salida analógica	1, 10-bit DAC
Interrupciones externas	Todos los pines, excepto el 4
Corriente DC por I/O	40 mA
Corriente para pin 3,3 V	50 mA
Memoria Flash	32 KB (4 kB se utilizan para el *bootloader*)
SRAM	2,5 KB (ATmega 32u4)
EEPROM	1 KB (ATmega 32u4)
Velocidad del Reloj	16 MHz

Tabla 4.2. Características de la placa Arduino Leonardo

Figura 4.3. Placa Arduino Leonardo (*http://ultra-lab.net/tienda/arduino-leonardo*)

4.2.4 Arduino Yun

La principal característica de Arduino Yun es su capacidad de conectarse a Internet. Esto lo logra ya sea a través del puerto de red que viene integrado en la placa o bien por medio de Wi-Fi. Se basa, como en el caso de Arduino Leonardo, en el microcontrolador ATmega 32u4 y en un chip Atheros AR9331 (para el control del *host* USB, el puerto para micro-SD y la red Ethernet/Wi-Fi), ambos comunicados mediante un puente. En realidad, se trata de una placa muy similar a Arduino UNO, pero con las capacidades para conexión Ethernet, Wi-Fi, USB y micro-SD. Dipone de 20 pines digitales, de los que 7 pueden ser usados en modo PWM y 12 como analógicos. Arduino Yun no cuenta con un regulador de voltaje integrado, por lo que la alimentación debe ser exclusivamente de 5 V; por tanto, es importante que el usuario del Yun tenga en cuenta este dato, ya que al alimentar la placa, voltajes por encima de 5 V pueden dañarla.

Microcontrolador	ATmega 32u4
Voltaje operativo	5 V
Voltaje de entrada	5 V
Pines digitales de entrada/salida	20
Canales PWM	7
Pines de entrada analógica	12
Corriente DC en pines 5 V	40 mA
Corriente DC en pin 3,3V	50 mA
Memoria Flash	32 KB (4 KB usados por *bootloader*)
SRAM	2,5 KB
EEPROM	1 KB
Velocidad del Reloj	16 MHz
Microprocesador Linux	
Procesador	Atheros AR9331
Arquitectura	MIPS @400MHz
Voltaje operativo	3,3 V
Ethernet	IEEE 802.3 10/100 Mbit/s
Wi-Fi	IEEE 802.11b/g/n
USB Tipo-A	2.0 Host/Device
Lector MicroSD	Micro-SD only
RAM	64 MB DDR2
Memoria Flash	16 MB

Tabla 4.3. Características de la placa Arduino Yun

Figura 4.4. Placa Arduino Yun (*http://tavendo.com/blog/post/arduino-yun-with-autobahn/*)

4.2.5 Arduino Due

La placa Arduino Due contiene un microcontrolador Ateml SAM3X8E ARM Cortex-M3 de 32 bits que trabaja a 84 Mhz (3,3 V). Es muy apropiada para el desarrollo de proyectos con alta capacidad de procesamiento al aportar una gran potencia de cálculo. Dispone de un *core* a 32 bits, pudiendo realizar operaciones con datos de 4 *bytes* en un solo ciclo de reloj. En cuanto a interfaz, está muy completo. Incorpora un controlador DMA para el acceso directo a memoria. El amperaje de los pines se extiende hasta los 130-800 mA (para 3,3 y 5 V, respectivamente). Dos conexiones DAC (Conversión Digital a Analógico), 2 TWI, un Jack de potencia, SPI y JTAG.

Figura 4.5. Placa Arduino Due (*https://store.arduino.cc/product/A000062*)

Microcontrolador	AT91SAM3X8E
Voltaje operativo	3,3 V
Voltaje de entrada	7-12 V (recomendada)
Voltaje de entrada (min/max.)	6-20 V
Pines digitales de entrada/salida	54 (6 proveen PWM)
Pines de entrada analógica	12
Pines de salidas analógicas	2 (DAC)
Corriente DC en pines	130 mA
Corriente DC en pin 3,3 V	800 mA
Corriente DC para pin 5 V	Teórica 1 A, recomendada 800 mA
Memoria Flash	512 KB
SRAM	96 KB
Velocidad del Reloj	84 MHz

Tabla 4.4. Características de la placa Arduino Due

4.2.6 Arduino Mega

El modelo Arduino Mega posee una gran capacidad. Dispone de 54 pines digitales de entrada/salida (15 de ellos PWM), 16 entradas analógicas y un oscilador de 16 MHz, conexión USB, así como el botón de *reset* y una entrada para alimentación de placa. El microcontrolador es el ATmega2560 a 5 V.

Figura 4.6. Placa Arduino Mega (*http://www.lib.sfu.ca/borrow/borrow-materials/laptops-equipment/arduino-mega-2560*)

Microcontrolador	ATmega2560
Voltaje operativo	5 V
Voltaje de entrada	7-12 V (recomendada)
Voltaje de entrada (min/max.)	6-20 V
Pines digitales de entrada/salida	54 (15 proveen PWM)
Pines de entrada analógica	16
Corriente DC en pines	40 mA
Corriente DC en pin 3,3 V	50 mA
Memoria Flash	256 KB
SRAM	8 KB
Velocidad del Reloj	16 MHz
EEPROM	4 KB

Tabla 4.5. Características de la placa Arduino Mega

Basada en esta placa, pero modificada, se crea la placa Arduino Mega ADK, que permite su uso con la ADK (*Accessory Development Kit*) de Google para Android a través de un puerto USB Host incorporado. De esta forma, es posible interactuar con un teléfono móvil y, desde ahí, controlar dispositivos o, a su vez, utilizar los sensores del móvil.

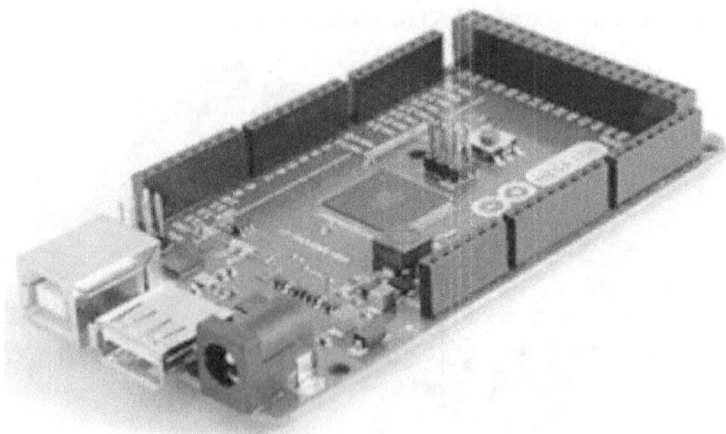

Figura 4.7. Placa Arduino Mega ADK (*http://5hertz.com/tutoriales/?p=571*)

4.2.7 Arduino Ethernet

El modelo Arduino Ethernet es similar a Arduino UNO, pero con capacidades de red Ethernet. El microcontrolador es ATmega328 a 16 Mhz (5 V). Similar a Arduino UNO, añade un controlador W5100 TCP/IP embebido y también tiene posibilidad de conectar memoria microSD.

Microcontrolador	ATmega328
Voltaje operativo	5 V
Voltaje de entrada	7-12 V (recomendada)
Voltaje de entrada (min/max.)	6-20 V
Pines digitales de entrada/salida	14 (4 proveen PWM)
Pines reservados para SPI	10 a 13
Pines de entrada analógica	6
Corriente DC en pines	40 mA
Corriente DC en pin 3,3 V	50 mA
Memoria Flash	32 KB (0,5 KB usados para el *bootloader*)
SRAM	2 KB
EEPROM	1 KB
Velocidad del Reloj	16 MHz
Controlador Ethernet embebido	W5100 TCP/IP

Tabla 4.6. Características de la placa Arduino Ethernet

Figura 4.8. Placa Arduino Ethernet (*http://www.educachip.com/arduino-ethernet-shield/*)

4.2.8 Arduino Fio

Arduino FIO es una placa reducida, especialmente desarrollada para proyectos móviles inalámbricos o para ser introducida en espacios reducidos. Funciona con ATmega328P, versión similar a la del Ethernet pero con una frecuencia inferior: 8 Mhz. Una de sus desventajas es que para subir los programas (*sketches*) hay que utilizar un cable FTDI —se trata de un conversor Serie-USB (TTL), por lo que es capaz de conectar dispositivos TTL por USB.

Figura 4.9. Placa Arduino Fio (*http://www.electan.com/arduino-fio-p-3089.html*)

4.2.9 Arduino Nano

Arduino Nano es aún más reducida que Fio: sólo 8,5 x 43,2 mm, pero muy completa. No posee conector de alimentación externa. Dispone de una entrada mini-USB a través de la que se puede subir el código fuente.

Figura 4.10. Placa Arduino Nano (*http://es.aliexpress.com/popular/arduino-nano-v3.0-microcontroller-board.html*)

4.2.10 Arduino LilyPad

Arduino LiliPad está especialmente diseñada para poder ser integrada en prendas y textiles, y ha sido desarrollada por Leah Buechley y SparkFun Electronics. Se basa en dos versiones de microcontroladores diferentes: ATmega168V y ATmega328V, más potentes. Ambos trabajan a 8 Mhz, pero la tensión de trabajo en cada uno es diferente: 2,7 V para la primera y 5,5 V para la segunda.

Figura 4.11. Placa Arduino LilyPad (*http://www.electronicaestudio.com/lilypad_arduino.htm*)

4.2.11 Arduino Pro

La placa Arduino Pro está diseñada y construida por Sparkfun Electronics. Integra entre 32 y 16 KB de flash, según el microcontrolador en el que se base (2 KB reservados para el gestor de arranque). A pesar de su nombre, la versión Pro no es una de las más potentes, como podemos apreciar. Pero se ha concebido para usuarios avanzados que necesitan flexibilidad y precios bajos.

Figura 4.12. Placa Arduino Pro (*http://tienda.bricogeek.com/arduino/152-arduino-pro-328-5v-16mhz.html*)

Microcontrolador	ATmega168 o ATmega328
Voltaje operativo	3,3 o 5 V
Voltaje de entrada	3,3 - 12 V o 5 – 12 V (según versión)
Pines digitales de entrada/salida	14 (6 proveen PWM)
Pines de entrada analógica	6
Corriente DC en pines	40 mA
Memoria Flash	16 KB (ATmega168) o 32 KB (ATmega328), de los que 2 KB son usados para el *bootloader*
SRAM	1 KB (ATmega168) o 1 KB (ATmega328)
EEPROM	512 Bytes (ATmega168 o 1 KB (ATmega328)
Velocidad del Reloj	8 MHz (3,3 V) o 16 MHZ (5 V)

Tabla 4.7. Características de la placa Arduino Pro

4.2.12 Arduino Pro Mini

Arduino Pro Mini es la versión pequeña de Arduino Pro. Es similar a Arduino Pro, pero de tamaño más reducido. Por ello no lleva conector USB integrado ni conectores de pines.

Figura 4.13. Placa Arduino Pro Mini (*http://ultra-lab.net/tienda/arduino-pro-mini-328-5v16mhz*)

4.2.13 Arduino Esplora

Arduino Esplora tiene un tamaño reducido y una forma diferente a las demás, según se observa en la imagen. La placa viene con una serie de sensores (acelerómetro, temperatura, luz) y actuadores (zumbadores, botones, micrófono, *socket* para conectar una pantalla a color TFT LCD o un *joystick*), y se hace muy útil para los que comienzan a trabajar con las placas *hardware*.

Microcontrolador	ATmega 32u4
Voltaje operativo	5 V
Voltaje de entrada	7 – 12 V (según versión)
Pines digitales de entrada/salida	20 (de los cuales 7 dan salida PWM)
Pines de entrada analógica	12
Corriente DC en pines	40 mA
Corriente DC para el pin 3,3 V	50 mA
Memoria Flash	32 KB
SRAM	3,3 KB
EEPROM	1 KB
Velocidad del Reloj	16 MHz

Figura 4.14. Placa Arduino Esplora (*http://www.pccomponentes.com/arduino_esplora_compatible_arduino.html*)

4.2.14 Arduino Micro

Arduino Micro está diseñada por Adafruit con el objetivo de disponer de una autonomía elevada y tamaño reducido. En muchos aspectos es similar a Arduino Leonardo, pero con capacidad de comunicación USB gracias a la utilización del microprocesador ATmega 32u4, eliminando la necesidad de un segundo procesador. La placa incluye un conector micro USB, un puerto ICSP (*In Circuit Serial Programming*, programación serial en circuito), un botón *reset* y algunos diodos LED de estado.

Microcontrolador	ATmega 32u4
Voltaje operativo	5 V
Voltaje de entrada	7 – 12 V (según versión)
Pines digitales de entrada/salida	20 (de los cuales 7 dan salida PWM)
Pines de entrada analógica	12
Corriente DC en pines	20 mA
Corriente DC para el pin 3,3 V	50 mA
Memoria Flash	32 KB (4 KB usados para el *bootloader*)
SRAM	2,5 KB
EEPROM	1 KB
Velocidad del Reloj	16 MHz

Tabla 4.8. Características de la placa Arduino Micro

Figura 4.15. Placa Arduino Micro (*https://solarbotics.com/product/50458/*)

4.2.15 Arduino BT

Arduino BT (o Arduino Bluetooth) con microprocesador ATmega168 (aunque se ha rediseñado con ATmega328) contiene un módulo *Bluetooth* (Modelo Bluegiga WT11) y permite comunicación inalámbrica. También cuenta con una entrada para conectar una batería externa y obtener así un Arduino completamente inalámbrico. El resto de características es similar a Arduino UNO, pero con un microcontrolador ATmega168 a 16 MHz.

Figura 4.16. Placa Arduino BT (*http://www.radiolocman.com/review/article.html?di=112746*)

4.2.16 Arduino Duemilanove

Arduino Duemilanove aparece en 2009, y es muy similar a Arduino UNO, ya que se trata de una versión previa que fue sustituida por UNO.

Figura 4.17. Placa Arduino Duemilanove (*http://blog.conmasfuturo.com/2015/11/04/que-es-arduino-y-que-le-diferencia-de-otras-herramientas/*)

4.2.17 Arduino Diecimila

Arduino Diecimila, sacada en 2007, es también, junto con Duemilanove, otra placa antigua basada en el chip ATmega168 a 16 MHz. Similar a Arduino UNO, su nombre, Diecimila, significa 'diez mil' en italiano, forma en la que se celebra la venta de las 10.000 primeras placas.

Figura 4.18. Placa Arduino Diecimila (*http://www.enerzuul.es/?p=328*)

4.3 ESCUDOS (SHIELDS) HARDWARE DE ARDUINO

Un escudo o (*shield*) es una placa impresa que se puede conectar en la parte superior de la placa Arduino mediante el acoplamiento de sus pines, sin necesidad de ningún cable, con el objetivo de ampliar sus capacidades. A su vez, si el escudo posee pines hembra, se podrán apilar varios de ellos.

Los escudos suelen ser diseños bastante simples y, en general, de código abierto; el diseño suele ser publicado libremente. Los escudos comparten las líneas de GND, 5 V (o 3,3 V), *Reset* y AREF con la placa de Arduino a la que esté conectada. En los escudos también hay que tener en cuenta la forma de alimentar las placas suplementarias, ya que la placa Arduino, que puede recibir en torno a 500 mA, puede no ser suficiente para el escudo acoplado.

A continuación, se muestran algunos escudos para Arduino; no obstante, en el mercado hay muchas placas y escudos para utilizar con Arduino y extender sus posibilidades.

Escudos (*Shields*):

- Escudo Motor
- Escudo Ethernet
- Escudo Wi-Fi
- Escudo GSM
- Arduino USB Host Shield
- Arduino Proto Shield

4.3.1 Escudo Proto

El Escudo Proto (*Arduino Protoshield*) te ayuda en el desarrollo de circuitos. Es posible soldar partes a la placa proto y crear así tu propio proyecto. Así mismo, permite analizar rápidamente circuitos, ideas, sin tener que soldar.

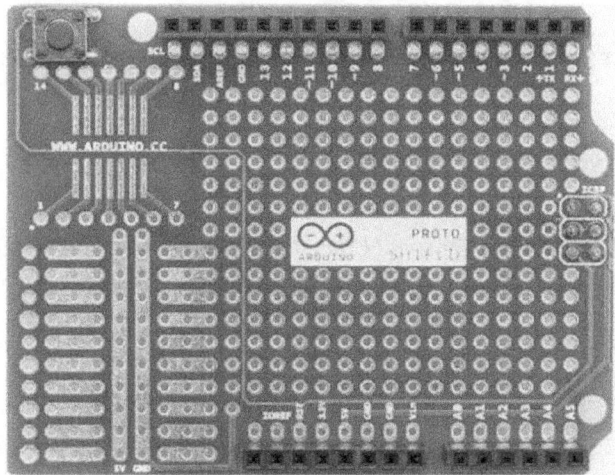

Figura 4.19. Placa Escudo Arduino Proto (*https://www.arduino.cc/en/Main/ArduinoProtoShield*)

4.3.2 Escudo Motor

El Escudo Motor de Arduino permite controlar dos motores de corriente continua con la placa Arduino. Está basado en el controlador de puente completo dual L298, en formato SMD, y no presenta disipador. Con este controlador se pueden manejar cargas inductivas, como solenoides, relés o los motores paso a paso. Es posible elegir la rotación de los motores y variar la velocidad, así como medir el consumo. La tensión de funcionamiento es de 5 a 12 V, y normalmente la placa debe ser alimentada desde una batería externa, ya que los motores requerirán más corriente que la que suelen suministrar los pines de Arduino.

Figura 4.20. Placa Escudo Arduino Motor Rev3 (*http://www.electronicagimeno.com/store/arduino-motor-shield-rev3*)

4.3.3 Escudo Ethernet

El Escudo Arduino Ethernet (*Ethernet Shield*) te permite conectar la placa de Arduino a Internet a través de un cable RJ45. Está basado en el *chip* Wiznet W5100. La alimentación de esta placa es de 5 V, y se suministra desde tu placa Arduino. La velocidad de transmisión es de 10/100 Mb.

Figura 4.21. Escudo Arduino Ethernet (*http://saber.patagoniatecnology.com/ethernet-shield-r2-v5-arduino-mega-uno-compatible-red-ptec/*)

4.3.4 Escudo Wi-Fi

El Escudo Wi-Fi (*Arduino WiFi Shield*) te permite utilizar una conexión Wi-Fi a tu placa Arduino. El tipo de encriptación que utiliza es WEP y WPA2 Personal. La conexión con Arduino es a través del Puerto SPI. Utiliza la especificación 802.11, y está basado en el HDG204 Wireless LAN 802.11b/g System in-Package.

Figura 4.22. Escudo Arduino Wi-Fi (*https://www.arduino.cc/en/Main/ArduinoWiFiShield*)

4.3.5 Escudo GSM

El Escudo GSM (*Arduino Shield GSM*) permite a la placa Arduino conectarse a Internet, así como hacer o recibir llamadas de voz y enviar o recibir mensajes SMS. La librería GSM dispone de un gran número de métodos para la comunicación con el escudo.

El escudo incorpora un módem M10, que es un módem Quad-band GSM/GPRS, y trabaja en las frecuencias GSM850MHz, GSM900MHz, DCS1800MHz y PCS1900MHz. Es compatible con los protocolos TCP/UDP y HTTP a través de una conexión GPRS. A la interfaz con la red móvil, la tarjeta requiere una tarjeta SIM proporcionada por un operador de red.

Figura 4.23. Escudo Arduino GSM (*http://rrgtechnology.blogspot.com.es/2013/04/arduino-presenta-su-nueva-placa-gsm.html*)

5

SOFTWARE ARDUINO

5.1 FUNDAMENTOS DE LA PROGRAMACIÓN

En el análisis de la parte Hardware se ha introducido el concepto de la memoria, donde se almacenan las instrucciones que forman un programa. Estas instrucciones determinan las operaciones que se realizarán durante la ejecución de este programa, y controlan los periféricos internos que están presentes en el microcontrolador. En última instancia, esto se consigue mediante la escritura de diferentes registros de control con los bits apropiados. La cuestión ahora es conocer cómo se generan estas instrucciones y cómo se introducen en la memoria de programa del microcontrolador.

Empleando los mnemónicos que aparecen en la documentación del microcontrolador de Arduino, sería posible escribir de forma directa programas para que realizaran las diferentes tareas. En ocasiones se recurre directamente a este tipo de desarrollo, ya que permite elaborar código muy optimizado, que en casos donde la velocidad o el consumo sean críticos puede ser una opción.

Sin embargo, normalmente no es habitual programar así el microcontrolador, ya que sería más complejo. Para hacer frente a esta necesidad, hay disponible toda una serie de herramientas que ofrecen la posibilidad de desarrollar tareas con Arduino de una forma más cómoda.

5.1.1 Conceptos de la programación

La programación es el proceso de diseñar, escribir, probar, depurar y mantener el código fuente de programas computacionales. El propósito de la programación es crear programas que desarrollen en los dispositivos electrónicos un comportamiento deseado.

Para crear un programa en el que un microcontrolador o microprocesador interprete y ejecute las instrucciones escritas en él, debe usarse un **Lenguaje de Programación**. En sus inicios, los computadores interpretaban sólo instrucciones en un lenguaje específico, del más bajo nivel, conocido como **código máquina**, siendo éste excesivamente complicado para programar, ya que se basa en las cadenas de 0 y 1 que comprenden las puertas lógicas digitales iniciadas en el capítulo 1. Ésta es la forma más elemental de «hablar» con un microprocesador.

Para facilitar el trabajo de programación, se decidió reemplazar las instrucciones de código máquina por palabras o letras (normalmente, provenientes del inglés), codificándolas así y creando un lenguaje de mayor nivel, conocido como **Lenguaje Ensamblador**.

El lenguaje ensamblador es muy similar al lenguaje máquina, pero, al utilizar letras y palabras, es más fácil de recordar y trabajar que con secuencias de números binarios.

A continuación, se muestra un ejemplo de un fragmento de código en lenguaje ensamblador que realiza la suma de dos valores al final:

- mov ah, 01h; *Leer carácter desde un teclado*
- int 21h; *Lee el segundo carácter*
- sub al, 30h; *Resta 30H (48 Decimal) para obtener segundo valor*
- add al, valor; *Realiza la suma de los dos valores*

La problemática del desarrollo de tareas más complejas en el campo de la programación hizo necesario disponer de un método más sencillo aún de programar. Por ello, se crearon los **lenguajes de alto nivel**. Mientras que una tarea tan trivial como sumar dos números puede necesitar un conjunto amplio de instrucciones en lenguaje ensamblador, en un lenguaje de alto nivel bastará sólo con una.

Un lenguaje de programación de alto nivel es, por tanto, un idioma artificial diseñado para que sea posible expresar operaciones y tareas que pueden ser desarrolladas por microprocesadores. Están formados por un conjunto de símbolos y reglas sintácticas y semánticas que definen su estructura. Todo el proceso de escritura de un programa, pruebas y depuración, compilación para traducirlo al código máquina... recibe el nombre de programación.

5.1.2 Algoritmos

Se define algoritmo como un conjunto ordenado y finito de operaciones que permite hallar la solución de un problema. Es un conjunto de instrucciones o reglas bien definidas, ordenadas y finitas que permite realizar una actividad mediante pasos sucesivos. Dados un estado inicial y una entrada, siguiendo estos pasos se llega a un estado final y se obtiene una solución. La secuencia puede ser expresada en forma de diagrama de flujo, con el fin de seguirlo de una forma más sencilla.

Para la realización de un programa se hace conveniente el diseño preliminar o definición previa del algoritmo, ya que una vez desarrollado éste, el lenguaje de programación será, posteriormente, un medio para expresar este algoritmo y el microprocesador lo ejecutará. El algoritmo es, por tanto, la infraestructura de cualquier solución, que luego podrá escribirse en cualquier lenguaje de programación.

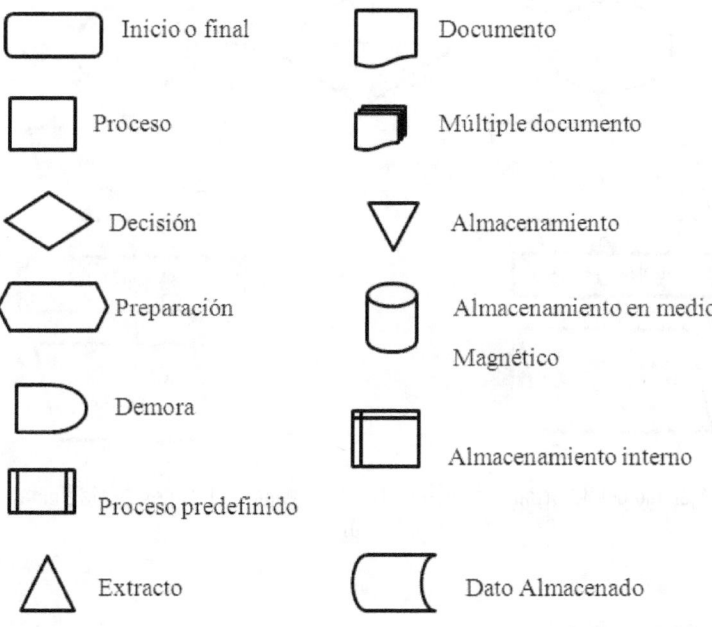

Figura 5.1. Bloques para el desarrollo de diagramas de flujo en informática

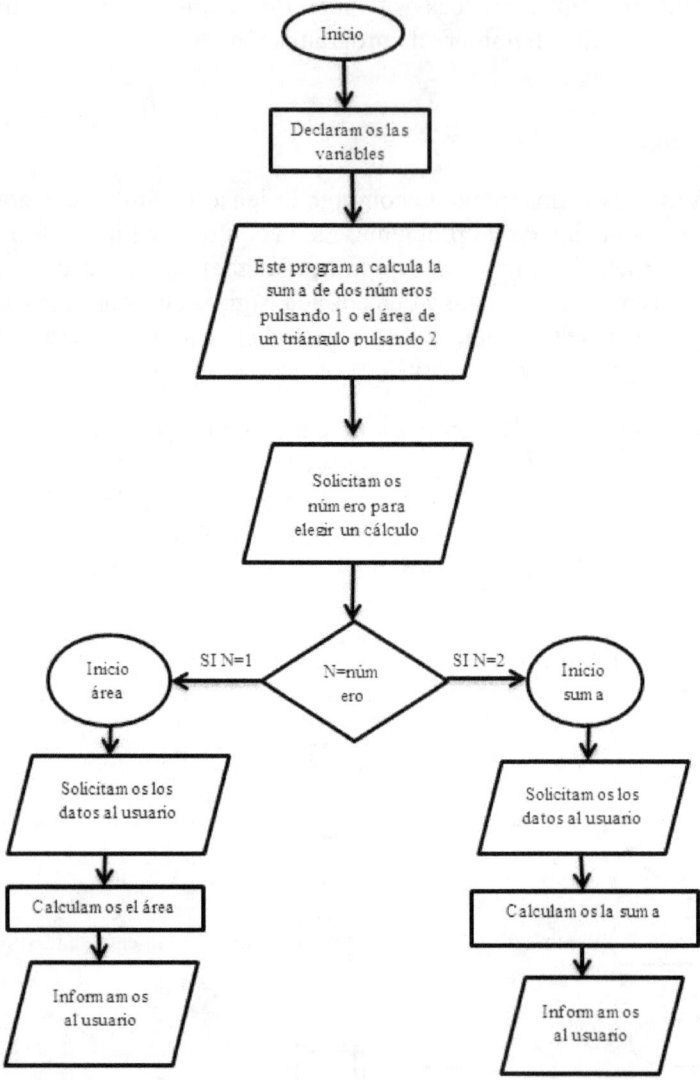

Figura 5.2. Ejemplo del desarrollo de un algoritmo utilizando los bloques de diagrama de flujo en informática

5.2 LENGUAJE DE PROGRAMACIÓN DE ARDUINO

Arduino tiene su propio lenguaje de programación, basado en el lenguaje C/C++ simplificado.

La potencia de Arduino y lo que lo diferencia por encima de otras plataformas *hardware* embebidas basadas en microcontroladores es la sencillez con la que se puede comenzar a escribir programas útiles y prácticos. Éste es, sin duda, uno de los factores destacados de Arduino.

La programación en Arduino se basa en programas en lenguaje C/C++ que hacen uso de la librería de Arduino. Al contrario de lo que sucede al trabajar directamente con microcontroladores, al utilizar la librería de Arduino no es necesario tener un conocimiento profundo sobre el funcionamiento interno del microcontrolador, y tampoco hace falta estudiar la documentación a fondo para realizar un programa.

Por tanto, al ser el lenguaje Arduino análogo al lenguaje C/C++ con una librería especial, la sintaxis es exactamente la misma. Todos los operadores y estructuras de control de C/C++ son aplicables en Arduino.

A continuación, se van desarrollando las diferentes partes de un programa en Arduino, sintaxis, reglas y sentencias en lenguaje de alto nivel para la programación de las diferentes tareas que pretendemos hacer con Arduino. Mediante la base presentada, el lector podrá utilizar posteriormente su imaginación y toda la información existente en Internet para desarrollar aplicaciones ilimitadas.

5.2.1 Estructura general de un programa en Arduino

Los programas que se desarrollan para ejecutarse sobre una placa Arduino (también llamados *sketchs*) se componen de tres secciones:

- ▼ **Sección de declaración de variables.** Se presenta al principio del programa. En esta parte se declaran variables, funciones, objetos y estructuras.

- ▼ **Función *setup* ().** En esta parte del programa se presenta el código de configuración inicial. Éste sólo es ejecutado una vez al encender la placa de Arduino, o al pulsar la tecla *Reset*. Realiza funciones de inicialización de periféricos, comunicaciones, variables, etc.

- ▼ **Función *loop* ().** Esta función se ejecuta después de la sección *setup*, y se repite su ejecución hasta que se desconecte el Arduino.

Al arrancar el IDE (*Integrated Development Environment*, Entorno de Desarrollo Integrado) de Arduino, se puede encontrar prescrita la función *setup* y *loop* de la siguiente manera:

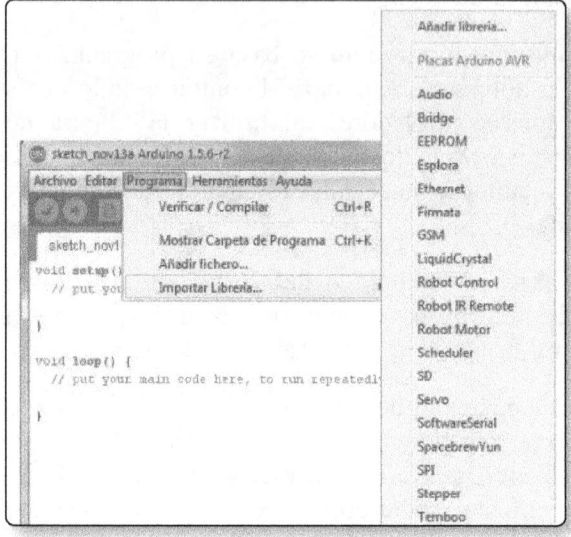

Figura 5.3. Estructura general de un programa con el IDE de Arduino al iniciar el software

5.2.2 Sintaxis

Los elementos básicos de la sintaxis de Arduino para la estructura del programa son:

- ; (punto y coma, utilizado para la separación de instrucciones).
- {} (corchetes o llaves que definen el principio y final de un bloque de instrucciones).
- // (Comentario en línea única).
- /* */ (Comentario multilínea).

Cada uno de estos elementos se verá en el desarrollo de los programas de Arduino para la estructura del mismo.

5.2.3 Variables

Las variables son estructuras de datos que pueden cambiar su contenido a lo largo de la ejecución de un programa. Estas estructuras corresponden a un área reservada en la memoria principal del microprocesador.

Como ejemplo: definimos una variable llamada *n* y le asignamos el valor numérico 7, y si se desea sumar una unidad a este valor, se podría mediante la fórmula: n=n+1 y el valor de la variable cambiará a 8.

Desde el punto de vista del ámbito del programa, las variables pueden ser: **variables globales**, que son declaradas al inicio del programa (antes de *setup*) y utilizadas en cualquier parte del programa; y **variables locales**, que son declaradas dentro de una función y sólo pueden ser utilizadas dentro de dicha función.

En cuanto a los diferentes tipos de datos que pueden almacenar, se clasifican en:

▼ **boolean:** almacena un 0 o un 1, HIGH o LOW, *true* o *false*.

▼ **byte:** almacena un valor numérico de 8 bits sin decimales en un rango entre 0 y 255.

▼ **int:** almacena números enteros como un valor numérico de 16 bits sin decimales en un rango entre 32767 a -32768.

▼ **unsigned int:** entero sin signo.

▼ **unsigned long:** entero largo sin signo.

▼ **long:** almacena valores enteros de 32 bits sin decimales en un rango entre 2147483647 a -2147483648.

▼ **float:** almacena valores de punto flotante de 32 bits con decimales en un rango entre 3.4028235E +38 a -3.4028235E +38.

▼ **char:** es un tipo de dato que ocupa un byte de memoria y almacena un valor de carácter. Los caracteres literales se escriben con comillas simples: 'A'; para varios caracteres (*strings*) utiliza dobles comillas "ABC".

▼ **double:** almacena un número flotante de doble precisión. Valor máximo de $1.7976931348623157 \times 10^{308}$.

▼ **string:** almacena una cadena de caracteres.

▼ **array:** almacena un conjunto de datos del mismo tipo.

La declaración de variables en Arduino comienza por definir su tipo (*int*, *byte*, *float*, etc.), después se le asigna un nombre y finalmente un valor.

Como ejemplo:

```
int edad = 34; // Variable entera tipo (int) llamada edad y
asignándole el valor 34.
```

Todas las variables tienen que declararse antes de poder ser utilizadas.

5.2.4 Constantes

Es posible declarar una variable de tal forma que su valor quede siempre inalterado. Éste es el caso de las **constantes.** Las constantes pueden ser utilizadas como cualquier variable de su mismo tipo, pero en el caso de que se intente cambiar su valor, el compilador lanzará un error.

Para la declaración de una constante, se hará de forma análoga a la variable pero con la palabra clave *const* (también se puede utilizar la directiva especial #define).

Arduino utiliza varias constantes reservadas para la definición de diferentes niveles y pines.

Como constante *booleana*, que representan niveles lógicos, se definen como **true** para verdadero (1 o cualquier número distinto de 0) y **false** para falso (o valor 0). Son muy útiles en estructuras de control de flujo.

Así mismo, para establecer el valor en un pin digital en Arduino, se utiliza **HIGH**; para indicar que el pin debe tener un nivel lógico de 1 (en tensión sería 5 o 3,3 V, según la placa), y **LOW** para el nivel lógico 0 (o 0 V).

También se utiliza para la configuración de pines digitales los valores **INPUT**, que configura un pin como una entrada, **OUTPUT** que lo configura como salida e **INPUT_PULLUP** que activa unas resistencias *pull-up* internas. En el caso de utilizar **INPUT_PULLUP**, el grupo anterior de constantes (HIGH/LOW) funcionará al contrario, **HIGH** pasa a ser 0 V y **LOW** 5 o 3,3 V.

5.2.5 Aritmética, operadores de comparación y lógicos

El lenguaje Arduino permite utilizar las **operaciones aritméticas** de suma, resta, multiplicación y división.

`edad=edad+1;` (sumaría a la variable edad una unidad)
`contador=contador-1;` (restaría a la variable contador una unidad)

Además, pueden hacerse las siguientes asignaciones:

- x ++   // *Es lo mismo que x = x + 1*
- x --   // *Es lo mismo que x = x - 1*
- x += y   // *Es lo mismo que x = x + y*
- x -= y   // *Es lo mismo que x = x - y*
- x *= y   // *Es lo mismo que x = x * y*
- x /= y   // *Es lo mismo que x = x / y*

Las comparaciones de variables se usan con frecuencia en las estructuras de decisión para analizar si una condición es verdadera:

- x==y   // *x es igual que y*
- x!=y   // *x no es igual a y*
- x<y   // *x es menor que y*
- x>y   // *x es mayor que y*
- x<=y   // *x es menor o igual que y*
- x>=y   // *x es mayor o igual que y*

Las **operaciones lógicas** se utilizan para comparar dos expresiones y conocer así si es verdadero o falso.

Existen tres tipos: AND (&&), OR (||) y NOT (!).

- **AND (&&)**: Verdadero sólo si las dos expresiones son ciertas.
  - si (x==1 && Y==2)

- **OR(||)**: Verdadero si una expresión o las dos son ciertas.
  - si (x>0 || y>39)

- **NOT (!)**: Verdadero si la expresión es falsa.
  - si (x!=2)

5.2.6 Estructuras de control

▼ **Sentencia if (si)**

La sentencia **if** es una estructura de decisión que se utiliza para probar si una determinada condición se cumple. Si es así, el programa ejecutará la acción que se le indique, y en caso contrario, no lo hará.

Como ejemplo:

```
if (edad==34)
{
   //Ejecutar acción
}
```

En este ejemplo, si la variable *edad* tiene un valor igual a 34, el código escrito dentro de las llaves se ejecutará.

if...else es una evolución de la estructura **if**, que consiste en si no se cumple la condición, realizará otra acción.

```
if (edad>=18)
{
//Ejecutar acción dejar pasar a la discoteca
}
else
{
   //Ejecutar acción no dejar pasar a la discoteca
}
```

▼ **Sentencia for**

La declaración **for** se utiliza para repetir bloques de código existentes entre las llaves el número determinado de veces que se le indique.

for (inicialización; condición; expresión)

La inicialización de una variable local se produce una sola vez y la condición se analiza cada vez que se termina la ejecución de la acción dentro del bucle. Si la condición sigue cumpliéndose, la acción del bucle se vuelve a repetir. Cuando la condición no se cumple, el bucle termina.

```
for (int contador=0; contador<10; contador++)
{
   //  Ejecutar acción
}
```

En este ejemplo, se declara una variable entera *contador* con un valor igual a 0; la condición es probar que el valor de la variable sea inferior a 10 e incrementa este valor en 1 cada vez que se ejecuta. Cuando *contador* sea mayor que 10, el ciclo termina.

▼ **Sentencia While**

While es un bucle que se ejecuta continuamente mientras se cumple la condición que se le indique. Para salir del ciclo **while**, la condición debe cambiar. Para esto, puede hacerse dentro del bucle o a través del cambio de valor de un sensor.

```
while (condición)
{
   // Ejecutar acción
}
do... while
```

O también se puede organizar de la siguiente manera:

```
do
{
   // Ejecutar acción
}
while (condición);
delay(ms)
```

Esta función detiene el programa la cantidad de tiempo, en milisegundos, que se indica.

Otras estructuras de control lo forman las sentencias **switch..case**: Al igual que **if**, **switch..case** controla el flujo del programa especificando qué código se debe ejecutar en función de unas variables. En este caso, la instrucción **switch** compara el valor de una variable sobre los valores especificados en la instrucción case.

- **break** es la palabra usada para salir del **switch**. Si no hay **break** en cada **case**, se ejecutará la siguiente instrucción case hasta que encuentre un **break** o alcance el final de la instrucción.

- **default** es la palabra que se usa para ejecutar el bloque en caso de que ninguna de las condiciones se cumpla.

- **goto** transfiere el flujo de programa a un punto del programa que está etiquetado.

- **break** se usa en las instrucciones do, for, while para salir del bucle de una forma diferente a la indicada en el bucle.

- **continue** se usa en las instrucciones do, for, while para saltar el resto de las instrucciones que están entre llaves y se vaya a la siguiente ejecución del bucle, comprobando la expresión condicional.

Como ejemplo de la sintaxis de **switch**, se puede ver la siguiente estructura:

```
switch (var) {
case etiqueta1:
// Instrucciones que se ejecutan cuando var = etiqueta1
break;
case etiqueta 2:
// Instrucciones que se ejecutan cuando var = etiqueta2
break;
default:
// Instrucciones que se ejecutan si el valor de var no
coincide con ninguna    etiqueta
// default es opcional
}
```

Se pueden ver las referencias de estas sentencias en *http://arduino.cc/en/Reference*. A medida que se vaya avanzando en los ejemplos de programación del libro, se irá avanzando en la comprensión y utilización de cada sentencia del presente capítulo.

5.2.7 Funciones de entrada y salida digitales

Las funciones de entrada y salida digitales son uno de los elementos más utilizados, ya que permite desde la programación acceder a los estados de estos pines en la placa y configurarlos. Esta programación se hace en la parte de setup ().

Función pinMode(pin, mode)

La función **pinMode** se utiliza para configurar un pin determinado como entrada o salida (*INPUT, OUTPUT*). Los pines en Arduino funcionan por defecto como entradas, de forma que no necesitan declararse explícitamente si van a ser usadas así. A continuación, se muestra un programa donde se utiliza el pin 13 para conectar un LED. Desde el programa lo encendemos, esperamos un segundo y lo apagamos. El programa quedaría así:

```
int ledPin = 13; // Conecta el LED al pin digital 13
void setup()
{
   pinMode(ledPin, OUTPUT); // configura el pin digital como
salida
}
void loop()
{
   digitalWrite(ledPin, HIGH);    // Establece el LED encen-
dido o pin en alto
   delay(1000);                   // espera un segundo
   digitalWrite(ledPin, LOW);     // Apaga el LED
   delay(1000);                   // espera otro segundo
}
```

Función digitalRead(pin)

La función **digitalRead** lee el valor desde un pin digital específico y devuelve un valor alto (si está a 5 V) o bajo (si está a 0 V), es decir, *HIGH o LOW*. Para poder usar el valor del estado que obtienes, hay que guardarlo en una variable, por ejemplo: LED = digitalRead(Pin);

Función digitalWrite(pin, value)

En la función **digitalWrite** se introduce un nivel alto (*HIGH*) o bajo (*LOW*) en el pin digital especificado, por tanto, se activa o desactiva este pin.

Ejemplo: digitalWrite(pin, HIGH);

Como ya se mencionó, los pines digitales 0 y 1 (RX y TX) están reservados para la comunicación serie y, en caso de ser usados aquí, pondrían a Arduino en modo de espera hasta que se reciba una señal.

Hasta aquí se han visto las **funciones digitales principales**. Se muestra a continuación un ejemplo en el que se realiza una secuencia luminosa con 3 diodos *led*.

```
//Arduino. Editorial RA-MA
//El presente programa realiza una secuencia luminosa con 3
diodos led
//Define las constantes ledA, ledB y ledC en los pines 3, 4 y
5
#define ledA 3
#define ledB 4
```

```
#define ledC 5
//Declaración de variables
int espera; //la variable espera será el tiempo de encendido
del led en milisegundos
void setup()
{
  //configuración de los pines digitales como salida
  pinMode(ledA, OUTPUT);
  pinMode(ledB, OUTPUT);
  pinMode(ledC, OUTPUT);
  //inicialmente todos los led están apagados
  digitalWrite(ledA, LOW);
  digitalWrite(ledB, LOW);
  digitalWrite(ledC, LOW);
  //se indica el tiempo que estará encendido el led
  espera = 2500;
}
void loop()
{
  //se enciende el ledA durante el tiempo asignado en espera
  digitalWrite(ledA, HIGH);
  delay(espera);
  //se apaga el ledA y se enciende el ledB
  digitalWrite(ledA, LOW);
  digitalWrite(ledB, HIGH);
  delay(espera);
  //se apaga el ledB y se enciende el ledC
  digitalWrite(ledB, LOW);
  digitalWrite(ledC, HIGH);
  delay(espera);
  //se apaga el ledC
  digitalWrite(ledC, LOW);
}
```

A continuación, se muestra otro ejemplo con desarrollo de funciones digitales e integrando bucles. Se trata de hacer el efecto de las luces del coche fantástico, donde se encendían a un lado y otro secuencialmente.

```
// Ejemplo secuencia de luces

int pinArray [] = {2, 3, 4, 5, 6, 7};
int contador = 0;
int temporizacion = 100;

void setup () { // En Setup realizamos las declaraciones
```

```
        for (contador = 0; contador <6; contador ++) {
        pinMode (pinArray [contador], OUTPUT);
        }
    }

    void loop () {
        for (contador = 0; contador <6; contador + +) {
        digitalWrite (pinArray [contador], HIGH);
        delay (temporización);
        digitalWrite (pinArray [contador], LOW);
        delay (temporización);
        }
        for (contador = 5; contador> = 0; contador --) {
        digitalWrite (pinArray [contador], HIGH);
        delay (temporización);
        digitalWrite (pinArray [contador], LOW);
        delay (temporización);
        }
    }
```

5.2.8 Funciones de entrada y salida analógicas

Las funciones de entrada y salida analógicas principales tratan de hacer lectura y escritura de datos analógicos. Para ello, se hacen presentes los conceptos de resolución y PWM (modulación por ancho de pulso).

Función analogRead(pin)

La función **analogRead(pin)** lee el valor de la tensión en el pin (de 0 a 5 en el Arduino UNO) especificado analógico (0 a 5 V). La placa dispone de un convertidor analógico-digital con una resolución de 10 bits. El valor resultante será un entero de 0 a 1023, por tanto, la resolución es de 4,9 mV (es decir, 5 V/1024). Los pines analógicos, a diferencia de los digitales, no necesitan declararse previamente como *INPUT* o *OUTPUT*.

```
        // Ejemplo de monitorización del valor de tensión en el
        terminal intermedio  de un potenciómetro.
        int pinAnalog = 5; // Terminal intermedio de un potencióme-
        tro conectado al pin analógico 5
        // los terminales externos conectados a tierra y +5 V
        int valor = 0; // variable para almacenar el valor leído
        por el conversor
```

```
void setup ()
{
Serial.begin (9600); // configuración de la comunicación
serie (más adelante se verán los detalles de esta configura-
ción)
}

void loop ()
{
valor = analogRead(pinAnalog); // lectura del valor de ten-
sión en el pin
  Serial.println(valor); // envía el valor leído vía serie
  delay(1000);
}
```

Función analogWrite(pin, value)

La función **analogWrite** escribe un valor analógico, pero utilizando la modulación por ancho de pulso (PWM) en un pin de salida marcado con PWM. Esta función está activa para los pines 3, 5, 6, 9, 10, 11 (en Arduino UNO). Ej analogWrite(pin, valor); // escribe 'valor' en el 'pin' analógico. Puede especificarse un valor de 0 - 255. Un valor 0 genera 0 V en el pin especificado y 255 genera los 5 V. Para valores de 0 a 255, el pin alterna rápidamente entre 0 y 5 V; cuanto mayor sea el valor, más a menudo el pin se encuentra en HIGH (5 V). Por ejemplo, un valor de 64 será 0 V tres cuartas partes del tiempo y 5 V una cuarta parte. Un valor de 128 será 0 V la mitad del tiempo y 5 V la otra mitad. Un valor de 192 será 0 V una cuarta parte del tiempo y 5 V tres cuartas partes.

A continuación, utilizaremos como ejemplo la función **analogWrite** para establecer el brillo de un LED proporcionalmente al valor de tensión leído en el potenciómetro:

```
int ledPin = 9; // LED conectado al pin digital 9
int pinAnalog = 3; // potenciómetro conectado al pin analó-
gico 3
int valor = 0; // declaración de valor para almacenar el
valor leído
void setup ()
{
  pinMode (ledPin, OUTPUT); // establece el pin como salida
}
void loop ()
{
   val = analogRead (pinAnalog); // lee el pin de entrada
```

```
analógica
    analogWrite (ledPin, valor/4); //
    // los valores de analogWrite de 0 a 255 y los de analo-
gRead de 0 a 1023,     por eso se divide entre 4
}
```

5.2.9 Funciones de comunicación serie

Arduino posee la capacidad de comunicarse con un ordenador a través del puerto serie. Esto se conoce como comunicación serial. Las funciones para la comunicación serie se utilizan para establecer esta comunicación. Para ello, Arduino cuenta con un convertidor de Serie a USB que permite al ordenador reconocer la placa como un dispositivo conectado a un puerto COM (también conocido como Puerto serie RS232).

Normalmente, en la mayoría de las placas Arduino se encuentran dos tipos de conexión serie para las comunicaciones. En primer lugar, se dispone de los **pines de transmisión serie** vistos anteriormente, que en Arduino UNO son los **pines 0 (RX)** para recibir datos y **1 (TX)** para transmisión. Estos pines están conectados al controlador ATmega 16u2, que es el que permite la traducción del formato serie TTL a USB. Con ellos también es posible conectar dos placas de Arduino entre sí mediante una conexión cruzada. Durante la comunicación, estos pines digitales no podrán ser utilizados para otros fines. En segundo lugar, se dispone de los puertos USB propios de las placas Arduino que facilita el conexionado.

Para usar el puerto serie del Arduino hay varias funciones de programación. A modo general, se pueden resumir en las siguientes:

- ▼ **begin(*velocidad*).** Abre el puerto serie y establece la velocidad. La velocidad de conexión (*baudios*) es la velocidad con la que llegan los datos al puerto serie. Normalmente, se usa 9600 bps.

- ▼ **available().** Esta función devuelve el estado del buffer del puerto serie y revela si hay datos en su interior.

- ▼ **read().** Lee un carácter del buffer.

- ▼ **write().** Escribe caracteres a través del puerto serie.

- ▼ **print().** Imprime los datos al puerto serie como texto ASCII.

▼ **println()**. Análogo a print(), pero imprime los datos al puerto serie como texto ASCII seguido de un retorno de carro (ASCII 13, o '\r') y un carácter de avance de línea (ASCII 10, o '\n').

▼ **flush()**. Vacía el buffer de entrada de datos.

▼ **end()**. Desactiva la comunicación serie.

A continuación, se muestran las diferentes funciones de forma desarrollada:

Función Serial.begin(valor)

La función Serial.begin(valor) establece la velocidad de transmisión de datos en bits por segundo (baudios) para la transmisión serie de datos. Para comunicarse con el ordenador, se suele utilizar 9600 baudios. Las funciones para la comunicación serie se utilizan con el fin de establecer la comunicación entre un ordenador u otros dispositivos con la placa Arduino.

Ejemplo:

```
void setup()
{
Serial.begin(9600);    // abre el puerto serie
}  // configurando la velocidad en 9600 bps
```

Función Serial.end()

La función Serial.end desactiva la comunicación serie y permite a los pines 0 (RX) y 1 (TX) ser utilizados de nuevo como entradas o salidas digitales. Esta función no lleva ningún parámetro.

Serial.available()

La función **serial.available()** devuelve un entero con el número de *bytes* (caracteres) disponibles para leer desde el buffer serie, o 0 si no hay ninguno. Si hay algún dato disponible, SerialAvailable() será mayor que 0. El buffer serie puede almacenar como máximo 128 *bytes*.

Ejemplo:

```
int incomingByte = 0; // almacena el dato serie

void setup() {
   Serial.begin(9600); // abre el puerto serie, y le asigna la velocidad de 9600 bps
}

void loop() {
// envía datos sólo si los recibe:
if (Serial.available() > 0) {
// lee el byte de entrada:
incomingByte = Serial.read();
// lo vuelca a pantalla
   Serial.print("He recibido: "); Serial.println(incomingByte, DEC);
}
}
```

Serial.Read()

Lee o captura un *byte* (carácter) desde el puerto serie. Devuelve: El siguiente *byte* (carácter) desde el puerto serie, o -1 si no hay ninguno.

Ejemplo:

```
int incomingByte = 0; // almacenar el dato serie
   void setup() {
      Serial.begin(9600); // abre el puerto serie, y le asigna la velocidad de 9600 bps
   }

   void loop() {
   // envía datos sólo si los recibe:
   if (Serial.available() > 0) {
   // lee el byte de entrada:
   incomingByte = Serial.read();
   // lo vuelca a pantalla
      Serial.print("He recibido: "); Serial.println(incomingByte, DEC);
   }
}
```

Función Serial.print(valor)

La función **Serial.print(valor)** imprime los datos al puerto serie como texto legible ASCII. Es usualmente útil para observar los datos producidos en el programa o para imprimir datos en otros dispositivos conectados al puerto serial. Serialprint() no incluye retorno de carro ni nueva línea.

Ejemplos:

```
Serial.print (38); //Imprime "38"
Serial.print ("Hola mundo"); // Imprime "Hola mundo".
```

En el caso de indicar un dato tipo *float* serán impresos por defecto con sólo dos decimales. Ejemplo:

```
Serial.print (3.141592); // imprime "3,14"
```

Si se desea, se puede añadir un parámetro opcional que especifica el formato que va a ser utilizado. Para los números con decimales, este parámetro especifica el número de decimales que se van a utilizar, por ejemplo:

```
Serial.println(3.141592, 4) // imprime "3.1415"
```

Función Serial.println(valor)

La función **Serial.println(valor)** imprime los datos al puerto serie como texto legible ASCII, seguido por un carácter de retorno de carro ('\r') y un carácter de nueva línea ('\n'). La función println trabaja como print, pero envía un carácter de nueva línea cada vez que es llamada esta función.

Ejemplo:

```
/*
Entrada analógica
Lee una entrada analógica del pin analógico 0, imprime el
valor por el puerto serie.
*/
int ValorAnalogico = 0; // variable para almacenar
// el valor analógico

void setup() {
   Serial.begin (9600); // Abre el puerto serie a 9600 bps
}

void loop () {
```

```
    ValorAnalogico = analogRead(0); // Lee la entrada analó-
gica en el pin 0
    Serial.println(ValorAnalogico); // imprime el valor en
código ASCII
    delay(10); // Retardo de 10 milisegundos antes de la si-
guiente lectura:
}
```

5.2.10 Funciones de tiempo

millis()

La función **millis()** devuelve el número de milisegundos transcurridos desde que la placa empezó a ejecutar el programa que esté desarrollando. Este número vuelve a cero, ya que se desbordaría aproximadamente en 50 días. El dato que devuelve es del rango de 0 a $2^{32}-1$ y de tipo **unsigned long**, por lo que si se pretende hacer operaciones matemáticas con otros tipos de datos, como enteros, puede ocasionar errores.

Ejemplo:

```
unsigned long tiempo;

void setup () {
    Serial.begin(9600);
}

void loop () {
    Serial.print("Tiempo: ");
    tiempo = millis();
    Serial.println (tiempo); // Imprime el tiempo en milise-
gundos desde el inicio del programa
    delay(1000); // Espera un segundo a fin de no enviar
cantidades masivas de datos
}
```

delay()

Como ya se ha visto, la función **delay()** crea una pausa en el programa durante el tiempo (en milisegundos) especificado como parámetro. El dato dado como parámetro es de tipo **unsigned long**, pero no devuelve nada.

Cuando el programa está pausado con la función **delay()**, no hay lectura de los sensores, cálculos matemáticos, ni tampoco es posible manipular los pines. Lo que trabaja en este proceso son las interrupciones, los valores PWM (analogWrite), y los valores y estados de pin se mantienen.

Para poder hacer dos cosas al mismo tiempo, como hacer parpadear un LED mientras se está atento a la pulsación de un botón, no se podría conseguir utilizando la función delay(), ya que pararía todo el programa mientras el LED parpadea, y no conseguiría recibir la señal de la pulsación del botón si ésta se produce durante el tiempo del retardo programado con delay. Para evitar esta situación, se puede utilizar la función **millis()**.

Ejemplo: *Blink* (parpadeo) sin retardo usando **millis()**

```
// Blink sin retardo
// Constantes que no van a cambiar:
const int ledPin = 13; // se indica el pin donde va el LED, puede usarse el    que incorpora la placa
// con el modificador const delante la variable se hace de "sólo lectura"
// Variables que van a cambiar:
int estadoLed = LOW; // la variable estadoLed es usada para establecer el    estado del LED
// las siguientes variables son long porque el tiempo es medido en milisegundos,
// por lo que se convertirá rápidamente en un número más grande de lo
// que se puede almacenar en un int.
long h = 0; // almacenará la última vez que el LED se ha actualizado
long i = 1000; // intervalo de parpadeo (milisegundos)

void setup()
   {
   pinMode(ledPin, OUTPUT); // establece el pin digital como salida
   }

void loop()
   { // aquí es donde se pondría el código que debe estar en ejecución todo    el tiempo.
   // Se chequea para ver si es el momento de conmutar el LED, es decir, si    // la diferencia entre la hora actual y la última vez que se conmutó el LED    // es mayor que el intervalo de parpadeo:
```

```
        unsigned long ha = millis();
        if (ha - h > i)
        { // actualiza la hora de la última vez que parpadeó el
LED
        h = ha;
        if (estadoLed == LOW) estadoLed = HIGH;
        // Si el estado del LED está off lo pone on
        else estadoLed = LOW; // Si el estado del LED está on lo
pone off digitalWrite(ledPin, estadoLed); // establece el LED
al estado indicado     por estadoLed
        }
}
```

5.2.11 Funciones personalizadas

Las funciones permiten crear pequeños programas de código que realizan una tarea concreta y luego vuelven a la zona de código desde donde fueron solicitadas. Son muy útiles cuando hay que realizar la misma acción varias veces en un mismo programa.

Esto permite que la acción codificada en una función tenga que ser diseñada, escrita y depurada una sola vez, permitiendo también reducir las posibilidades de errores si hubiese que modificarlas. También reducen el tamaño del programa, por lo que liberan memoria y hace que el código sea más sencillo de comprender y reutilizar.

En Arduino hay dos funciones necesarias ya comentadas: setup() y loop(). El resto de las funciones se deben crear fuera de las llaves de estas dos funciones. Como ejemplo, vamos a crear una función simple para multiplicar dos números.

En Arduino se puede ver el siguiente ejemplo para ver el funcionamiento práctico de la creación y utilización de funciones:

Ejemplo 1:

Se trata de la creación de una función que multiplique a dos números enteros.

```
int FuncionMultiplicar (int x, int y) {
  int resultado;
  resultado = x * y;
  return resultado;
}
```

▼ **int**, en este caso, indica el tipo de datos devuelto (si no devuelve nada, es "*void*").

▼ **int x** e **int y** son los parámetros que hay pasar a la función, que deben ser de tipo entero.

▼ **resultado** es el valor que devuelve la función producto de los dos enteros.

Para llamar a nuestra función, se le envía los parámetros del tipo de datos que la función espera:

```
void loop {
   int i = 2;
   int j = 3;
   int k;
   k = FuncionMultiplicar (i, j); // k ahora contiene 6
}
```

Es importante tener en cuenta que las funciones deben ser declaradas fuera de cualquier otra función, pudiendo ir por encima o por debajo de la función "*loop()*".

El programa completo sería de la siguiente manera:

```
void setup() {
   Serial.begin (9600);
}

void loop() {
   int i = 2;
   int j = 3;
   int k;
   k = miFuncionMultiplicadora (i, j); // k ahora contiene 6
   Serial.println (k);
   delay(500);
}
// Aquí se programa la función
   int miFuncionMultiplicadora (int x, int y) {
   int resultado;
   resultado = x * y;
   return resultado;
}
```

Ejemplo 2:

En este ejemplo, se lee un sensor cuatro veces con la función **analogRead()** y se calcula el promedio de las cuatro lecturas.

A continuación, escala los datos a 8 bits (0-255) y devuelve el resultado.

```
int LecturayPromedio() {
int i;
int s = 0;
for (i = 0; i <4; i++) {
s = s + analogRead(0); // sensor en el pin analógico 0
}
s = s /4; // media
s = s /4; // escala a 8 bits (0-255), analogRead devuelve un valor    entre 0 y 1023
return s;
}
```

Para llamar a la función LecturayPromedio se tiene que asignar a una variable.

```
int sensor;
sensor = LecturayPromedio ();
```

Aunque se mostrará en el capítulo 7 sobre la aplicación con actuadores analógicos, se cita un ejemplo más real sobre la iluminación progresiva de un LED conectado a un pin PWM de la placa Arduino. El programa, utilizando la sentencia **for**, podría ser de la siguiente manera:

```
// Iluminación progresiva de un LED conectado a un pin PWM
int PWMpin = 10; // Situamos un LED en serie con una resis-
tencia en el pin 10

void setup()
  {
  // No es necesaria configuración
}

void loop()
  {
  for (int i = 0; i <= 255; i++) {
  analogWrite(PWMpin, i);
  delay(10);
  }
}
```

5.3 LIBRERÍAS DE ARDUINO

Para el desarrollo de la programación de aplicaciones, Arduino dispone de un paquete amplio de librerías con el objetivo de utilizarse de forma rápida y cómoda para los diversos desarrollos que pueden darse. Una gran cantidad de ellas se instalan por defecto al instalar el IDE de Arduino, aunque también se pueden descargar o incluso crear por uno mismo. Se resume cómo instalar una librería en Arduino, aunque se verá de forma más amplia en siguientes capítulos. Desde el IDE de Arduino, seleccionar desde el programa (*sketch*) **Sketch > Import Library**.

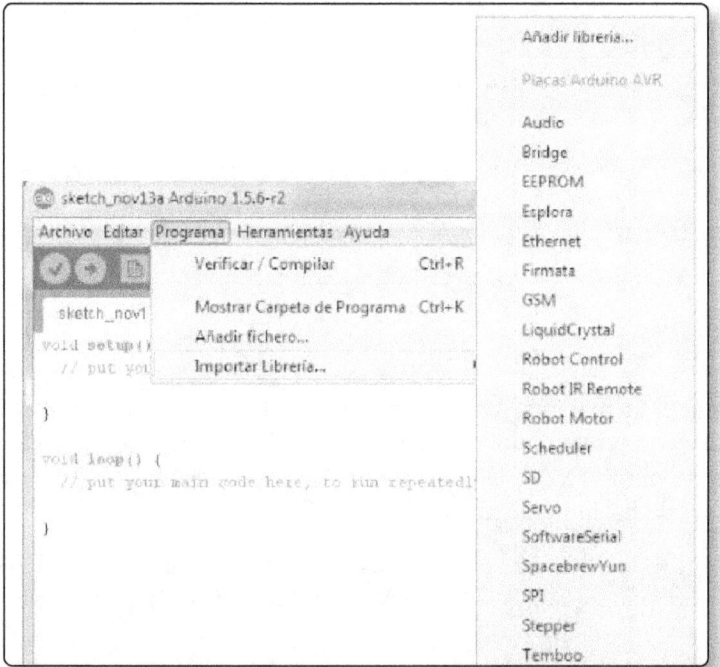

Figura 5.3. Instalación de una librería en Arduino

El uso de librerías estándar de Arduino ayuda a desarrollar programas sin tener que entrar en todos los detalles de cada parte. Las librerías ofrecen una serie de **funciones o métodos ya preprogramadas**, que ofrecen de una forma rápida desarrollos más complejos de una manera más intuitiva y cómoda. Es un paso más hacia los lenguajes de alto nivel; se simplifican aún más ciertas acciones programadas, quedando oculta (ya que no interesa al programador) la parte de su desarrollo paso a paso, sólo el resultado. De esta forma, se puede abstraer de los detalles de bajo nivel y centrarse en la funcionalidad del programa a alto nivel.

Para profundizar en cada una de las librerías y sus clases o funciones se recomienda al lector visitar la página web de Arduino, donde se exponen de forma detallada las aplicaciones de cada una de las librerías estándares creadas para Arduino con su código de ejemplo de funcionamiento (*https://www.arduino.cc/en/Reference/Libraries*).

A continuación, se resumen las librerías estándares:

- **EEPROM** – Librería para la lectura y escritura en el almacenamiento «permanente».
- **Ethernet** – Conecta a Internet utilizando el Escudo Ethernet o Arduino *Ethernet*.
- **Firmata** – Comunica con aplicaciones al ordenador utilizando un protocolo estándar serial.
- **GSM** – Conecta al *network* GSM/GRPS con el escudo GSM.
- **LiquidCrystal** – Controla *displays* de cristal líquido (LCDs).
- **SD** – Lee y escribe tarjetas SD.
- **Servo** – Para el control de los servomotores.
- **SPI** – Comunica con dispositivos utilizando el Bus SPI.
- **SoftwareSerial** – Comunica por serial en los pines digitales.
- **Stepper** – Control de motores paso a paso.
- **TFT** – Dibuja imagines, texto y formas en una pantalla TFT Arduino.
- **Wi-Fi** – Internet utilizando la placa Arduino Wi-Fi.
- **Wire** – Utiliza dos *Interfaces* (TWI/I2C) para el envío y recepción de datos sobre una red de dispositivos o sensores.

Para incluir la librería correspondiente en el *sketch* que se esté desarrollando hay que escribir al inicio del programa:

```
#include <nombre_de_la_librería.h>
```

Por ejemplo:

```
#include <EEPROM.h>
```

Esta función incluye la lista de funciones (lectura en la memoria, escritura, etc.) y, de forma análoga, se hace con el resto. De esta forma podrán ser invocadas las diferentes funciones preprogramadas de cada una de las librerías que ofrece Arduino o las que se han creado aparte.

Las librerías son importantes para los desarrollos con Arduino. Conocerlas y estar familiarizado con ellas ayudará al desarrollo de proyectos más complejos.

5.3.1 Librería EEPROM

La librería EEPROM permite leer y escribir en la memoria EEPROM que utiliza el microcontrolador de Arduino. Los datos se almacenan en conjunto de *bytes*, y pueden mantenerse grabados aunque la placa no esté alimentada.

Las ventajas para la utilización de esta librería es que permite almacenar un valor de un contador, constantes para utilizar en dispositivos periféricos, un número de serie, una fecha o cualquier dato que se desee, que al dejar de alimentar la placa quede almacenada y se pueda recuperar después.

Las funciones más utilizadas en la librería EEPROM son:

- **EEPROM Read:** lee la EEPROM y envía los valores al ordenador. EEPROM.read(dirección);

- **EEPROM Write:** almacena valores desde una entrada analógica a la memoria EEPROM. EEPROM.write(dirección, valor);

5.3.2 Librería Ethernet y Wi-Fi

La librería Ethernet ofrece las funciones para poder conectar el escudo *Arduino Ethernet* o la placa *Arduino Ethernet* a una red TCP/IP.

Es posible configurar la placa para que ésta actúe como un servidor, de forma que escuche y acepte peticiones de otros dispositivos de la red que soliciten servicios o datos que aquélla ofrezca. A su vez, se puede configurar para actuar como cliente, donde la placa sea la que solicite esos servicios o datos a otro dispositivo puntualmente.

La librería **Wi-Fi**, como su propio nombre indica, servirá de ayuda para la comunicación a través de Wi-Fi con el escudo Wi-Fi oficial de Arduino.

5.3.3 Librería Firmata

Con la librería Firmata se hace posible comunicar la placa con programas ejecutados en un ordenador mediante conexión tipo serie. Por ejemplo, para controlar Arduino desde *Processing*. La librería está integrada en múltiples lenguajes de programación para poder desarrollar *software* que sea compatible con él.

5.3.4 Librería GSM

Muchas librerías, como la librería GSM, se han desarrollado para ser utilizadas con un escudo, en este caso, con el escudo GSM que conecta Arduino a Internet mediante GPRS, utilizando una tarjeta SIM. También es posible enviar y recibir mensajes y llamadas de voz (SMSs).

La librería GSM dispone de clases para los aspectos de la conectividad del escudo y registros en la infraestructura GSM. Como ejemplo, la clase GSMVoiceCall para la gestión de llamadas de voz o la clase GSM_SMS para el envío y recepción de los mensajes.

5.3.5 Librerías LiquidCrystal y TFT

La librería LiquidCrystal ayudará a la gestión para utilizar las pantallas LCD con Arduino. El empleo de las pantallas LCD ayudará al desarrollo visual de muchos proyectos, por ejemplo, como un indicador de la magnitud de un sensor con el que se está midiendo una propiedad, luz, tiempo, caudal, temperatura, etc.

La librería TFT gestiona también las pantallas, pero en este caso pantallas TFT.

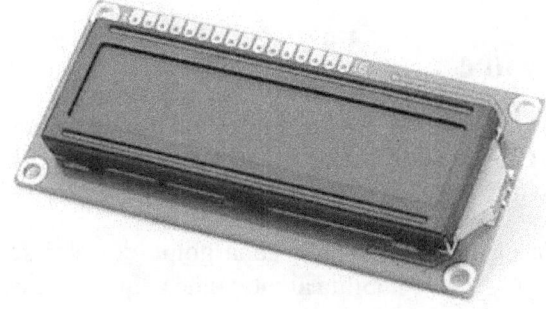

Figura 5.4. Módulo de LCD 1602 para Arduino

5.3.6 Librería SD

Las tarjetas SD se utilizan para almacenar ficheros de imágenes, audio, vídeo, etc. También es posible almacenar datos obtenidos de los sensores del proyecto, al poder disponer de mayor memoria que la EEPROM. La librería SD permite leer y escribir datos en esta tarjeta SD (o microSD), que se situará en el zócalo de algún escudo.

La librería soporta los sistemas de ficheros en modo FAT16 (*File Allocation Table*, Tabla de Asignación de Archivos) y FAT32. FAT es un método para el almacenamiento y la organización de los archivos del sistema y los datos que contienen para facilitar el acceso a los mismos. Se desarrolló para MS-DOS, y se utiliza como método de intercambio de datos no sólo entre sistemas operativos, sino también para memorias como la SD.

La comunicación entre la tarjeta SD y el microcontrolador se establece mediante el bus SPI a través de los pines digitales 11, 12 y 13 y otro pin para activación, que suele ser el 10 en el caso de la placa Arduino UNO.

5.3.7 Librerías Servo y Stepper

Un servo integra el mecanismo adecuado para controlar con precisión el eje del motor. Los servos estándares permiten mover y controlar el eje en varios ángulos, normalmente entre 0 y 180°.

Para gestionar estos dispositivos se crearon la librería Servo y, de forma similar, la librería *Stepper* (para motores paso a paso), que también ayuda, además de la rotación, a controlar la velocidad. La librería Servo soporta hasta 12 motores en la mayoría de las placas Arduino y 48 en Arduino Mega.

5.3.8 Librerías SPI y Wire

SPI, como ya se presentó, es básicamente un bus de comunicación a nivel de circuitos integrados. La transmisión de datos se realiza en serie. El bus SPI se definía mediante los pines SCLK o SCK, MISO, MOSI y SS o CS.

SPI funciona de tal forma que a cada golpe de reloj se captura un bit y mediante la señal *Chip Select* se habilita al integrado al que se desea enviar los datos.

Para usar y gestionar el bus SPI con Arduino se desarrolló su librería, que será importada en el *software*. En la parte del *Setup* hay que iniciar y configurar SPI con SPI.begin() y definir el pin SS como salida. SPI.transfer será la clase que enviará el *byte* que se desee.

En el caso de la librería **Wire**, de forma análoga a la SPI permite a la placa comunicarse con otros dispositivos y sensores mediante el protocolo I2C. La librería utiliza 7 bits para identificar el dispositivo, por lo que es posible distinguir hasta 128 diferentes.

5.3.9 Librería Software Serial

La librería **Software Serial** permite que se pueda establecer comunicación con dispositivos que estén conectados a pines diferentes del 0 y el 1. Recordamos que a través de *chip* TTL-UART, que incorpora la placa Arduino UNO, es posible comunicarse a través de los pines 0 (RX) y 1 (TX) en serie. Por ello, la presente librería es interesante al simular el comportamiento del *chip* mediante *software* en pines diferentes. Por el contrario, si se utilizan varios puertos, sólo uno podría recibir datos al mismo tiempo.

5.3.10 Creación de librerías propias

La programación con Arduino permite la creación de librerías propias. Esto permite al programador desarrollar sus propias librerías, y así utilizar sus programas de una forma más versátil. A su vez, compartirlas o utilizar las librerías creadas por otros desarrolladores.

Las librerías para Arduino se escriben en C++ y, de hecho, son clases, es decir, un *subprograma* que además de contener variables también contiene funciones.

Si se desea crear una librería, hay que crear dos archivos: uno con "**la_libreria.h**", con las cabeceras de la librería, y otro con "**la_libreria.cpp**", que contendrá las definiciones y el código completo de cada una de las funciones.

A continuación, se muestra un ejemplo para la creación de una librería que contenga funciones para realizar las funciones matemáticas básicas: sumar, restar, multiplicar y dividir. Se comienza con el archivo **.cpp**.

```cpp
// Archivo .cpp
#include "matematicas.h";
#include "Arduino.h";
function suma(int num1,int num2){
   int resultado = num1 + num2;
   return resultado;
}

function resta(int num1,int num2){
   int resultado = num1 - num2;
   return resultado;
}
function divide(int num1,int num2){
   int resultado = num1 / num2;
   return resultado;
```

```
}
function multiplica(int num1,int num2){
   int resultado = num1 * num2;
   return resultado;
}
```

En el programa .cpp se incluye la librería «Arduino.h» para poder utilizar las constantes y funciones que empleamos en la programación habitual de Arduino. Así mismo, se incluye #matematicas.h, que enlaza las funciones al fichero de declaración de cabecera **.h** siguiente:

```
#include "Arduino.h";
class matematicas{
public:
     suma(int num1, int num2);
     resta(int num1, int num2);
     multiplicacion(int num1, int num2);
     division(int num1, int num2);
private:
     int _num1;
     int _num2;
     int _resultado;
}
```

6

ARRANCANDO ARDUINO

6.1 IDE DE ARDUINO

Hasta aquí se han descrito desde los fundamentos de la electrónica y de la electricidad hasta los detalles del *hardware* y *software* de la placa Arduino, así como las diferentes modalidades que hay en el mercado y sus características. Es hora de iniciar la práctica y el entendimiento de las aplicaciones y puesta en marcha de proyectos reales con Arduino para que nuestro conocimiento se amplíe y consolide. Se pretende mostrar las diferentes opciones y posibilidades que el lector puede encontrarse de una forma sencilla para que luego pueda enfrentarse con una buena base de conocimientos al desarrollo de cualquier aplicación práctica, así como comprender y modificar los cientos de ejemplos y proyectos que puede encontrar en Internet.

En primer lugar, para desarrollar aplicaciones con la placa Arduino es necesario instalar su **entorno de desarrollo integrado** (IDE, *Integrated Development Environment*), es decir, el *software* con el que se puede programar el microcontrolador de la placa de Arduino.

6.1.1 Instalación del IDE de Arduino

Para instalar el IDE estándar de Arduino, en primer lugar, hay que descargarse la última versión del **Software IDE** de la página de descargas de Arduino (*https://www.arduino.cc/en/Main/Software*).

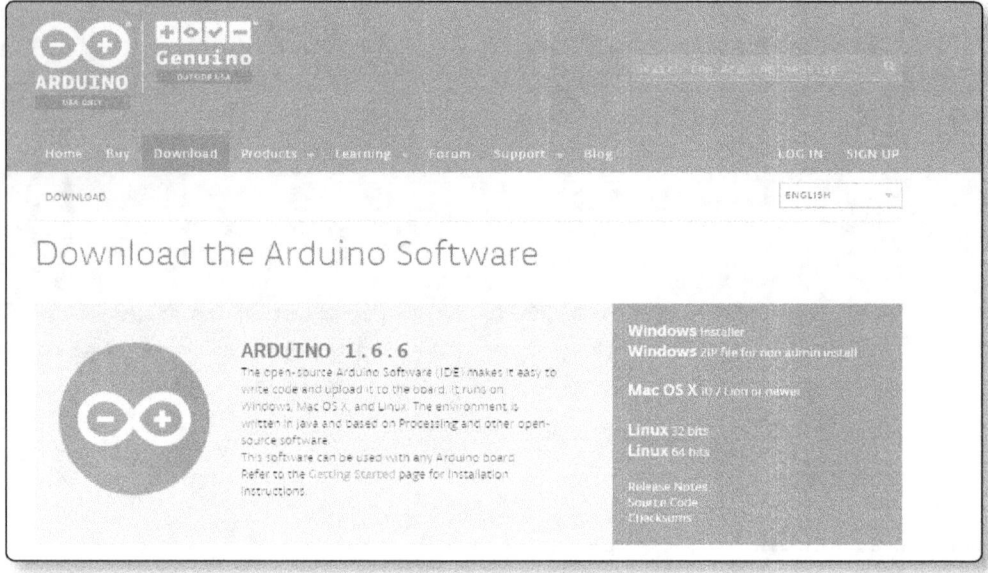

Figura 6.1. Información de la pestaña Download (Descargas) de la página *web* www.arduino.cc

Una vez se realiza la descarga según el sistema operativo que se esté utilizando (Windows, Mac o Linux), se estará en condiciones de instalar el IDE.

A continuación, se muestra como ejemplo una descarga del IDE bajo Windows 7; no obstante, en la página de Arduino indicada, www.arduino.cc, se puede encontrar toda la información necesaria para la descarga en cualquier sistema operativo de forma actualizada.

La carpeta descargada aparecerá en la carpeta donde se haya guardado la descarga del archivo:

Ejecutando el archivo para su instalación, en primer lugar, aparecerá la aceptación del acuerdo de la licencia:

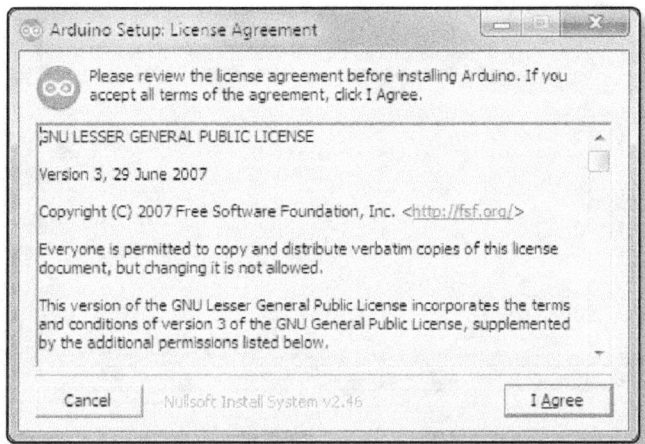

Figura 6.2. Instalación IDE Arduino. Solicitud de aceptación de los términos del acuerdo de la licencia

Aceptando el acuerdo aparecerá en el siguiente paso la consulta sobre los componentes que se desean instalar. Por este orden, instalar *software* Arduino, *driver* USB, creación de un menú *shortcut* (es decir, un menú que aparece cuando se pulsa el botón derecho del ratón sobre un objeto), crear un *Desktop shortcut*, es decir, pregunta si se desea poner un icono de acceso directo en el escritorio del ordenador para acceder rápidamente al programa, y finalmente *associate.ino files*, que permite al usuario crear paquetes de instalación de aplicaciones Windows.

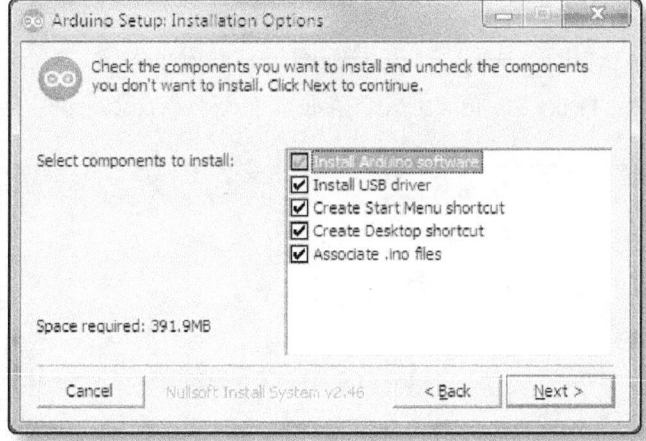

Figura 6.3. Instalación IDE Arduino. Consulta sobre los componentes que se desean instalar en el IDE de Arduino

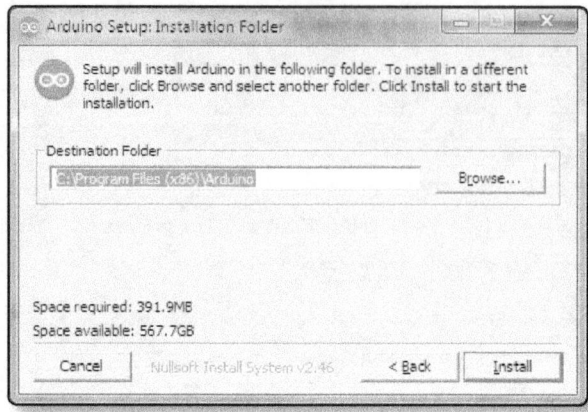

Figura 6.4. Instalación IDE Arduino. Selección del fichero donde instalar el programa

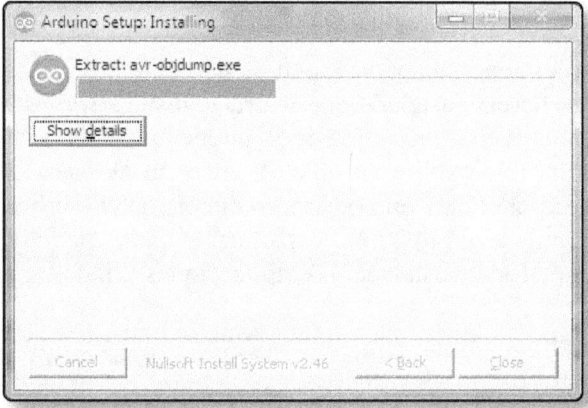

Figura 6.5. Instalación IDE Arduino. Proceso de descarga

Figura 6.6. Instalación IDE Arduino. Consulta desde la Seguridad de Windows para la instalación del software Arduino

Figura 6.7. Instalación IDE Arduino. Icono del IDE de Arduino en el escritorio

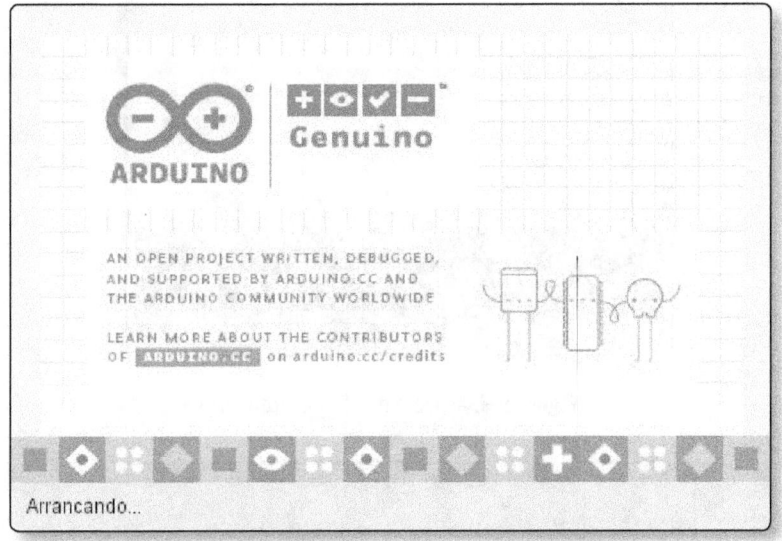

Figura 6.8. Página de arranque del IDE de Arduino

Si se conecta la placa Arduino a través de USB al ordenador, ésta aparecerá como un dispositivo desconocido. En Windows 7 los *drives* se ejecutarían automáticamente. En caso de que no los encontrara de forma automática, hay que ir al **administrador de dispositivos**, y en «Otros dispositivos» se mostrará con el signo de admiración la placa «Arduino Uno». Pulsando con el botón derecho del ratón se selecciona «Actualizar software de controlador». Se permite aquí navegar y seleccionar el fichero del *driver* llamado **«arduino.inf»**, situado en la carpeta «Drivers» de la descarga del Software Arduino. Una vez seleccionado éste, el *driver* se actualiza y la placa queda perfectamente instalada.

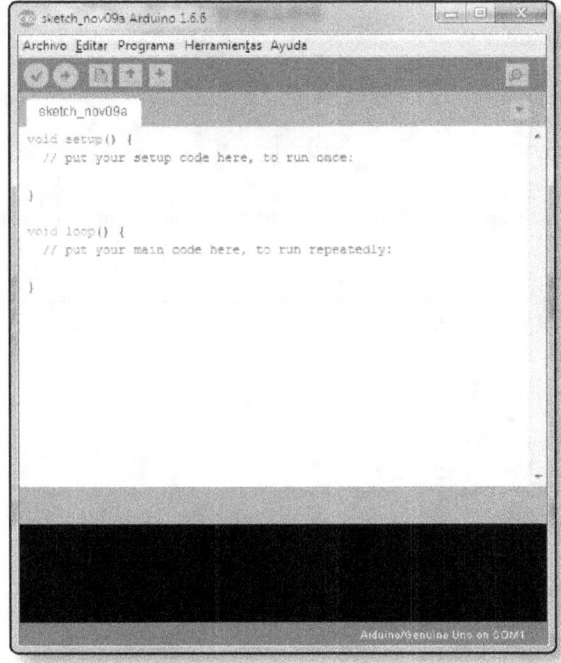

Figura 6.9. Aspecto del IDE de Arduino

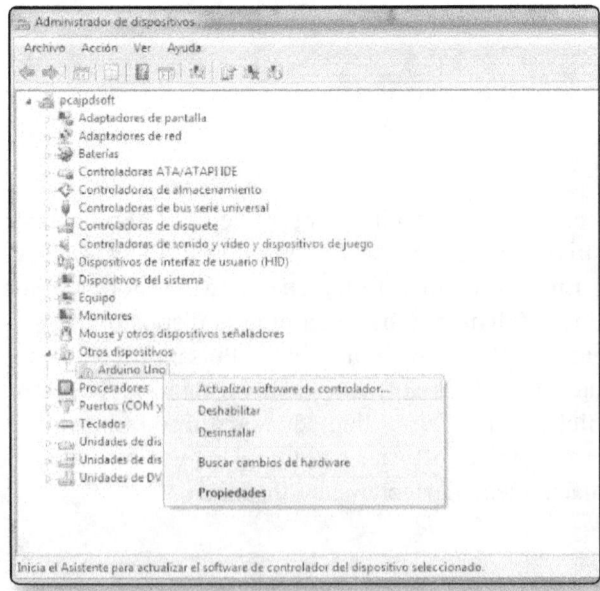

Figura 6.10. Administrador de dispositivos para la actualización del software controlador de la placa Arduino UNO

6.2 PRIMERA APLICACIÓN PRÁCTICA CON ARDUINO

A continuación, se va a plantear la realización de un primer programa para la placa **Arduino UNO** bajo el entorno de Windows 7. De esta forma, se pueden ver los pasos que, en general se van a seguir para el desarrollo de aplicaciones con este *hardware* de una forma rápida.

En primer lugar, para realizar la programación es suficiente conectar la placa **Arduino al ordenador mediante un cable del tipo USB A-B**, utilizado también habitualmente para la conexión de impresoras.

Figura 6.11. Imagen del cable estándar USB tipo A-B (*http://www.pcdigital.com.mx/datafeed_shopmania_oscommerce.php*)

Figura 6.12. Imagen del puerto USB para placa Arduino UNO (*https://learn.sparkfun.com/tutorials/connector-basics*)

A continuación, se abre el entorno IDE de Arduino.

Se selecciona el modelo de placa que se esté empleando. En el ejemplo presente, Arduino UNO en el menú: *Herramientas/Placa/Arduino UNO*.

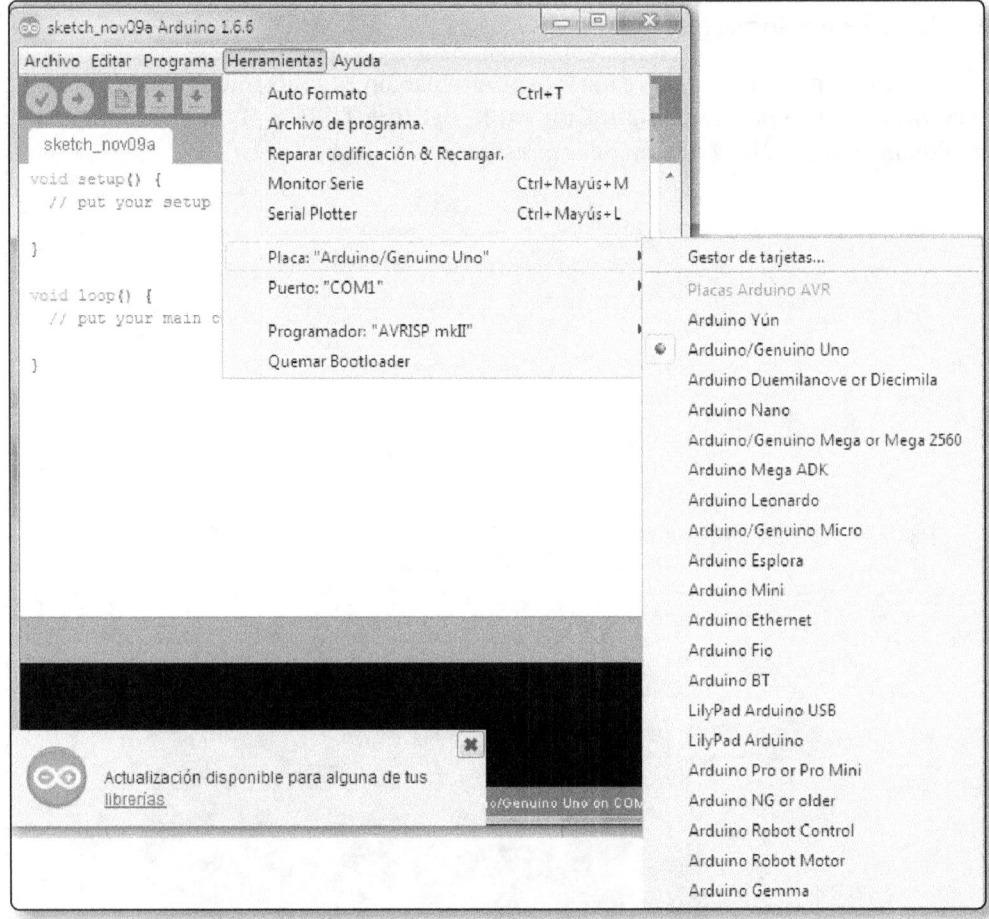

Figura 6.13. Selección de la placa Arudino UNO en el IDE de Arduino

A continuación, se selecciona el puerto de comunicación al que está conectado en el menú: Herramientas/Puerto/COM3.

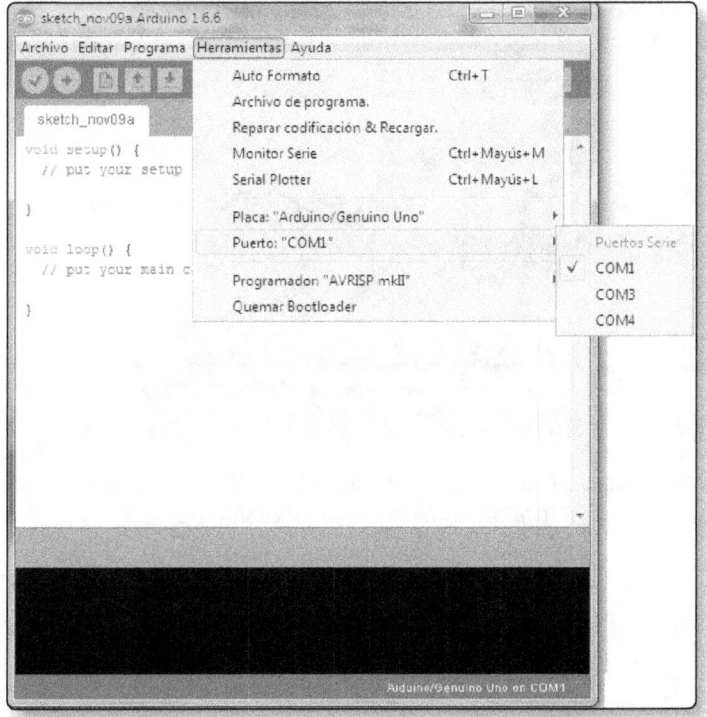

Figura 6.14. Selección del puerto de comunicación con la placa Arudino UNO

Lo más probable es que sea el puerto COM3 o mayor (COM1 y COM2 se reservan, por regla general, para puertos serie de *hardware*).

En este momento ya se tiene configurada la conexión y es posible realizar la carga del programa que se desee.

Como ejemplo, se enviará un programa a Arduino para que encienda y apague un LED (*Ejemplo Blink disponible en el IDE de Arduino*).

Si se conecta el Led estándar a otro pin que no sea el 13, se necesitaría una resistencia de unos 200 Ω. Un Led estándar puede consumir entre 5 y 20 mA. Teniendo en cuenta que la alimentación de la placa Arduino es de 5 V, el Led puede consumir unos 2 V, por lo que la resistencia estará a un voltaje de unos 3 V. Por ello, siguiendo la ley de Ohm, el valor de la resistencia podría ser siguiendo estos datos del ejemplo y con un consumo de unos 15 mA de R=3 V/0,015 mA. Por lo tanto, el valor de la resistencia sería de unos 200 Ω (o lo más cercano del mercado).

Sin embargo, si se conecta directamente al Pin 13, no es necesario utilizar esta resistencia externa, ya que la placa la trae incorporada.

Para ello, se conecta el Led con la pata más larga (positivo) al Pin 13 y la otra, al Pin GND:

Figura 6.15. Imagen ejemplo de conexión LED a la placa Arduino UNO (*http://www.ajpdsoft.com/modules. php?name=News&file=article&sid=570*)

A continuación, se puede programar o abrir el ejemplo que incluye el IDE de Arduino llamado «Blink» dentro de la carpeta de ejemplos.

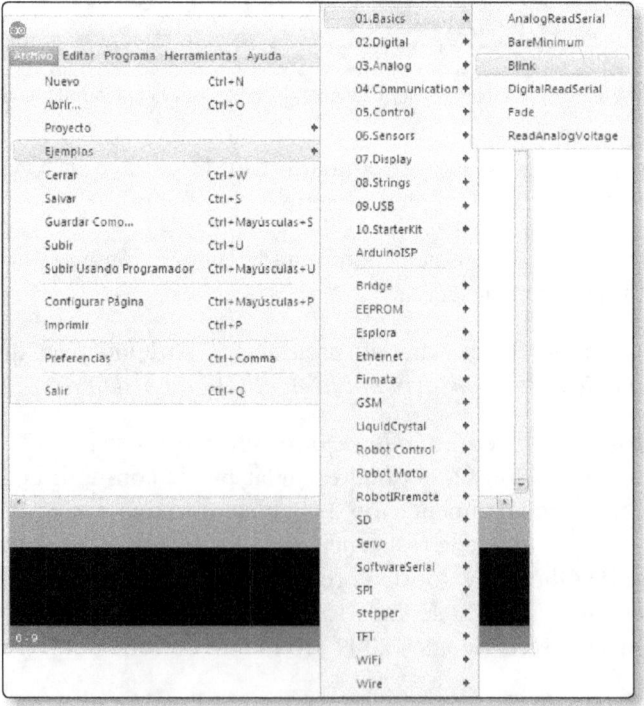

Figura 6.16. Abriendo ejemplo Blink en: Carpeta Ejemplos/Basics/Blink

Una vez abierto el ejemplo, se mostrará el siguiente programa:

```
/*
  Blink
  Turns on an LED on for one second, then off for one second, repeatedly.

  Most Arduinos have an on-board LED you can control. On the Uno and
  Leonardo, it is attached to digital pin 13. If you're unsure what
  pin the on-board LED is connected to on your Arduino model, check
  the documentation at http://www.arduino.cc

  This example code is in the public domain.

  modified 8 May 2014
  by Scott Fitzgerald
 */
// the setup function runs once when you press reset or power the board
void setup() {
  // initialize digital pin 13 as an output.
  pinMode(13, OUTPUT);
}
// the loop function runs over and over again forever
void loop() {
  digitalWrite(13, HIGH);  // turn the LED on (HIGH is the voltage level)
  delay(1000);             // wait for a second
  digitalWrite(13, LOW);   // turn the LED off by making the voltage LOW
  delay(1000);             // wait for a second
      }
```

A continuación, se compila el programa pulsando .

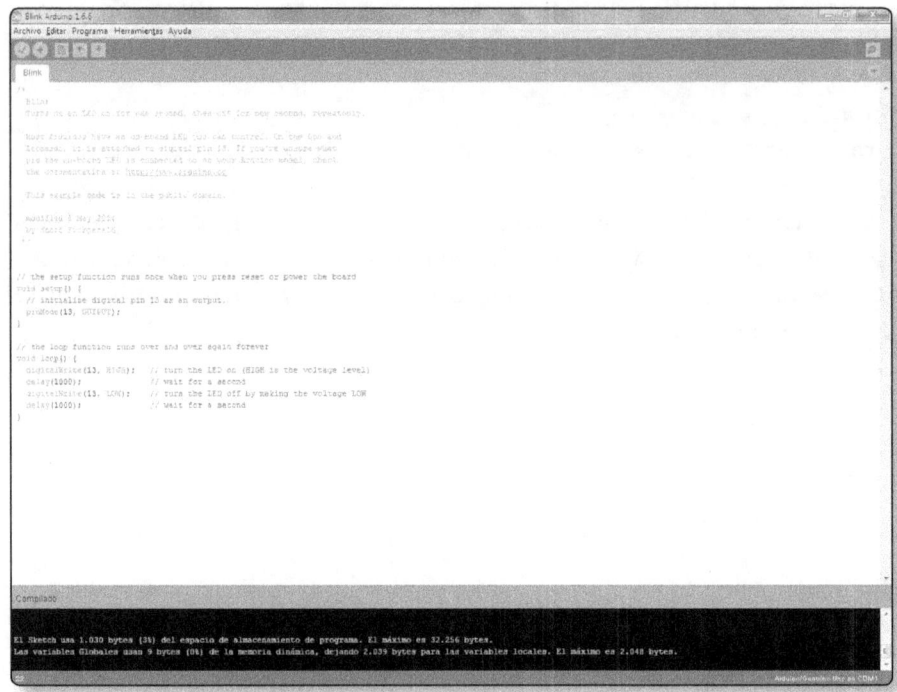

Figura 6.17. Programa Blink compilado

También es posible pulsar el botón para compilar y enviar directamente a la placa. En ese caso, tras unos segundos, el programa indicará que se ha «subido».

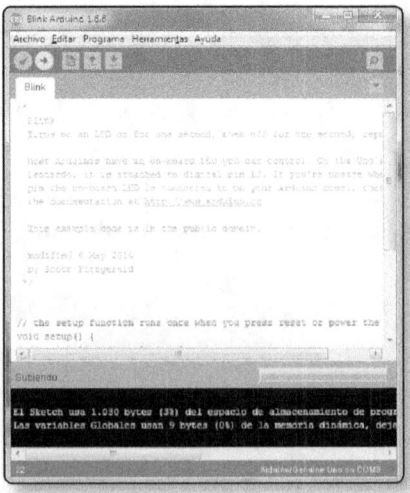

Figura 6.18. Compilando el programa Blink con

Tras unos parpadeos, la placa empezará a ejecutar el programa, encendiendo y apagando el LED. Se ha realizado, por tanto, la primera aplicación donde todo funciona y está bien configurado. A partir de aquí se está listo para empezar a desarrollar cualquier aplicación con Arduino.

Una vez que se haya programado la placa, es posible quitar el cable USB y alimentarla de forma externa. Arduino ya está programado y podrá actuar libremente.

Arduino Uno y Mega pueden ser alimentados mediante dos medios.

- **Alimentación regulada a 5 V mediante el puerto USB.** Podemos conectar un transformador, una batería exterior de 5 V o cualquier otra fuente 5 V mediante un conector USB. Esta entrada debe estar regulada en alimentación, es decir, debe ser estable, constante y fija a 5 V, ya que Arduino no realiza la supervisión del voltaje introducido a través de esta entrada.

- **Alimentación mediante el conector Vin**, con un voltaje de entre 6 a 20 V, (aunque lo ideal sería entre 7 a 12 V). Esto es posible mediante la conexión con un transformador, o una o varias baterías, una pila de 9 V, o una agrupación de 4 o 6 pilas de 1,5 V, que puede encontrarse fácilmente en el mercado.

Se aconseja evitar voltajes superiores a 12 V durante un tiempo prolongado, ya que pueden sobrecalentar los reguladores de voltaje y dañar la placa.

6.3 OTROS IDE DE ARDUINO

Para desarrollar aplicaciones con Arduino, existen otros entornos de desarrollo (IDE). Éstos permiten otras funcionalidades adicionales y, en ocasiones, mayor potencia, que posibilita interacciones y desarrollos complejos.

En el mercado se pueden encontrar muchas de estas interesantes herramientas de diseño y desarrollo, cuyo resumen se puede consultar en *http://playground. arduino.cc/Main/DevelopmentTools*.

A continuación, se citan algunas destacadas:

Processing

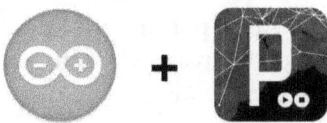

Figura 6.19. Arduino más Processing *(http://diymakers.es/arduino-processing-primeros-pasos/)*

El entorno de **Processing** es similar al de Arduino. Processing es un lenguaje de programación y entorno de desarrollo integrado de código abierto y basado en Java.

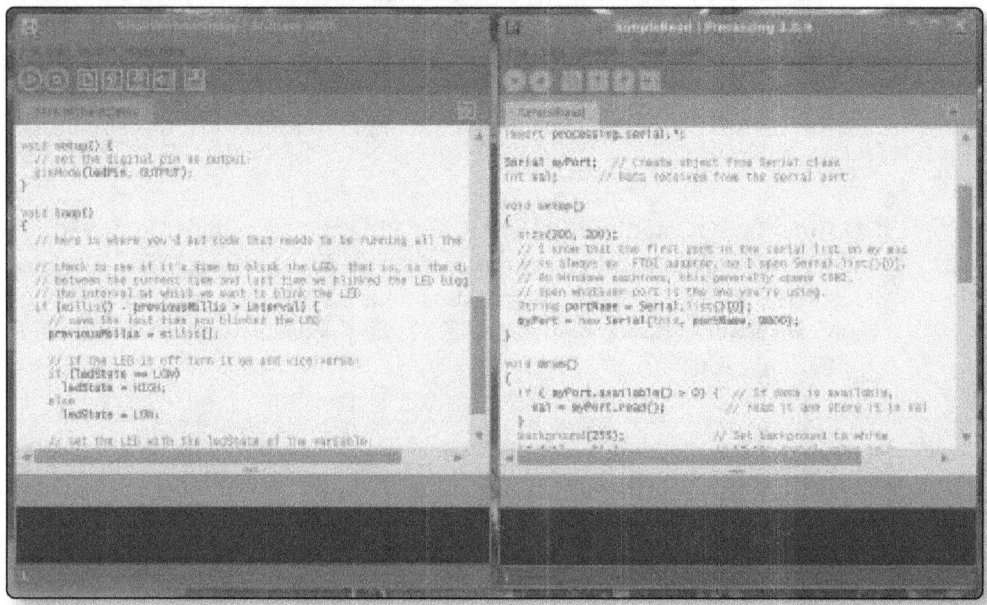

Figura 6.20. Editor Arduino a la izquierda y editor Processing a la derecha *(https://zbutton.wordpress.com/2010/03/02/aplicaciones-graficas-con-processing-y-arduino//)*

Processing ofrece ventajas a la hora de programar animaciones, ya que la plataforma facilita la mayoría de los detalles para este desarrollo.

Sacado de la propia web de Processing, como ejemplo, si se desea dibujar dos líneas en pantalla, bastaría incluir en el *sketch*:

- size(400, 400);
- background(192, 64, 0);
- stroke(255);
- line(150, 25, 270, 350);
- line(100, 25, 200, 300);

Processing utiliza mediante la librería Serial la lectura del puerto serie, y de esta forma actúa directamente en una animación programada, según los datos que se estén recibiendo; y, al contrario, según lo que se modifique un diseño gráfico, se puede dar órdenes directamente a la placa Arduino. Este desarrollo es lo que hace más potente a este IDE. Ejemplo: si tenemos un sensor de nivel actuando con la placa Arduino y se va llenando un depósito, con Processing se puede ir dibujando en pantalla el proceso de llenado, según los datos que se reciben de la placa.

Eclipse

El entorno de desarrollo Eclipse pone a disposición del programador todas las herramientas de C++ (objetos, librerías, entornos, gráficos, etc.). Así mismo, puede ser utilizado para configurar procesadores AVR. Entre otras ventajas para el programador, Eclipse dispone de la opción «autocompletar», en la que adivina lo que se desea poner según se está escribiendo la programación.

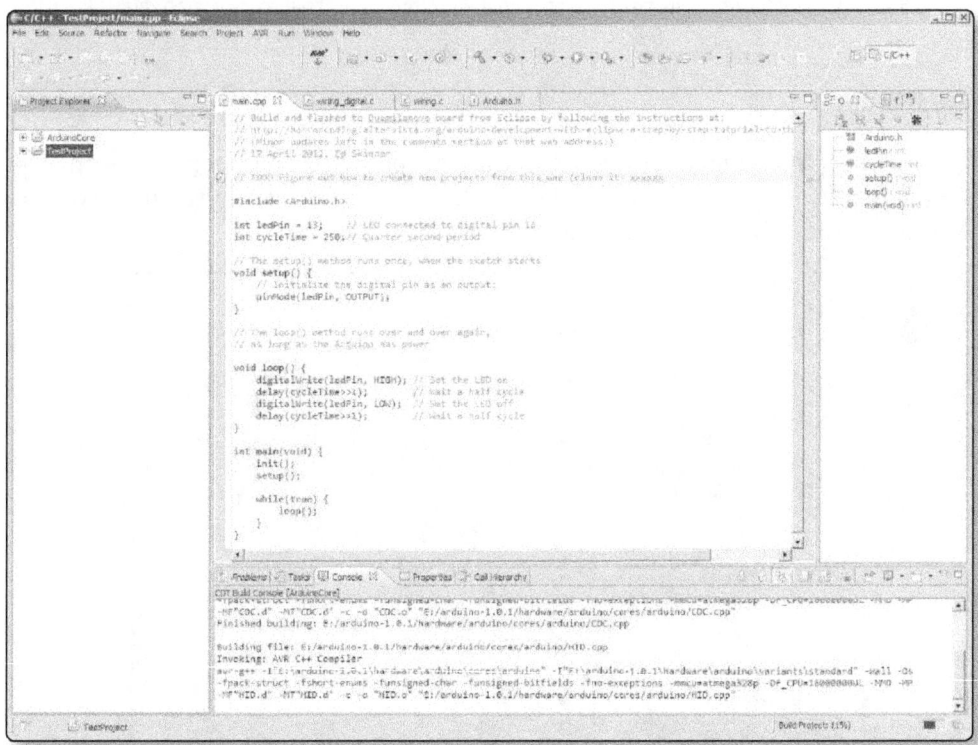

Figura 6.21. Editor de desarrollo ECLIPSE para Arduino *(http://flat5.net/2012/07/arduino-on-eclipse/)*

Atmel Studio

Atmel Studio (versión 7 en 2015) permite a los programadores, simuladores y depuradores de sistemas basados en ARM y AVR (como es el microcontrolador de la placa Arduino) desarrollar de una forma potente con estos dispositivos.

El editor Atmel viene acompañado de la opción *debugger* (depuración); así mismo, es posible numerar las líneas y permite expandir y contraer funciones. Dispone de autocompletar, y normalmente compila con mayor rapidez.

Figura 6.22. Atmel Studio 7 dispone de un IDE para Arduino *(http://www.atmel.com/microsite/atmel-studio/)*

Visual Studio

Visual Studio también permite programar para Arduino. En el caso de que se esté familiarizado con el editor de Microsoft, desde Visual Studio se podrá ser más productivo. También dispone de autocompletado.

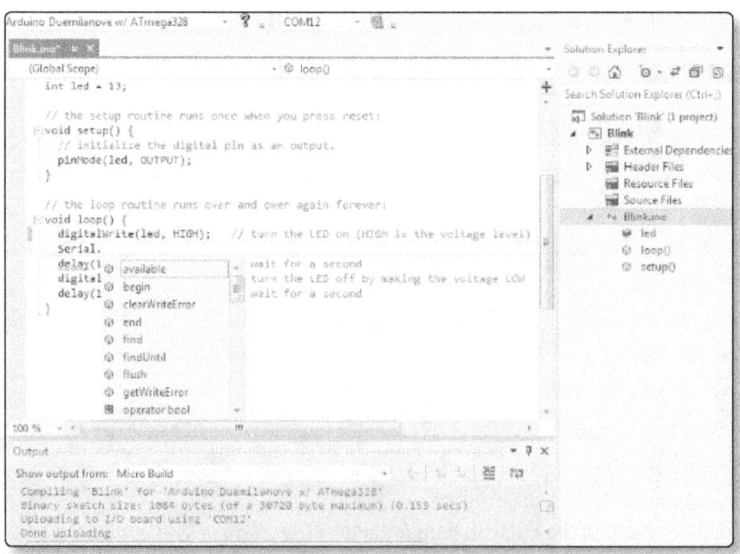

Figura 6.23. Editor de desarrollo Visual Studio para Arduino *(http://www.visualmicro.com/)*

Visual Micro es el plugin de Visual Studio que se utiliza para compilar los *sketches* de Arduino. Tiene características de pago que podrán ser utilizadas durante un tiempo de evaluación, y posteriormente se pasará a la versión gratuita sin estas características. Con la versión gratuita el programa cumple ampliamente con las posibilidades de desarrollo para nuestras primeras aplicaciones.

7

APLICACIONES CON ARDUINO. SENSORES Y ACTUADORES

7.1 SENSORES

Para comunicar la placa Arduino con el entorno y recibir datos de éste, se utilizan los sensores. Un **sensor** es un dispositivo diseñado para recibir información de una propiedad del exterior y transformarla en una magnitud o señal eléctrica. Normalmente, en la realización de estos dispositivos se utilizan componentes pasivos, como las resistencias variables, y componentes activos, como los transistores.

El **transductor**, sin embargo, sería el dispositivo que, englobando a un sensor, tiene la misión no sólo de ser sensible a una propiedad o variación de la propiedad física del exterior propia del sensor, sino también la de traducir o convertir esta propiedad física en otra distinta entendible por el sistema, normalmente eléctrica. La señal eléctrica se debe acondicionar (amplificar, eliminar ruido y linealizar) para adaptarla a las necesidades del equipo al que se va a conectar, en este caso la placa Arduino.

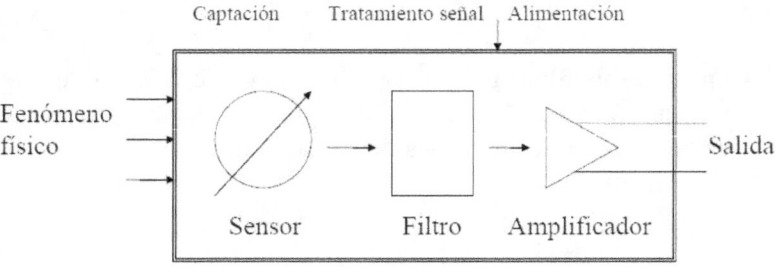

Figura 7.1. Estructura general de un transductor

Como ejemplo, la variación de la resistencia que se puede obtener en el caso de un sensor de temperatura sería posteriormente transformada a una tensión o intensidad que variaría según la temperatura, y estos datos pueden ser ya interpretados por el microcontrolador de la placa Arduino; por tanto, se puede realizar la programación para la visualización de este valor en pantalla y utilizar a partir de ahí toda la potencia de datos en el sistema electrónico.

7.1.1 Clasificación de los sensores

Los sensores se pueden clasificar según el **tipo de señal** de salida en:

- **Analógicos.** Ofrecen como salida un valor de tensión o corriente variable en forma continua dentro del campo de medida (normalmente comprenderá valores entre 0-10 mV o 4-20 mA. Ejemplos: sensores de temperatura, caudal y posición.

- **Digitales.** Muestran como salida una señal en forma de palabra digital compuesta de 0 y 1 (puede ser 0 o 5 V o 0 o 24 V, incluso un tren de pulsos). Ejemplos: sensores de presencia, final de carrera, etc.

- **Todo-nada.** Indican cuando una variable detectada rebasa un cierto umbral.

Según la **magnitud física** que se va a detectar, pueden ser resistivos, piezoeléctricos, termoeléctricos o electromagnéticos.

7.1.2 Características principales de los sensores

Para el empleo correcto de los sensores, su diseño y utilización se indican a continuación, a modo resumen, las principales características en las que se basa su operativa:

- **Campo de medida:** es el rango de valores de la magnitud de entrada comprendido entre el máximo y el mínimo detectables por el sensor, con cierta tolerancia de error considerado aceptable.

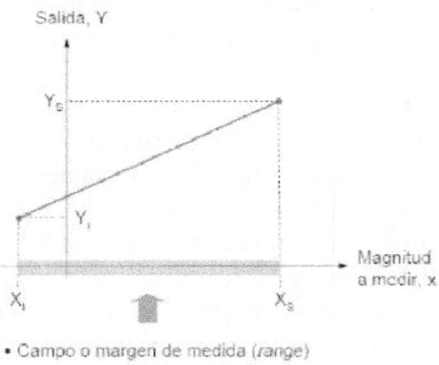

Figura 7.2. Gráfica del campo de medida de un sensor (*https://instrumentacionelectronica1.wordpress.com/2014/09/26/caracteristicas-estaticas/*)

▼ **Sensibilidad:** es la variación de la salida producida por una variación de entrada. Cuanto mayor sensibilidad tenga el sensor, más precisión.

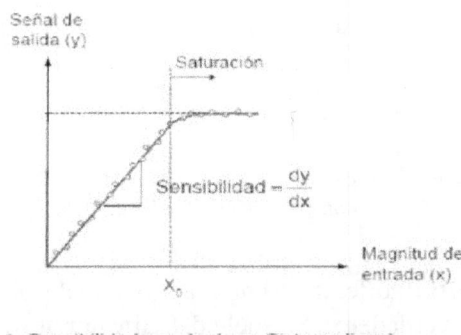

Figura 7.3. Gráfica de la sensibilidad de un sensor (*https://instrumentacionelectronica1.wordpress.com/2014/09/26/caracteristicas-estaticas/*)

▼ **Resolución:** es la mínima diferencia entre dos valores próximos que el sensor es capaz de detectar.

▼ **Linealidad:** es la cercanía de la curva característica a una recta especificada. Linealidad equivale a sensibilidad constante.

▼ **Saturación:** la saturación es un comportamiento no lineal del sensor, que normalmente se produce al principio y al final del rango de su trabajo.

▼ **Histéresis:** en ocasiones se puede producir **histéresis** en los materiales del sensor según su naturaleza. La histéresis es la tendencia de un material a conservar una de sus propiedades, en ausencia del estímulo que la ha generado. Esto crea diferencia entre los valores de salida correspondientes al mismo valor de entrada. En el caso físico de materiales ferromagnéticos, este fenómeno se puede utilizar positivamente para conservar información (en el caso de los discos duros). Sin embargo, hay que tener en cuenta este fenómeno a la hora de seleccionar el sensor adecuado según su comportamiento, ya que dicho comportamiento no sería útil para medir, por ejemplo, la temperatura de una forma rápida.

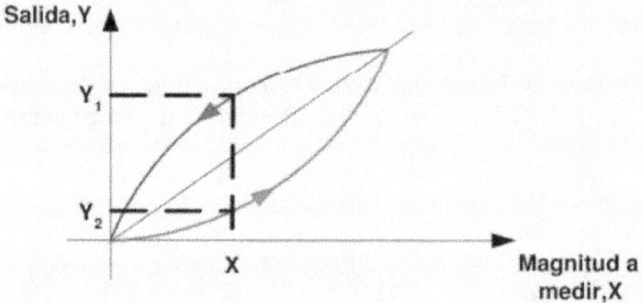

Figura 7.4. Gráfica de histéresis de un sensor (h*ttps://instrumentacionelectronica1. wordpress.com/2014/09/26/caracteristicas-estaticas/*)

▼ **Exactitud:** diferencia entre la salida real y el valor teórico de dicha salida (valor verdadero). Se suele dar en valor absoluto o relativo.

▼ **Precisión:** capacidad de obtener la misma salida cuando se realizan varias lecturas de la misma entrada y en las mismas condiciones.

▼ **Velocidad de respuesta:** capacidad para que la señal de salida siga sin retraso las variaciones de la señal de entrada.

▼ **Respuesta frecuencial:** relación entre la sensibilidad y la frecuencia cuando la entrada es una excitación senoidal.

▼ **Estabilidad:** desviación de salida del sensor al variar ciertos parámetros exteriores distintos del que se pretende medir.

7.1.3 Tipos de sensores

En el mercado se pueden encontrar muchos tipos de sensores o transductores y clasificaciones según el principio de funcionamiento (activos o pasivos), el tipo de señal de salida, el rango de valores de la salida, el nivel de integración, o el tipo de variable o propiedad que se esté midiendo y que nos ayudarán a comunicarnos con el medio.

A continuación, se muestran algunos de los tipos de sensores más habituales:

▼ **Transductores de posición:** su función es medir o detectar la posición de un determinado objeto en el espacio. Existen detectores de presencia o proximidad inductivos (realizados con bobinas o solenoides como base), capacitivos (realizados con condensadores) y ópticos. Así mismo, hay medidores de posición u orientación, como potenciómetros o *Encoders*. Para pequeñas posiciones e incluso deformaciones, se han desarrollado los LVDT (*Linear Variable Differential Transformer*, Transformador Diferencial Variable Lineal, dispositivo para la detección de posición que ofrece un voltaje de salida de CA proporcional al desplazamiento de sus bobinas), las galgas extensiométricas y los sensores piezoeléctricos.

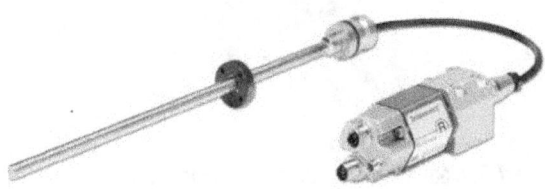

Figura 7.5. Sensor de posición lineal / sin contacto / magnetostrictivo analógico (MTS Sensor Technologie)

Los sensores de movimiento son uno de los más importantes en robótica, ya que ofrecen información sobre las evoluciones de las distintas partes que forman el *robot*, y de esta manera se puede controlar con un grado de precisión elevada su evolución en el entorno de trabajo.

▼ **Transductores de velocidad y aceleración:** en este campo se encuentran los tacogeneradores (dinamo), generadores de impulsos y acelerómetros basados en sensores piezoeléctricos y capacitivos.

▼ **Sensores para la medida de temperatura:** elaborados con termopares o termoresistencias. U otras medidas físicas, humedad, presión, etc.

▼ **Finales de carrera:** se pueden considerar detectores de proximidad o contacto. Normalmente se trata de interruptores de posición electromecánicos. Al ser un detector de contacto, para conteos se han de tener en cuenta los posibles rebotes de los contactos.

En general, en el mercado y para las aplicaciones Arduino, se pueden encontrar detectores de ultrasonidos, de caudal, viento, nivel, corriente, presión, fuerza, luz, temperatura, presencia, etc.

Figura 7.6. Módulo DHT11. Sensor de temperatura y humedad para Arduino

7.2 ACTUADORES

Los actuadores son elementos electrónicos que se conectan a la salida del microcontrolador y sobre los que éste realiza acciones, fundamentalmente de encendido o apagado. De una forma más general, se trata de un dispositivo que es capaz de transformar un tipo de energía (eléctrica, neumática o hidráulica) para la activación de un proceso físico determinado. Los más usuales son relés, motores DC, motores paso a paso (*steppers*), led, válvulas, servomotores, etc.

Figura 7.7. Actuadores electrónicos (*https://hangar.org/webnou/wp-content/uploads/2012/01/capsulab101.pdf*)

7.3 APLICACIONES PRÁCTICAS EN ARDUINO CON SENSORES Y ACTUADORES

Con el objetivo de dar una visión amplia en la utilización de Arduino y los diferentes sensores, salidas y entradas, digitales y analógicas, se muestran aquí algunos ejemplos comentados, con el objetivo de adquirir práctica en el desarrollo de proyectos con Arduino.

Para ver ejemplos de programación de cada una de las librerías y desarrollos más habituales para el aprendizaje, se pueden ver los ejemplos que el IDE de Arduino trae por defecto. Existen otros muchos ejemplos que pueden ser encontrados en la propia web de Arduino, así como en las cientos de diferentes páginas web y desarrolladores independientes del mundo Arduino. Como se verá, Arduino y sus aplicaciones son ilimitadas.

Se pretende aquí exponer y comentar ejemplos que permitan al lector comprender ordenadamente y de forma más profunda el desarrollo de este sistema. De esta manera, se estará preparado para abordar y diseñar posteriormente cualquier tipo de aplicación más compleja con Arduino. Estos ejemplos se desarrollan con la placa Arduino UNO, pero los conceptos son análogos a cualquier otra placa, conociendo y utilizando correctamente el *hardware* de cada una.

7.3.1 Aplicación con actuadores digitales. Secuencia de encendido de los LED

En el presente ejemplo se va a desarrollar una aplicación con la placa Arduino utilizando actuadores digitales. De esta forma se puede observar la interacción sencilla de la placa con diversos actuadores digitales. Los actuadores protagonistas serán los LED. El objetivo es programar una secuencia de encendido y apagado de los LED, utilizando los correspondientes pines digitales.

El ejemplo muestra la conexión de los LED a los pines digitales D4 a D10 junto con las resistencias de 220 Ω.

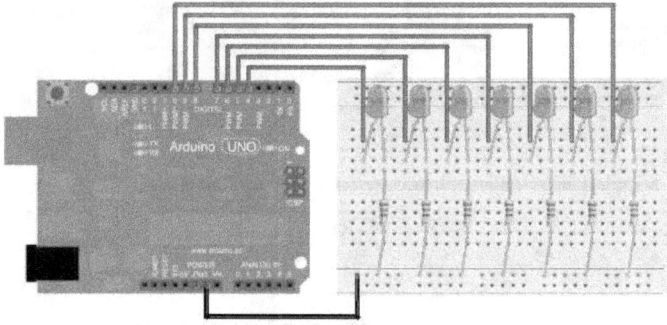

Figura 7.8. Esquema de la aplicación de la secuencia encendido de varios LED. (imagen creada con Fritzing.org)

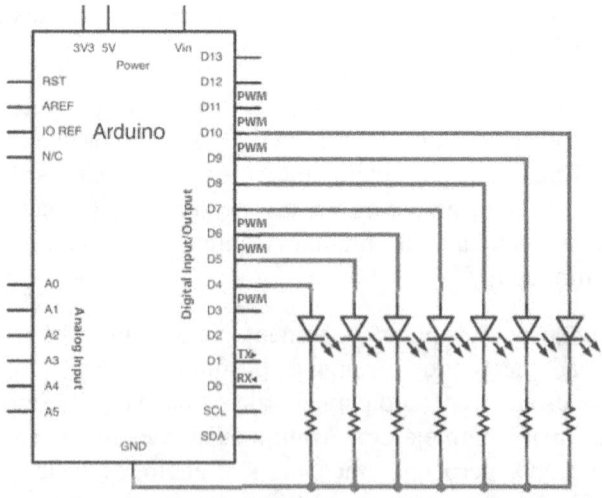

Figura 7.9. Diagrama de conexión de la aplicación secuencia encendido de LED. (imagen creada con Fritzing.org)

A continuación, se muestra el código con el que se programa el microcontrolador de Arduino.

```
/*
   Secuencia de encendido de led.
   En este ejemplo se enciende y apaga una secuencia de
led, uno después de otro
   */
   const int pausa = 600;    // El tiempo que permanece encendido cada led
   void setup() {
  // se inicializan los pines del 4 al 10, como OUTPUT, con un ciclo for
        for (int pinLed = 4; pinLed < 11; pinLed++)  {
              pinMode(pinLed, OUTPUT);
        }
     }
        void loop() {
  // se enciende y apaga en un loop desde el pin menor 4 al mayor 10
        for (int pinLed = 4; pinLed < 11; pinLed++) {
     // coloca el pinLed en HIGH, encendiendo el led
     digitalWrite(pinLed, HIGH);
     delay(pausa);
     // coloca el pinLed en LOW, apagando el led
     digitalWrite(pinLed, LOW);
     }
     delay(pausa);
     // ahora al contrario
     for (int pinLed = 10; pinLed > 3; pinLed--)   {
     // coloca el pinLed en HIGH, encendiendo el led
     digitalWrite(pinLed, HIGH);
     delay(pausa);
     // coloca el pinLed en LOW, apagando el led
     digitalWrite(pinLed, LOW);
   }
         delay(pausa);
     }
```

7.3.2 Aplicación con sensores digitales. Detección de la pulsación de un botón

En el presente ejemplo se va a desarrollar una aplicación utilizando sensores digitales. El protagonista será el botón de presión, más comúnmente utilizado en aplicaciones. Para advertir que la placa es consciente de la detección de la pulsación de un botón, se va a encender un led una vez está pulsado. En realidad es una aplicación realizada por dos circuitos. El circuito con actuador LED, ya utilizado, y el circuito con sensor digital, botón de presión. Desde el botón se obtendrán dos posibles valores o estados, uno de 5 V, cuando al pulsarlo se cierre el circuito, y uno de 0 V, si no está pulsado. En este ejemplo, se utilizará una resistencia *pull down* para garantizar que la función de lectura digital devuelva un LOW si el botón no está pulsado. Esta resistencia tendrá un valor de 10 KΩ y estará conectada al pin de tierra o GND de la placa Arduino.

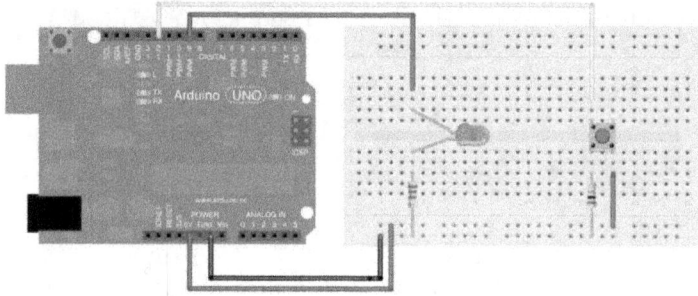

Figura 7.10. Esquema de la aplicación para la detección de la pulsación de un botón (imagen creada con Fritzing.org)

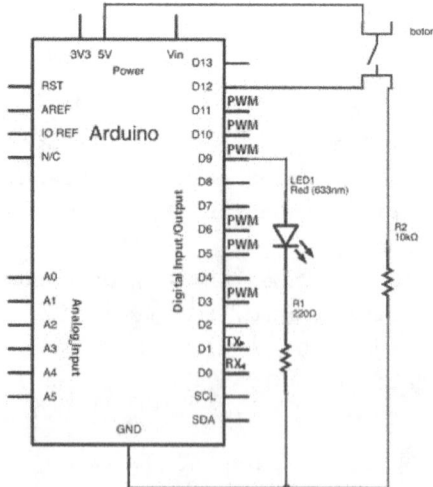

Figura 7.11. Diagrama de conexión de la aplicación para la detección de la pulsación de un botón (imagen creada con Fritzing.org)

```
/*
    Detección de un botón y posterior encendido de un led
    Se utiliza una resistencia de 10 KΩ desde el botón a GND
(pull down)
Para la obtención de un valor correcto LOW en caso de que no
esté pulsado
    */

    // Constantes para definir los pines del botón y del led
    const int pinBoton = 12;    // el número de pin del botón
    const int pinLed   = 9;     // el número de pin del led
    // variable para guardar el valor del sensor, el botón

    int estadoBoton = 0;

    void setup() {
      // Inicializa el pin del led como de salida
      pinMode(pinLed, OUTPUT);
      // Inicializa el pin del botón como de entrada
      pinMode(pinBoton, INPUT);
    }
    void loop(){
      // lee el valor del estado del botón y lo guarda en la
variable estadoBoton
        estadoBoton = digitalRead(pinBoton);
        // analiza el estado del botón con if
        if (estadoBoton == HIGH) {
            // si es HIGH, el botón está oprimido y enciende el
led
            digitalWrite(pinLed, HIGH);
        }
        else
        {
            // en otro caso es LOW, el botón no está pulsado y
apaga el led
            digitalWrite(pinLed, LOW);
        }
    }
```

En lugar de un botón, se puede utilizar como ejemplo un componente optointerruptor infrarrojo o un *reed switch* (interruptor eléctrico activado por un campo magnético) que devuelva un 0 o un 1 a la placa y con un código similar; el resultado sería el mismo.

7.3.3 Aplicación con sensores analógicos. Detección de un potenciómetro con Monitor Serial

Para analizar magnitudes analógicas del entorno y procesar esta información con la placa Arduino, es necesario convertir el dato analógico o continuo en un valor digital. Arduino hace este trabajo, y para ello se utilizan tensiones entre 0 y 5 V.

Arduino UNO dispone de 6 puertos analógicos de entrada, del A0 al A5. El propio microcontrolador dispone de un transductor que convierte la señal analógica en digital, convirtiéndola a un número entero y utilizando 10 bits de resolución. Es decir, que si se tiene a la entrada 0 V, corresponde al valor 0 (es decir, 0000000000). Si el valor de la entrada, por el contrario, fuese 5 V, se tendría el valor 1023 (es decir, 1111111111), por lo que si se reciben 2,5 V, sería 512 (es decir, 1000000000), ofreciendo así una resolución de 0,0049 V por unidad. Como ya se indicó, este valor de 5 V es posible modificarlo por un valor inferior utilizando el Pin AREF y la función **analogReference()**.

Para la lectura de un pin analógico se utiliza la función **analogRead(pin)**, devolviendo este valor entre 0 y 1023. Al ser pines de lectura, no es necesario utilizar **pinmode()** para declararlos como pines de lectura, ya que lo son por defecto. Estos pines también pueden ser utilizados como digitales, y emplear las mismas funciones a las que se recurren para los pines digitales. Con el fin de conocer los valores analógicos, se utiliza la comunicación y la biblioteca serial, mostrando dichos valores en pantalla.

Los sensores analógicos que se pueden utilizar aquí y de forma análoga son los dispositivos de resistencia variable, potenciómetros, fotorresistencias, sensores de temperatura, presión, etc.

Para el presente ejemplo, se conecta una de las patas del potenciómetro a la alimentación de 5 V de la placa, otra a GND o tierra y la pata central, donde se controla la resistencia que variará a un pin analógico. Es en este pin donde se miden los valores del voltaje según el valor del potenciómetro.

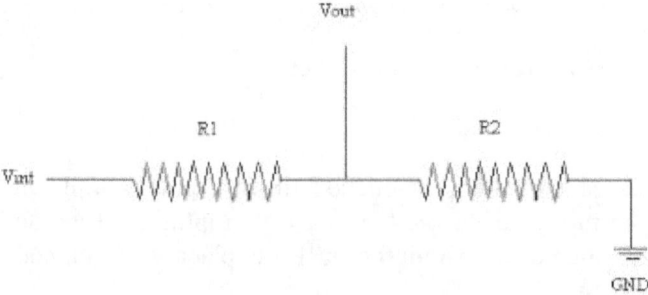

Figura 7.12. Esquema de un divisor de voltaje para la explicación de la conexión de un potenciómetro con tres patas

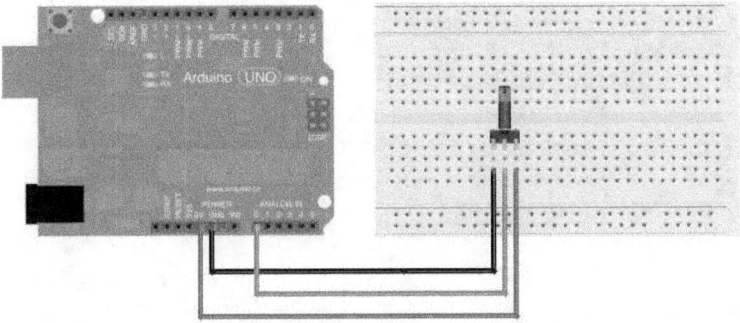

Figura 7.13. Esquema de la aplicación para la detección de un potenciómetro (imagen creada con Fritzing.org)

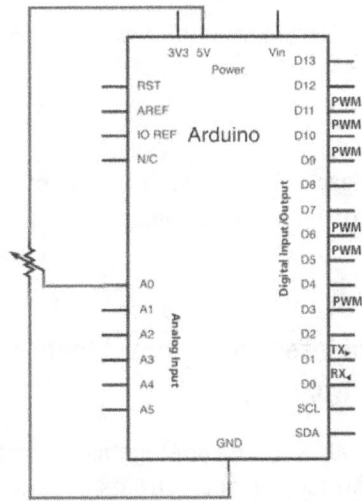

Figura 7.14. Diagrama de la aplicación para la detección de un potenciómetro (imagen creada con Fritzing.org)

```
/*
En este ejemplo se hace la lectura del valor proporcionado por un    potenciómetro
El valor leído se envía al ordenador utilizando la biblio-
teca    Serial

*/
const int pinSensor = A0;  // pin del sensor analógico, con
un              potenciómetro
```

```
    int valorAnalogico  = 0;   // variable para guardar el valor leído del           sensor
    void setup() {
      // Aunque no es necesario inicializa el pin del botón como de         entrada
        pinMode(pinSensor, INPUT);
      // Inicializa la comunicación serial
        Serial.begin(9600);
    }

    void loop(){
      // Lee el valor del sensor
        valorAnalogico = analogRead(pinSensor);
      //  envía el valor por el puerto serie
        Serial.print("Valor del sensor analogico = ");
        Serial.println(valorAnalogico);
      // Espera 1000 milisegundos para leer y enviar la siguiente         lectura del sensor
        delay(1000);
    }
```

De una forma análoga, se puede establecer el mismo ejemplo con un sensor de temperatura o una fotorresistencia, o cualquier otro sensor de comportamiento analógico similar.

7.3.4 Aplicación con actuadores analógicos. Efecto de fundido con un LED y zumbador piezoeléctrico

Para poder gestionar salidas analógicas y trabajar con los diferentes actuadores analógicos (como led, piezoeléctricos o motores) se utilizan las salidas PWM (*Pulse Width Modulation*), ya que la placa Arduino no dispone de salidas de comportamiento propiamente analógicas, al ser un dispositivo digital. Por lo que las salidas digitales de las que dispone Arduino hay que convertirlas si se desea un comportamiento lo más parecido al comportamiento de una salida analógica o continua. El valor de la salida será entre 0 y 5 V.

En Arduino UNO se dispone de 6 pines digitales que se pueden comportar como salidas analógicas, con función PWM (pines 3, 5, 6, 9, 10 y 11) y vienen marcados con el símbolo ~. Para la escritura de un valor de tensión determinado se utiliza la función **analogWrite(pin, valor)**. El dato *pin* será uno de los pines ya indicados y el dato *valor* será un número entero entre 0 y 255. El 0 equivale a 0 V, y el 255 equivale a 5 V.

El presente ejemplo muestra un efecto de fundido de un led. Para ello, la iluminación del led debe ser cada vez menor y esto se consigue descendiendo lentamente la tensión que se le proporciona al propio led. Para conseguir este efecto es necesario, por tanto, utilizar una salida analógica que pueda variar su valor según se desea.

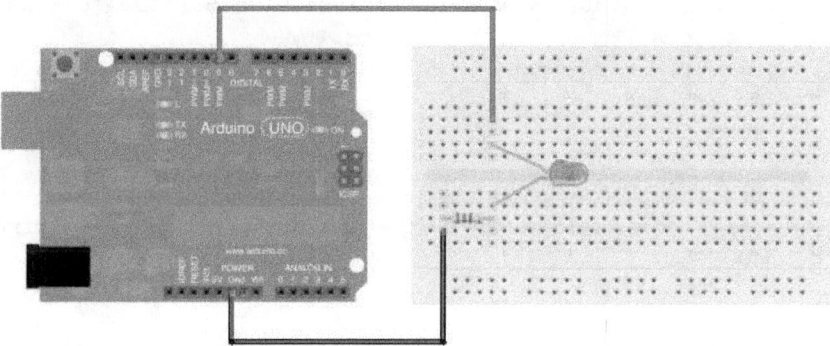

Figura 7.15. Esquema de la aplicación para el efecto de fundido de un led (imagen creada con Fritzing.org)

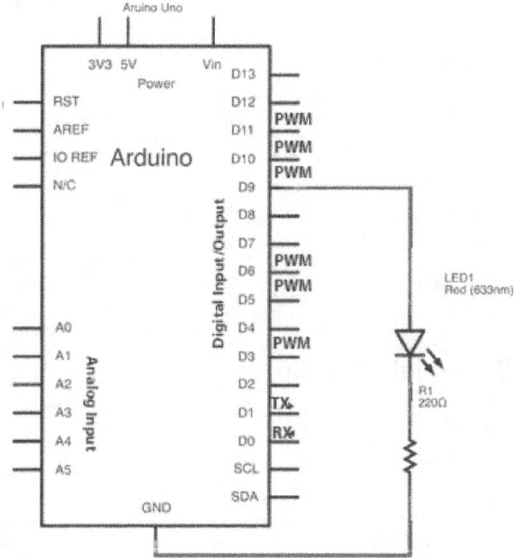

Figura 7.16. Diagrama de la aplicación para el efecto de fundido de un led (imagen creada con Fritzing.org)

```
/*
En este ejemplo se hace un fundido en el brillo de un led
utilizando un pin con PWM
*/
   // se declara la constante para el pin del led

   const int pinLed = 9;    // guarda el número del pin con el
led, pin con PWM                    on PWM
   const int incremento = 5;    // incremento/decremento en el
brillo del led
   const int pausa   = 20;  // tiempo entre cada incremento

   void setup() {
       // con analogWrite no es necesario definir los pines
como OUTPUT
    }
   void loop() {
       // se hace un ciclo for para el efecto fundido desde
el mínimo al máximo, sumando el incremento
       // los valores del brillo estarán en el rango de 0 a
255:
       for(int brillo = 0; brillo <= 255; brillo += incremen-
to) {
            analogWrite(pinLed, brillo);
            delay(pausa);
       }
       delay(pausa * 4);   // se espera un tiempo mayor para
empezar a apagarlo
       // Ahora se hace el ciclo for para el fundido al con-
trario
       for(int brillo = 255 ; brillo >= 0; brillo -= incre-
mento) {
```

analogWrite(pinLed, brillo);

delay(pausa);

}

delay(pausa * 4); // *se espera un tiempo para comenzar a encenderlo*

}

A continuación, se expone otro ejemplo, donde se va a generar sonido utilizando un **zumbador piezoeléctrico**. Este sonido es generado enviando señales eléctricas al piezoeléctrico de distintas frecuencias que lo harán vibrar de diferente forma y, por tanto, produciendo diversos sonidos.

La frecuencia de vibración se tomará del valor analógico que ofrece una fotorresistencia, convirtiéndose a una frecuencia audible por el oído humano. Estas frecuencias están en el rango de 20 a 20.000 Hz, pero aquí se utilizará un rango entre 120 a 500 Hz.

Para convertir los valores que se reciben de la fotorresistencia a los valores de frecuencias de trabajo se utilizará la función **map()**. Como la placa Arduino puede diferenciar 1.024 niveles o valores distintos (en este caso, intensidades de luz ambiental con la fotorresistencia), y los pines PWM digitales pueden graduarse entre 0 y 255, la función **map()** ayuda a realizar esta conversión. Se trata de introducir en la función los valores máximo y mínimo entre los que puede variar la entrada, así como el máximo y mínimo del rango de salida. Por tanto, para cada valor medido por la fotorresistencia, **map** devuelve el valor proporcional de salida (PWM).

La sintaxis de la función map se muestra a continuación:

map(valor que recibo, de mínimo, de máximo, a mínimo, a máximo)

También en el ejemplo se utilizará una función ya definida en Arduino llamada **tone()**, que permite generar señales cuadradas de una frecuencia que le especifiquemos:

tone(pin, frecuencia, duración)

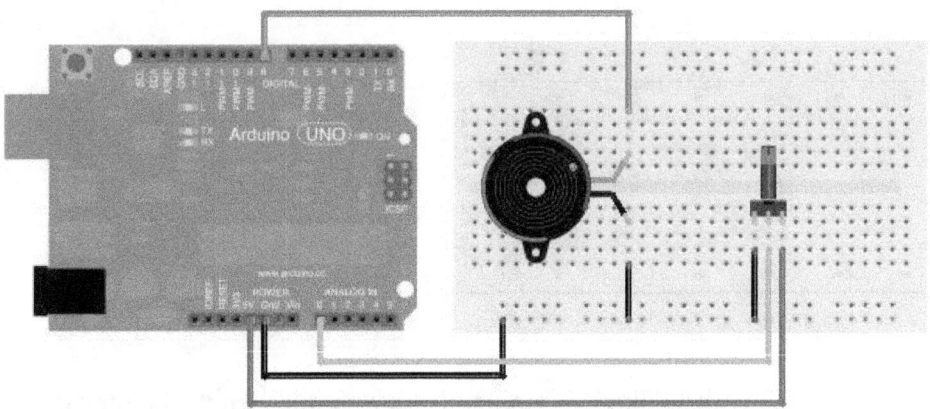

Figura 7.17. Esquema de conexión del zumbador (imagen creada con Fritzing.org)

```
/*
        En este proyecto se va a generar sonido en un piezoeléctrico
        a partir del voltaje que nos dé un circuito con una fotorresistencia
        y usando la función tone()
*/
// Declaramos las constantes

    const int pinSensor = A0;   // pin de conexión de la fotorresistencia
    const int pinPiezo  = 7;    // pin de conexión del piezoeléctrico
    // Declaramos las variables
    int valorSensor    = 0;    // variable para guardar el valor del sensor
    void setup() {
      pinMode(pinPiezo, OUTPUT);   // declaramos el pin del piezo de salida
      Serial.begin(9600);          // inicializamos la biblioteca serial
    }
    void loop() {
      valorSensor = analogRead(pinSensor);   // leemos el valor del sensor
      int frecuencia = map(valorSensor, 0, 1023, 120, 1500);   // lo ajustamos a  los valores de las frecuencias que usaremos
      Serial.print("Valor del Sensor = ");
      Serial.print(valorSensor);
      Serial.print("   Frecuencia = ");
      Serial.println(frecuencia);

      tone(pinPiezo, frecuencia, 20);   // usamos tone() para generar el sonido
      delay(10);   // dejamos pasar un breve tiempo entre nota y nota
    }
```

7.3.5 Aplicación para el movimiento de un servomotor y control motor DC

En el presente ejemplo se muestra la forma de utilizar el movimiento de un servomotor. Los servomotores permiten controlar la posición o ángulo del eje del motor, lo que posibilita una gran cantidad de aplicaciones en el mundo real.

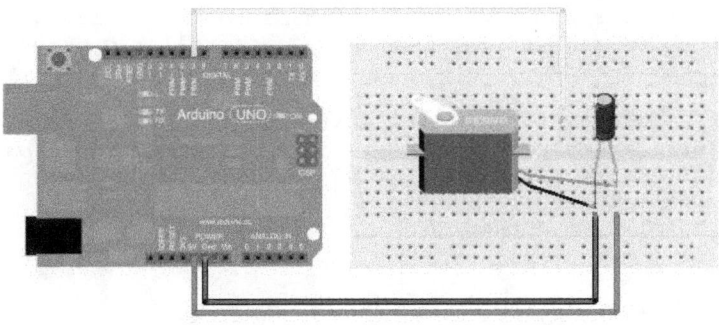

Figura 7.18. Esquema de conexión de un servomotor (imagen creada con Fritzing.org)

El servomotor que se presenta es de 5 V. Se hace recomendable utilizar un condensador entre las dos patas de alimentación del servo; de esta forma, las caídas de tensión producidas por los picos de intensidad del arranque del motor serán más suaves.

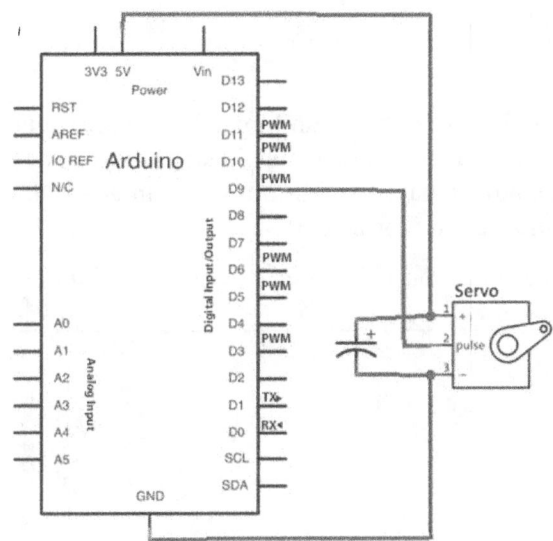

Figura 7.19. Diagrama de conexión de un servomotor (imagen creada con Fritzing.org)

Arduino dispone de una librería Servo para el control de los servomotores. Para ello se incorpora la librería en el programa que se esté desarrollando y se crea un objeto Servo. La colocación del servo en el lugar deseado se desarrollará con la función **write()**. En el presente ejemplo, se gira de 0 a 180 grados y luego al contrario.

```
/*
    En este proyecto se rota un servo de 0 a 180 grados y
después en sentido inverso. Para desarrollarlo se utiliza la
biblioteca Servo
*/
    #include <Servo.h>      // se incluye la biblioteca Servo
    Servo miservo;          // se crea un objeto servo para con-
trolar el motor
    void setup() {
        miservo.attach(9);   // enlaza el servo al pin 9
    }

    void loop() {
        for(int angulo = 0; angulo < 180; angulo += 1) { // un
ciclo para mover el servo entre los 0 y los 180 grados
            miservo.write(angulo);  // envía al servo la posición
            delay(15); // espera unos milisegundos para que el
servo llegue a su posición
        }
        for(int angulo = 180; angulo >= 1; angulo -= 1)   { //
un ciclo para mover el servo entre los 180 y los 0 grados
            miservo.write(angulo);  // envía al servo la posición
            delay(15); // espera unos milisegundos para que el ser-
vo llegue a su posición
        }
    }
```

En el caso de desear controlar un motor DC, en ocasiones la corriente que puede requerirse para que el motor pueda funcionar es mayor que la que proporcione el puerto USB. Por tanto, se hace necesario utilizar un adaptador adicional para la tarjeta y, tal vez, alimentarla de forma externa.

El circuito de conexión del motor a la placa Arduino más utilizado es el siguiente:

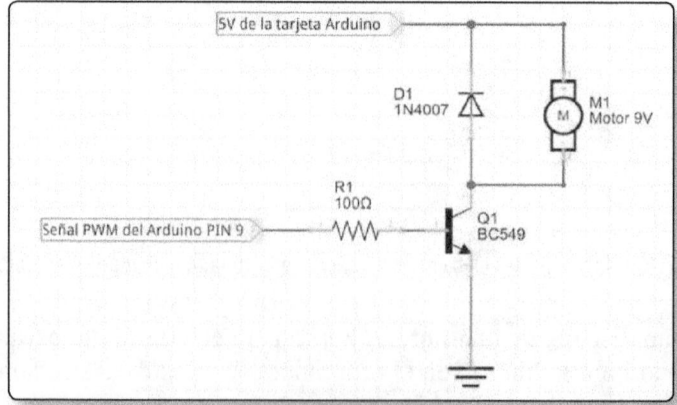

Figura 7.20. Circuito de conexión de alimentación motor DC a la placa Arduino (imagen creada con Fritzing.org)

Este circuito permite controlar la corriente que pasa a través del motor aplicando una señal **PWM**. A medida que varía el ancho de pulso del pin 9 de la tarjeta, la corriente de la base del transistor variará, por lo que la corriente que fluye desde el emisor hacia el colector consigue ser controlada por el **PWM** haciendo que la velocidad del motor aumente o disminuya en consecuencia. El diodo ofrece la protección del transistor de la contracorriente. Este circuito es utilizado en general para accionar, además de los motores, relés, lámparas o cualquier elemento que necesite más alimentación.

El ejemplo del código para controlar el motor a través de la corriente suministrada al transistor según el valor recibido de un potenciómetro sería:

```
int pinPotenciometro = 0; // se conecta al potenciómetro la Analógica 0.

int pinTransistor = 11; // se conecta a la base del transistor.

int ValorPotenciometro = 0; // será el valor devuelto desde el pot.

Void setup() {
  pinMode (pinTransistor, OUTPUT); // se configura el pin del transistor como salida;
}

void loop(){
  ValorPotenciometro = analogRead(PinPotenciometro)/4; // lectura de un potenciómetro y convertido a 0-255
  analogWrite(pinTransistor, ValorPotenciometro); // control del transistor
}
```

7.3.6 Aplicación Display de siete segmentos

Un *Display* de siete segmentos es, en realidad, un conjunto de led situados de tal forma que pueden crear la imagen del número, del 0 al 9, que se desee. El proceso para desarrollar una aplicación con un *Display* es análogo a como se ha comentado con siete led.

A continuación, se muestran los diferentes led que hay nombrados con las letras (a, b, c, d, e, f, g). Para tratar con cada uno, el led dispone de las patillas correspondientes, de tal forma que dando tensión a la patilla g se encenderá el LED g. Por ejemplo, si se desea poner un tres, se tendrán que activar los led g, a, b, c y d.

-gfedcba	Display
00111111	0
00000110	1
01011011	2
01001111	3
01100110	4
01101101	5
01111101	6
00000111	7
01111111	8
01100111	9
01110111	A
01111100	b
00111001	C
01011110	d
01111001	E
01110001	F

Figura 7.21. Disposición de los led de un Display de siete segmentos

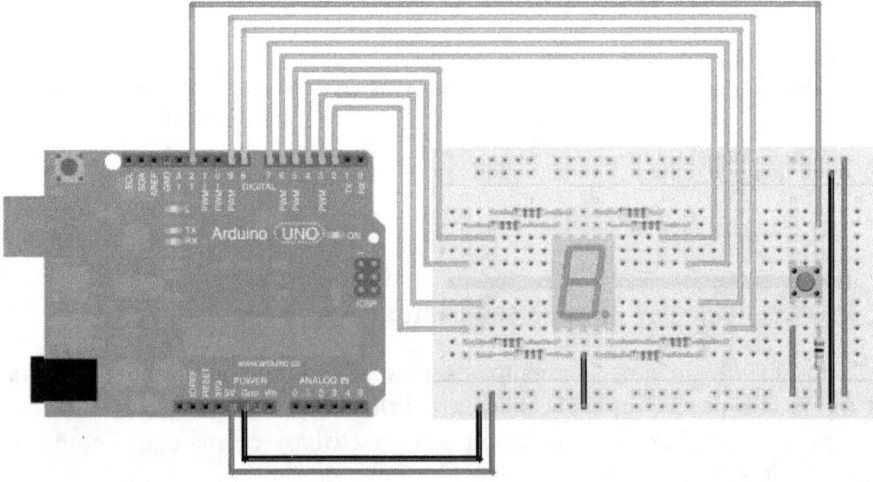

Figura 7.22. Ejemplo de conexión del Display de siete segmentos con Arduino UNO (imagen creada con Fritzing.org)

El presente código utiliza, al igual que con los *led*, la función **digitalWrite()** para encender los led del *Display*.

```
/*
    En el presente ejemplo, se va a mostrar el funcionamien-
to de un Display de siete segmentos.
*/
// Primero se desarrolla la matriz con los números abcde-
fgp (donde p sería el punto).

  const byte numeros[11] = {B11111100, // 0
                            B01100000, // 1
                            B11011010, // 2
                            B11110010, // 3
                            B01100110, // 4
                            B10110110, // 5
                            B00111110, // 6
                            B11100000, // 7
                            B11111110, // 8
                            B11100110, // 9
                            B00000001  // P
                           };

    // Una matriz con los pines del Display
                          //p g f e d c b a
      const int pines[] = {9,4,5,2,3,8,7,6};

  void setup() {
    // Para definir los pines de salida
     for(int i=0; i < 8; i++){
          pinMode(pines[i], OUTPUT);
       }
     Serial.begin(9600);
  }

  void loop() {
    for (int i=0; i <= 10; i++) {
        muestraNumero(i);
        delay(1000);
    }
    for (int i=10; i > 0; i--) {
        muestraNumero(i);
        delay(1000);
    }
  }

// Aquí se crea la función **muestraNumero**:
```

```
void muestraNumero (int numero) {
    boolean encendido;
    for(int segmento = 0; segmento < 8; segmento++) {
        encendido = bitRead(numeros[numero], segmento);
        digitalWrite( pines[segmento], encendido);
    }
}
```

7.4 COMUNICACIÓN CON LA PLACA ARDUINO

El puerto serie de Arduino, como ya se ha comentado en varias ocasiones, permite transmitir y recibir datos de otros dispositivos, como un ordenador u otro microcontrolador. El puerto Arduino utiliza un *buffer* de 64 *bytes*.

Para realizar la conexión mediante puerto serie únicamente es necesario conectar la placa Arduino, empleando el mismo interface que utilizamos para programarlo. A continuación, se ejecuta el IDE Standard de Arduino y se clica con el ratón sobre el botón **«Monitor Serial»**, como se indica en la imagen.

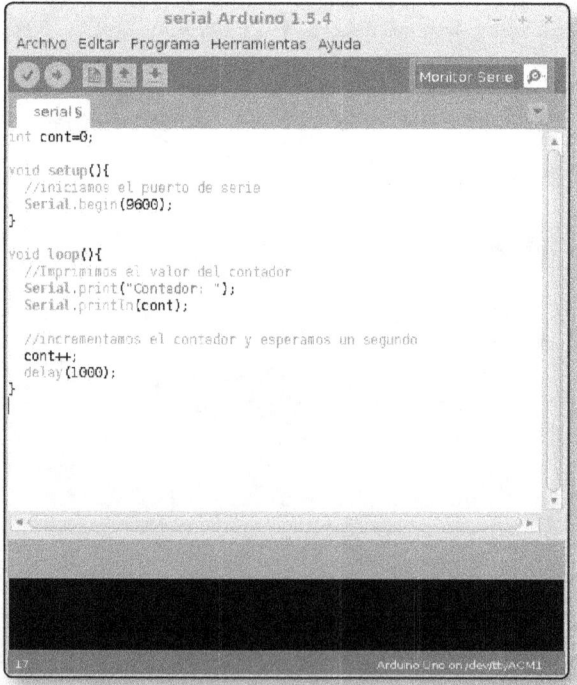

Figura 7.23. Programa ejemplo para la utilización del Monitor Serial de Arduino

También se puede acceder desde el menú herramientas:

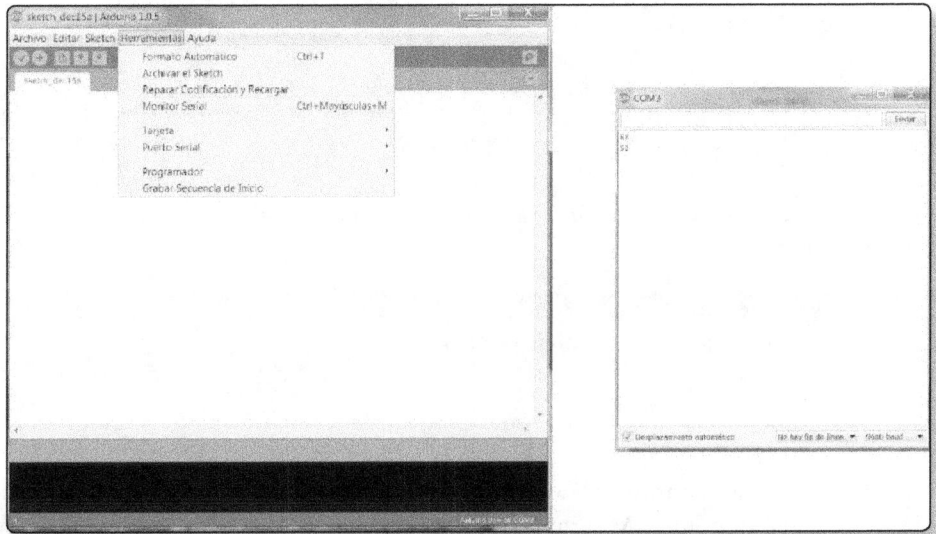

Figura 7.24. Monitor Serial de Arduino

Para enviar un número al *Monitor Serial* (que podría ser un dato de algún sensor de temperatura, por ejemplo), y se desea mostrar en la pantalla, se ofrece el siguiente ejemplo, que utiliza la función ***serial.begin(9600)***.

```
void setup()
{
Serial.begin (9600);
}

void loop()
{
Serial.println(72, DEC); // para que imprima "25" le in-
dicamos que se desea imprimir en formato Decimal (DEC)
}
```

Para el resto de formatos sería HEX(Hexadecimal), OCT (Octal), BIN (Binario).

Si se escribiese la función serial.write(72), saldría por pantalla H, que representa el carácter ASCII del valor "72". Puede ver en el Apéndice los valores de la tabla de códigos ASCII.

Para recibir datos del PC se utiliza la función **serial.read ()**, como se muestra en el siguiente ejemplo.

```
void setup()
  {
  Serial.begin (9600);
  }
void loop()
  {
  if(Serial.available()>0) //comprueba si en el buffer hay datos
    {
    int dato=Serial.read();  // lee cada carácter uno por uno y se almacena en    una variable
    Serial.println(dato);  // imprime el carácter recibido
    }
  }
```

En este caso, se mostrará como carácter decimal cada dato recibido. Si se enviase una palabra como «Monitor», para que aparezca ésta en pantalla, en lugar de los caracteres decimales se utilizaría la función **serial.write(dato)** en lugar de *println*. Otra forma de conseguir este propósito es utilizar el tipo de variable *char* en lugar de entero (*int*).

7.4.1 Uso en Arduino del bus I2C

Otra de las ventajas de Arduino comentadas es que trabaja también con el *bus* de comunicaciones en serie I2C. En el bus I2C cada dispositivo tiene una dirección de 7 bits, por lo que es posible comunicarse hasta con 127 dispositivos.

En el mercado existen varios dispositivos de sensores y actuadores que se pueden comunicar a través de I2C. La ventaja es que sólo con dos líneas se pueden conectar varios dispositivos, ya que cada uno tiene su dirección.

Para la utilización del bus I2C, se emplea la librería Wire. Esta librería viene incluida en el IDE Arduino, y te permite comunicar con dispositivos I2C/TWI. En la mayoría de las placas Arduino, SDA (línea de datos) está en el pin analógico 4, y SCL (línea de reloj) está en el pin analógico 5. En Arduino Mega, SDA está en el pin digital 20 y SCL en el 21.

Capítulo 7. **APLICACIONES CON ARDUINO. SENSORES Y ACTUADORES** 189

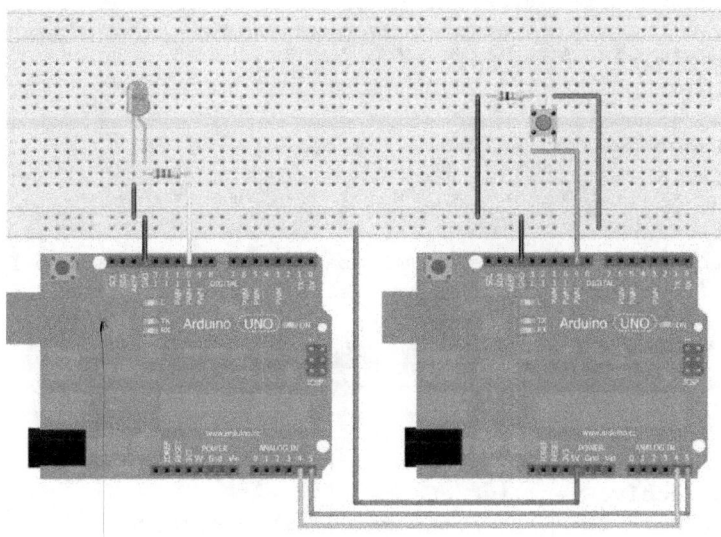

Figura 7.25. Ejemplo de conexión de dos placas Arduino UNO a través de I2C (imagen creada con Fritzing.org)

Como ejemplo del uso del bus I2C y la librería Wire, se muestra una conexión de dos placas, de tal forma que al pulsar un botón en una de ellas, se encienda el LED de la otra, como se muestra en la figura. Ambas placas se han de programar de la siguiente manera:

```
// Programa Arduino Master:
#include <Wire.h> // se incluye la librería I2C
  int estado=0;
  int boton=9;
void setup() {
  Wire.begin(); // se comienza con la comunicación I2C del
máster
}
void loop()
{
estado=digitalRead(botón); // se comprueba si el botón está
pulsado
if (estado==1){ // si el botón es igual a 1
Wire.betinTransmission(4); // se comienza la transmisión con
el dispositivo 4
Wire.write(1); // se escribe un 1 al dispositivo
Wire.endTransmission(); // final de la transmisión
}

  else {
```

```
  Wire.beginTransmission(4);
  Wire.write(1); // en otro caso se escribe un 2 al dispositivo
  Wire.endTransmission(); //
}

// Programa Arduino para el Esclavo:
#include <Wire.h>
  int led=10;
void setup() {
  Wire.begin(4); // se comienza con la comunicación I2C con
la dirección 4 (dispositivo esclavo)
Wire.onReceive(receiveEvent); // irá a la función re-
ceiveEvent cuando entre el dato
}
void loop()
{
}
Void receiveEvent(int cuenta) {
int x=Wire.read(); // se lee el dato recibido
switch() {
  case 1:
  digitalWrite(led, HIGH); // se encendería el LED
  break;
  case 2:
  digitalWrite(led, LOW); // apagaría el Led
  break:
  }
}
```

7.4.2 Uso en Arduino del bus SPI

El uso del SPI en Arduino es relativamente sencillo. A continuación, se muestra el código ejemplo que permite enviar dos *bytes* (0x33 y 0xF0) por SPI. Así mismo, se muestra cómo configurar la velocidad del SPI.

Como en el caso del bus I2C, en un primer paso se importa la librería del SPI mediante #include <SPI.h>. En la parte del programa de *setup* hay que iniciar y configurar el bus SPI, con **SPI.begin()** y además definir el pin SS como salida.

Finalmente, mediante la función **SPI.transfer** se envía el **byte** que queremos. Éste es el código resultante:

```
// programa para el envío por SPI de dos bytes:

#include <SPI.h> // se incluye la librería SPI
  const int slaveSelectPin = 10;
```

```
void setup()[
  SPI.begin();
  pinMode(slaveSelectPin, OUTPUT);
}

void loop(){
  SPI.transfer(0x33);
  SPI.transfer(0xFF);
  delay (200);
}
```

7.5 REGISTROS DE DESPLAZAMIENTO

A continuación, se muestra un ejemplo de aplicación usual para aumentar los pines de la placa de Arduino. Arduino posee muchísimas aplicaciones y librerías que proporcionan diferentes soluciones y funciones predefinidas para utilizar adecuadamente según las aplicaciones que de ella se esperan. En ocasiones es deseable obtener más pines para utilizar en la placa Arduino. Para este cometido se propone una solución que se reduce a utilizar un **registro de desplazamiento** de entrada serie y salida en paralelo. Normalmente, uno de los dispositivos integrados que se utiliza para tal fin es el 74HC595.

El circuito integrado 74HC595 se define como un registro de desplazamiento de 8 bits. Por tanto, puede utilizarse para controlar 8 salidas de forma simultánea, utilizando sólo unos pocos pines de Arduino.

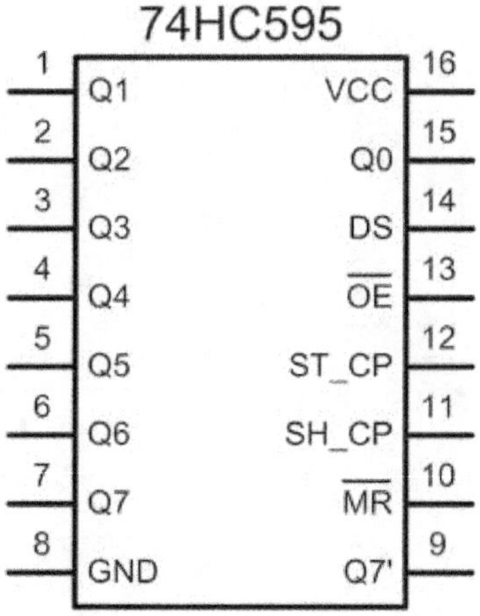

Figura 7.26. Esquema de pines del circuito integrado 74HC595

Para utilizar este dispositivo se necesitan al menos tres pines de comunicación serial: Datos (DS), Reloj (SH_CP) y *Latch* o almacenamiento (ST_ST). Los pines MR y OE ponen en cero todas las salidas de la comunicación serial (*Mater Reset*).

En Arduino existe la función *shiftOut* de Advanced I/O como una extensión de la librería SPI, donde se pueden utilizar los pines dedicados para esta función.

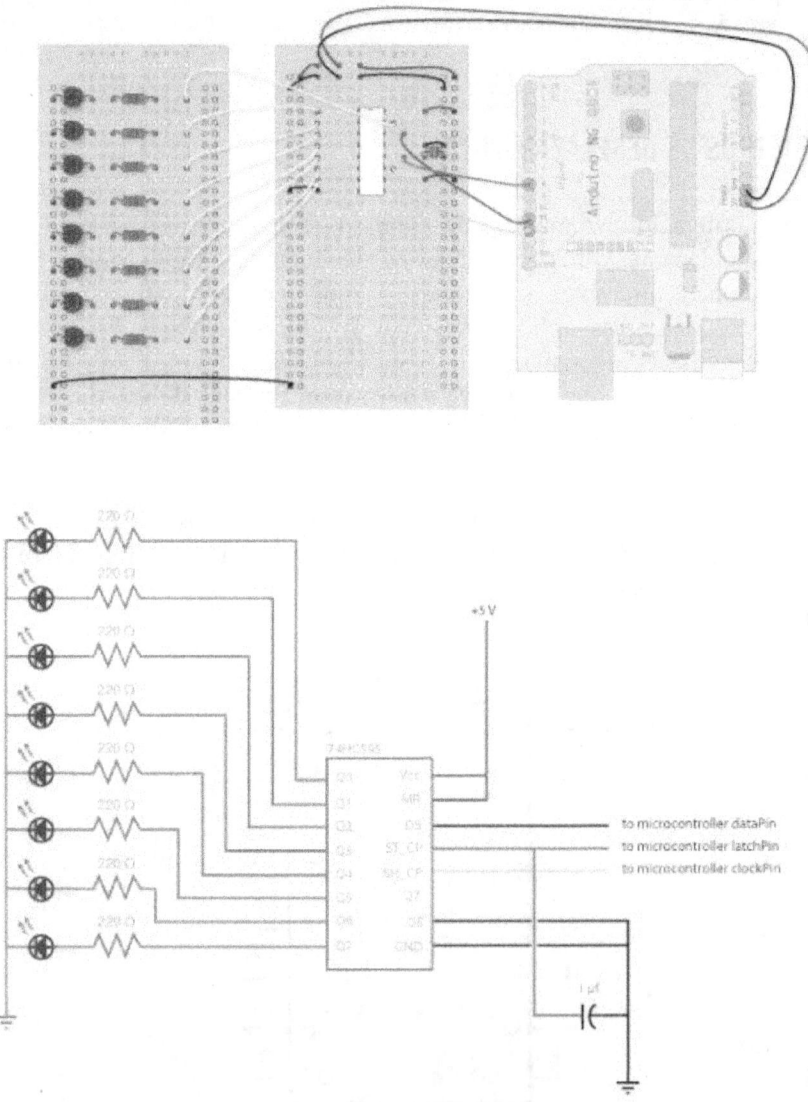

Figura 7.27. Esquema ejemplo de conexión del registro de desplazamiento 74HC595 para el encendido de varios LED (*https://www.arduino.cc/en/Tutorial/ShiftOut*)

Con el registro de desplazamiento en este caso, se utilizarían 3 pines (1 para la salida serie de datos, 1 para la señal de reloj y otro para habilitar la entrada de datos). Se podrán conseguir 8 salidas con un solo circuito integrado. Así mismo, con los tres pines de Arduino sería posible acceder a 16 salidas, pero utilizando dos circuitos integrados de registro de desplazamiento como el comentado.

A continuación, se adjunta el programa de Arduino para este uso, que se puede encontrar en *https://www.arduino.cc/en/Tutorial/ShftOut21*.

```
/**************************************************************//
// Name    : shiftOutCode, Dual Binary Counters         //
// Author  : Carlyn Maw, Tom Igoe                       //
// Date    : 25 Oct, 2006                               //
// Version : 1.0                                        //
// Notes   : Code for using a 74HC595 Shift Register    //
//         : to count from 0 to 255                     //
//**************************************************************//

//Pin connected to ST_CP of 74HC595
int latchPin = 8;
//Pin connected to SH_CP of 74HC595
int clockPin = 12;
////Pin connected to DS of 74HC595
int dataPin = 11;


void setup() {
  //Start Serial for debuging purposes
  Serial.begin(9600);
  //set pins to output because they are addressed in the main loop
  pinMode(latchPin, OUTPUT);

}

void loop() {
  //count up routine
  for (int j = 0; j < 256; j++) {
    //ground latchPin and hold low for as long as you are transmitting
    digitalWrite(latchPin, 0);
    //count up on GREEN LEDs
    shiftOut(dataPin, clockPin, j);
    //count down on RED LEDs
    shiftOut(dataPin, clockPin, 255-j);
    //return the latch pin high to signal chip that it
```

```
    //no longer needs to listen for information
    digitalWrite(latchPin, 1);
    delay(1000);
  }
}

void shiftOut(int myDataPin, int myClockPin, byte myDataOut) {
  //This shifts 8 bits out MSB first,
  //on the rising edge of the clock,
  //clock idles low

..//internal function setup
  int i=0;
  int pinState;
  pinMode(myClockPin, OUTPUT);
  pinMode(myDataPin, OUTPUT);

. //clear everything out just in case to
. //prepare shift register for bit shifting
  digitalWrite(myDataPin, 0);
  digitalWrite(myClockPin, 0);

  //for each bit in the byte myDataOut
  //NOTICE THAT WE ARE COUNTING DOWN in our for loop
  //This means that %00000001 or "1" will go through such
  //that it will be pin Q0 that lights.
  for (i=7; i>=0; i--) {
    digitalWrite(myClockPin, 0);

    //if the value passed to myDataOut and a bitmask result
    //true then... so if we are at i=6 and our value is
    //%11010100 it would the code compares it to %01000000
    //and proceeds to set pinState to 1.
    if ( myDataOut & (1<<i) ) {
      pinState= 1;
    }
    else {
      pinState= 0;
    }

    //Sets the pin to HIGH or LOW depending on pinState
    digitalWrite(myDataPin, pinState);
    //register shifts bits on upstroke of clock pin
    digitalWrite(myClockPin, 1);
    //zero the data pin after shift to prevent bleed through
```

```
    digitalWrite(myDataPin, 0);
  }

  //stop shifting
  digitalWrite(myClockPin, 0);
}
```

7.6 PUERTOS Y REGISTROS

Arduino dispone de tres puertos, como se muestra en la figura.

Figura 7.28. Puertos en Arduino

Cada puerto es controlado por tres registros, los cuales también están definidos como variables en el lenguaje de Arduino.

- ▶ El registro **DDR** determina si el pin es una entrada o una salida.
- ▶ El registro **PORT** controla si el pin está en nivel alto o en nivel bajo.
- ▶ El registro **PIN** permite leer el estado de un pin que se ha configurado con entrada usando la función pinMode().

Los registros DDR y PORT pueden ser escritos y leídos. El registro PIN corresponde al estado de las entradas, así que sólo puede ser leído.

A continuación, se resume la actividad de mapeo de cada puerto.

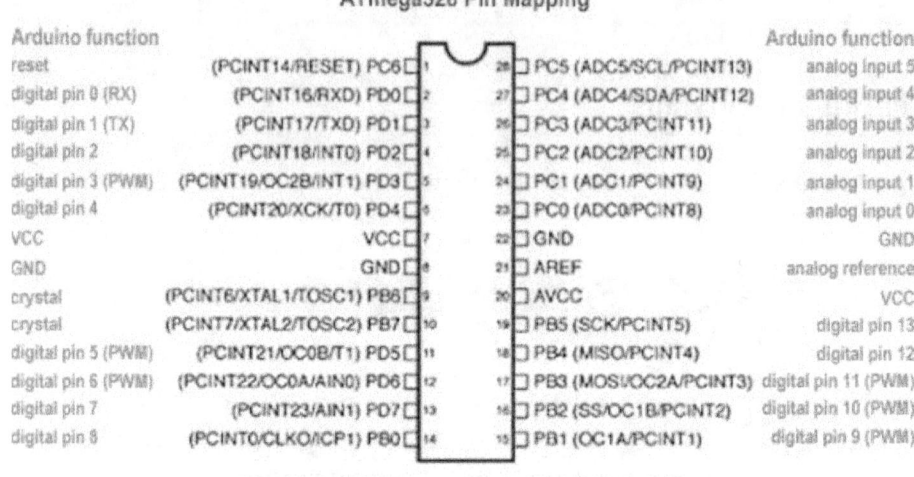

Figura 7.29. Mapeo de los números de pines de Arduino a los puertos y bits

El **PORTB** mapea los pines digitales del 8 al 13. Los bits altos (6 y 7) están mapeados a los pines del cristal de cuarzo y no pueden ser usados. Éstos sólo son accesibles en el Arduino Mini.

- ▼ DDRB – Registro de configuración del puerto B – lectura/escritura
- ▼ PORTB – Registro de datos del puerto B – lectura/escritura
- ▼ PINB – Registro de pines de entrada del puerto B – sólo lectura

El **PORTC** mapea los pines de entrada analógica del 0 al 5.

- ▼ DDRC – Registro de configuración del puerto B – lectura/escritura
- ▼ PORTC – Registro de datos del puerto C – lectura/escritura
- ▼ PINC – Registro de pines de entrada del puerto C – sólo lectura

El **PORTD** mapea los pines digitales del 0 al 7.

- ▼ DDRD – Registro de configuración del puerto D – lectura/escritura
- ▼ PORTD – Registro de datos del puerto D – lectura/escritura
- ▼ PIND – Registro de pines de entrada – sólo lectura

En la declaración de un pin, de forma habitual, se desarrolla el siguiente código:

```
void setup(){
  Serial.begin(9600);
  pinMode(2,INPUT);
  pinMode(3,OUTPUT);
}
```

Al utilizar Registros PORT (Puerto) se tiene la ventaja de que sólo con una instrucción se puede declarar el pin como entrada o salida y también escribir como estado HIGH o LOW, lo que puede reducir la cantidad de código en estos casos.

Como ejemplo de utilización de los puertos, se muestra a continuación el código de programación para realizar una secuenciación de encendido de *led*, luego sólo *led* impares y apagado utilizando código reducido mediante registros.

```
int contador=0; // se declara la variable interna como contador

void setup(){
  DDRD= B11111100; // se utiliza D porque es del 0 al 7 y B porque es binario

  /* Aquí se observa la ventaja de hacer más corto el código,
  ya que si no, habría que escribir:
  pinMode(2,OUTPUT);
  pinMode(3,OUTPUT);
  pinMode(4,OUTPUT);
  pinMode(5,OUTPUT);
  pinMode(6,OUTPUT);
  pinMode(7,OUTPUT); */

}

void loop(){
  for (contador=0; contador <3; contador ++){
    switch(contador){
      case 0:
      PORTD= B11111111;// aquí se encienden todos los led
      delay(3000);
      case 1:
      PORTD= B10101010;// aquí se encienden sólo los impares
      delay(3000);
      case 2:
```

```
        PORTD= B00000000;// aquí los apagaremos todos
        delay(3000);
    }
  }
}
```

7.7 INTERRUPCIONES

Arduino dispone de interrupciones para detectar un evento y, en consecuencia, realizar un acto que se tenga programado. Para ello se dispone de una serie de pines a los que se puede asociar un trozo de código, de modo que si el pin que se está observando cambia de estado a otro previamente establecido se ejecute dicho trozo de código.

A este proceso se le llama interrupción, ya que Arduino procesará su programa central, pero en paralelo estará analizando constantemente el valor del pin que se le indique.

Las interrupciones, por tanto, permiten la detección en forma asíncrona de eventos con independencia del código central que se esté ejecutando. Como ejemplos, pueden ser aplicados para detección de cambios en un pulsador, analizar cuándo se ha terminado de gestionar la memoria EEPROM o Flash, para la detección de presencia de una persona en una habitación, como despertador, etc.

Placa Arduino	Pin Digital De Cada Tipo Interrupción					
	Interrupción 0	Interrupción 1	Interrupción 2	Interrupción 3	Interrupción 4	Interrupción 5
UNO	2	3	-	-	-	-
DUE*	-	-	-	-	-	-
Leonardo	3	2	0	1	7	-
Mega	2	3	21	20	19	18
Micro	0	1	2	3	-	-
Mini	-	-	-	-	-	-
Nano	2	3	-	-	-	-
Ethernet	2	3	-	-	-	-
Esplora	-	-	-	-	-	-
Bluetooth	2	3	-	-	-	-
Fio	2	3	-	-	-	-
Pro Mini	22	3	-	-	-	-
Lilypad	-	-	-	-	-	-

*La placa DUE permite establecer interrupciones en cualquier pin poniendo el nombre del mismo

Tabla 7.1. Tabla de los pines de interrupción en Arduino

A continuación, se resumen las formas de activar las diferentes interrupciones:

- **LOW:** activación de la interrupción cuando el valor del voltaje es bajo o de 0 V.
- **CHANGE:** interrupción activada cuando el pin cambia de valor.
- **RISING**: interrupción activada cuando el pin pasa de LOW a HIGH.
- **FALLING:** contrario al RISING, se activa cuando pasa de HIGH a LOW.
- **HIGH:** funciona de forma contraria al LOW.

Para activar una interrupción se utiliza:

attachInterrupt (interrupt, ISR, mode), donde *interrup* es el número de la interrupción, *ISR* es la función que se programe para su ejecución cuando suceda la interrupción y *mode* es una de las condiciones indicadas anteriormente (LOW, CHANGE, RISING, FALLING, HIGH).

Como ejemplo: attachInterrupt(0, función, RISING)

Cuando se está dentro de una interrupción, todas las demás son ignoradas y la función milis() y micros() se congelan.

Otras instrucciones relativas a interrupciones son:

- **noInterrupts()**, desactiva la ejecución de interrupciones hasta que se le indique.
- **Interrupts()**, reinicia las interrupciones definidas con attachInterrupt().
- **detachInterrupt(numInterrupt)**, anula la interrupción indicada.

A continuación, se muestra un código de ejemplo de utilización de interrupciones en un programa:

```
// Ejemplo de utilización de interrupción. Se declara una va-
riable asociada al pin en el que se va a conectar un LED.

int LED = 2;

// Se declara una variable volátil que cambiará de estado en el
// módulo de interrupción.
// Si la variable no se utilizase fuera del módulo de la in-
```

```
terrupción
// no sería necesario crearla de tipo volátil.
volatile int estado_actual = LOW;

// Aquí se crea la función que se ejecutará cada vez que se active la
// interrupción. Esta función es de tipo void (por lo que no devuelve
// ningún valor) y no tiene parámetros de entrada.
void cambio_estado()
{
 // Se cambia al estado contrario al actual, es decir, de LOW se pasa
 // a HIGH y de HIGH a LOW.
  estado_actual = !estado_actual;
}

void setup()
{
  // Aquí se declara el pin digital correspondiente al LED como salida.
  pinMode(LED, OUTPUT);

 // Se determina la interrupción 0 (el pin asociado al pulsador
 // será el 2 en caso de tratarse de un Arduino UNO o similar) a la que
 // se asocia la función cambio_estado que se activará al
 // presionar el pulsador (por tratarse del modo FALLING).
  attachInterrupt(0, cambio_estado, FALLING);
}

void loop()
{
  // Se escribe el valor actual del LED.
  digitalWrite(LED, estado_actual);
}
```

7.8 APLICACIONES CON LAS LIBRERÍAS DEL IDE DE ARDUINO

Tal y como se ha indicado al principio del capítulo, en el IDE de Arduino se pueden encontrar diferentes programas para el aprovechamiento de las posibilidades que ofrecen las diferentes librerías de Arduino.

Para ello, ir al Menú Archivo>Ejemplos>Ejemplos desde librerías (*Examples from Libraries*).

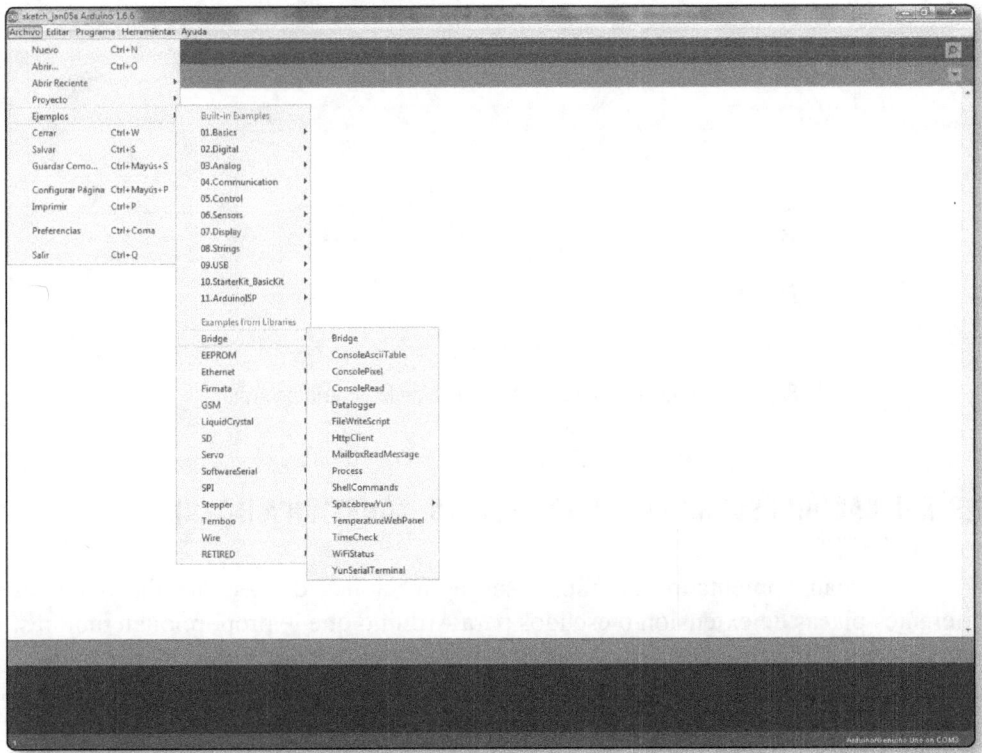

Figura 7.30. Menú de ejemplos con librerías en el IDE de Arduino

Seleccionando el ejemplo Servo>Knob, se obtendría el siguiente código. De esta forma, se puede seleccionar, reutilizar y adaptar para los diseños que nos proponemos cualquier ejemplo que viene integrado ya en la IDE de Arduino.

```
Knob
/*
 Controlling a servo position using a potentiometer (variable resistor)
 by Michal Rinott <http://people.interaction-ivrea.it/m.rinott>

 modified on 8 Nov 2013
 by Scott Fitzgerald
 http://www.arduino.cc/en/Tutorial/Knob
*/

#include <Servo.h>

Servo myservo;  // create servo object to control a servo

int potpin = 0;  // analog pin used to connect the potentiometer
int val;    // variable to read the value from the analog pin

void setup() {
  myservo.attach(9);  // attaches the servo on pin 9 to the servo object
}

void loop() {
  val = analogRead(potpin);            // reads the value of the potentiometer (value between 0 and 1023)
  val = map(val, 0, 1023, 0, 180);     // scale it to use it with the servo (value between 0 and 180)
  myservo.write(val);                  // sets the servo position according to the scaled value
  delay(15);                           // waits for the servo to get there
}
```

Figura 7.31. Ejemplo de programa Knob de la librería de Arduino

7.9 APLICACIÓN ESCUDO ETHERNET ARDUINO. CONEXIÓN A INTERNET

Se han comentado las numerosas aplicaciones de las que disponen las diferentes placas de extensión o escudos para Arduino que le proporcionan mejoras. Para su aplicación, es necesario conocer el conexionado con la placa y el uso de la librería que corresponda, que normalmente ofrecerá las funciones para trabajar con ello.

La conectividad al mundo de Internet es un tema muy amplio y complejo. Podría hacer falta otro libro para abordar todas las posibilidades, así como de aplicaciones en general con escudos.

Lo que aquí se presenta es el análisis de un caso práctico para iniciarse en el campo de redes y comunicación, así como el uso de un escudo Ethernet para esta aplicación tan interesante, la conexión a Internet y desarrollar aplicaciones para el «Internet de las cosas».

7.9.1 Conceptos de redes

Gracias a las redes, los ordenadores y dispositivos pueden conectarse y comunicarse entre ellos, compartir información y realizar procesos de forma conjunta.

Para conseguir tal objetivo, es necesario que se cree un **enlace físico** (que puede ser un cable, fibra óptica o incluso a través de ondas en este caso), al igual que existe para la alimentación de tensión con un cable. En este caso, el intercambio no es de potencia o tensión, sino de información, por ello es posible hacerlo también a través de ondas. También es necesario un **protocolo de comunicación** que permita el entendimiento de los dispositivos.

A continuación, se muestran algunos conceptos de redes más usados y de aplicación para Arduino:

- **Host:** se denomina *host* a cualquier ordenador o elemento conectado a la Red con una dirección definida. Se puede distinguir entre *host* locales y remotos.

- **Dirección IP:** el protocolo IP (*Internet Protocol*) es una dirección única que identifica cada uno de los dispositivos conectados a Internet. Una dirección IP consta de cuatro números, entre 0 y 255, separados por puntos, por ejemplo: 158.43.2.123. Se podría establecer una similitud con los números de teléfono para hablar con otras personas.

- **Servidor de nombres de dominio (DNS):** para la conexión existe otra alternativa más sencilla de memorizar y que permite la situación geográfica, pertenencia o propósito del ordenador, etc. Se trata del Nombre de Dominio o DNS (*Domain Name System*). Las DNS es un sistema por el que se asignan nombres a los ordenadores a través de una estructura jerárquica. Están formados por palabras separados por puntos. Por ejemplo, cuando se escribe www.google.com, un servidor DNS consultará una tabla que le informa de la dirección IP asociada con la URL indicada de Google.

- **NAT:** al comienzo, Internet no se pensó que fuese a ser tan extenso. Por esta razón, se reservaron sólo 32 bits para direccionamiento (4.294.967.296 direcciones únicas). Pero el número de máquinas conectadas a Internet aumentó exponencialmente, y las direcciones IP se agotaban. Para ello, se crea la NAT (*Network Address Translation*, Traducción de Direcciones de Red). En realidad, se trata de hacer que redes locales utilicen un rango de direcciones especiales (IP privadas), y la conexión se establezca con una dirección única IP a través de un *router*. Al conectar la placa Arduino a una red más grande, se utilizará una forma de NAT.

▼ **Dirección MAC:** son las siglas de (*Media Access Control*), y se refieren al control de acceso al medio físico, es decir, MAC es una dirección física o dirección *hardware*, ya que identifica físicamente a un elemento del *hardware*. Por ejemplo, una tarjeta *Ethernet* tiene en su memoria este dato como dirección MAC formada por 48 bits que se suelen representar mediante dígitos hexadecimales agrupados en seis parejas, por ejemplo: F0:E1:D2:C3:B4:A5. La mitad de los bits de la dirección MAC se utilizan para identificar al fabricante del dispositivo, y los demás para diferenciar cada uno de ellos.

Dentro de los protocolos para transferencia de los datos en Internet se encuentra el protocolo **HTTP** (*Hypertext Transfer Protocol*, Protocolo de Transferencia de Hipertexto), utilizado fundamentalmente en los navegadores. Entre otras misiones, el protocolo indica cómo se mostrará la información de la página web, así como si esta solicitud se ha recibido con éxito. Así mismo, se encuentra el protocolo DHCP (*Dynamic Host Configuration Protocol*, Protocolo de Configuración de Host Dinámico), que permite que un dispositivo conectado en red pueda obtener su configuración en forma dinámica. El protocolo DHCP se utiliza principalmente para distribuir direcciones IP en una red. Por ejemplo, cuando se conecta un dispositivo a una red Wi-Fi, puede ser realizado a través de un *router* con una solicitud DHCP que permitirá a éste asignarnos de manera dinámica una dirección IP que esté disponible. Para manejar Arduino en estas conexiones sería necesario conocer la dirección IP que haya sido asignada.

Dentro de las conexiones, un dispositivo puede hacer de cliente que recibe información solicitada o de servidor. Un servidor es un dispositivo que está al servicio de otros (los clientes) suministrándoles todo tipo de información. La información transmitida puede ser: archivos de texto, vídeo, audio, imágenes, correos electrónicos, aplicaciones y programas, consultas a una base de datos, etc. Dentro de la terminología de servidores existen los **servidores** *proxy*, que consiste en un ordenador o programa que hace de intermediario entre dos dispositivos y que suele ser muy utilizado en seguridad de redes, ya que al servidor *proxy* se le puede dejar sin datos, sirviendo sólo de intermediación y detección de virus u otros elementos que pueden alterar al ordenador o dispositivo que se desea proteger. También existen los servidores de DNS, servidores Web, FTP (*File Transfer Protocol*, Protocolo de Transferencia de Archivos) y de correo electrónico (POP 3 y SMTP), así como servidores de Internet DHCP y TCP/IP.

7.9.2 Conexión de Arduino a Internet

En esta ocasión, se mostrará una conexión de la placa Arduino a Internet utilizando para ello el escudo (*shield*) Ethernet, al que se le asignará una dirección IP una vez conectado a Internet. Este dato es importante, ya que luego hay que introducirla en el programa o *sketch* de Arduino (si esta IP es dinámica, hay que tenerlo en cuenta).

Lo primero es realizar la conexión de la *shield* de Ethernet a Arduino, tal y como se muestra en la Figura 7.32, y el escudo a un *router* (mediante un cable RJ-45) de forma análoga a como se conecta un ordenador.

Figura 7.32. Shield Ethernet conectada a Arduino *(http://www.naylampmechatronics.com/blog/27_Tutorial-Ethernet-Shield-y-Arduino.html)*

Mediante la biblioteca Ethernet integrada, se puede conectar automáticamente la placa Arduino a la Red y servir una página web, así como controlar algunos pines desde allí.

Se va a conectar Arduino a Internet y descargar una página web. Para ello, hay que buscar, en primer lugar, la dirección IP. Si es a través de un *router*, como ya se indicó, probablemente exista un servidor DHCP que nos ofrecía esta dirección IP al arrancar.

Importamos las librerías Ethernet y SPI y definimos una dirección MAC. Después se crea una instancia de cliente Ethernet de la siguiente manera:

```
#include <SPI.h>
#include<Ethernet.h>
// Hay que configurar la dirección MAC que debería estar en
una etiqueta; en caso contrario, invéntesela o utilice ésta:
  byte mac[]={0x00, 0xAA, 0xBB, 0xCC, 0xDE, 0x02};
  EthernetClient client;
void setup() {
  serial.begin(9600);
}
```

El programa, a continuación, imprimirá la dirección IP. Si no se suministra una dirección IP propia, al iniciar la Ethernet, intentará conseguir una dirección mediante DHCP automáticamente, devolviendo 1 si lo consigue o 0 en caso contrario.

```
if (Ethernet.begin(mac)==0)
  {
  serial.println("No se puede configurar la Ethernet por DHCP");
  while (true;);
}
serial.print ("La dirección IP es: ");
for (byte B=0; B<4; B++)
  {
  serial.print (Ethernet.loalIP()[B], DEC);
  serial.print (".");
}
serial.println();
```

Para el resto de código, el propio IDE incluye un ejemplo muy práctico de acceso a Google. A continuación, se muestra una copia del ejemplo Ethernet\WebClient:

```
/*
  Web client
 This sketch connects to a website (http://www.google.com)
 using an Arduino Wiznet Ethernet shield.
 Circuit:
 * Ethernet shield attached to pins 10, 11, 12, 13
 created 18 Dec 2009
 by David A. Mellis
 modified 9 Apr 2012
 by Tom Igoe, based on work by Adrian McEwen
 */

#include <SPI.h>
#include <Ethernet.h>

// Enter a MAC address for your controller below.
// Newer Ethernet shields have a MAC address printed on a
```

```
sticker on the shield
byte mac[] = { 0xDE, 0xAD, 0xBE, 0xEF, 0xFE, 0xED };
// if you don't want to use DNS (and reduce your sketch size)
// use the numeric IP instead of the name for the server:
//IPAddress server(74,125,232,128);   // numeric IP for Google
(no DNS)
char server[] = "www.google.com";     // name address for Goo-
gle (using DNS)

// Set the static IP address to use if the DHCP fails to as-
sign
IPAddress ip(192, 168, 0, 177);

// Initialize the Ethernet client library
// with the IP address and port of the server
// that you want to connect to (port 80 is default for HTTP):
EthernetClient client;

void setup() {
  // Open serial communications and wait for port to open:
  Serial.begin(9600);
  while (!Serial) {
    ; // wait for serial port to connect. Needed for native
USB port only
  }

  // start the Ethernet connection:
  if (Ethernet.begin(mac) == 0) {
    Serial.println("Failed to configure Ethernet using
DHCP");
    // try to congifure using IP address instead of DHCP:
    Ethernet.begin(mac, ip);
  }
  // give the Ethernet shield a second to initialize:
  delay(1000);
  Serial.println("connecting...");

  // if you get a connection, report back via serial:
  if (client.connect(server, 80)) {
    Serial.println("connected");
    // Make a HTTP request:
    client.println("GET /search?q=arduino HTTP/1.1");
    client.println("Host: www.google.com");
    client.println("Connection: close");
    client.println();
  } else {
    // if you didn't get a connection to the server:
    Serial.println("connection failed");
  }
```

```
}
void loop() {
  // if there are incoming bytes available
  // from the server, read them and print them:
  if (client.available()) {
    char c = client.read();
    Serial.print(c);
  }

  // if the server's disconnected, stop the client:
  if (!client.connected()) {
    Serial.println();
    Serial.println("disconnecting.");
    client.stop();

    // do nothing forevermore:
    while (true);
  }
}
```

7.10 ARDUINO EN LA INDUSTRIA

Las aplicaciones industriales con Arduino exigen otro tipo de características, donde la estabilidad, potencia, servicio de soporte y otras características de tipo técnico entran en juego.

En la actualidad hay desarrollados productos que integran Arduino para trabajar en este entorno. Arduino también puede funcionar como un controlador lógico programable, conectándole las interfaces adecuadas para las entradas y salidas (E/S). El **PLC** (*Program Logic Controller*, Controlador Lógico Programable) es un dispositivo básico en el mundo de la automatización industrial. Al fin y al cabo, Arduino es una especie de controlador programable universal, y se ha desarrollado para aplicaciones generales con un poco de *hardware* externo. Se puede consultar la siguiente página web: *http://www.open-electronics.org/arduino-as-a-programmable-logic-controller-plc/*, donde se encontrará un tutorial sobre el desarrollo de Arduino como PLC.

Existe también **Industruino** (*https://industruino.com/*) como proyecto de *hardware* abierto para la industria. Industruino es una modificación libre del Proyecto Arduino que busca ofrecer lo mejor de Arduino para el campo de la industria, incorporando entre otras modificaciones un *display* LCD y varios conectores de tornillo externos.

Los creadores de Industruino son Loic y Ainura, dos diseñadores de productos belgas. Las placas Industruino tienen un precio de entre 50 y 100 euros, dependiendo de si se desea más o menos componentes.

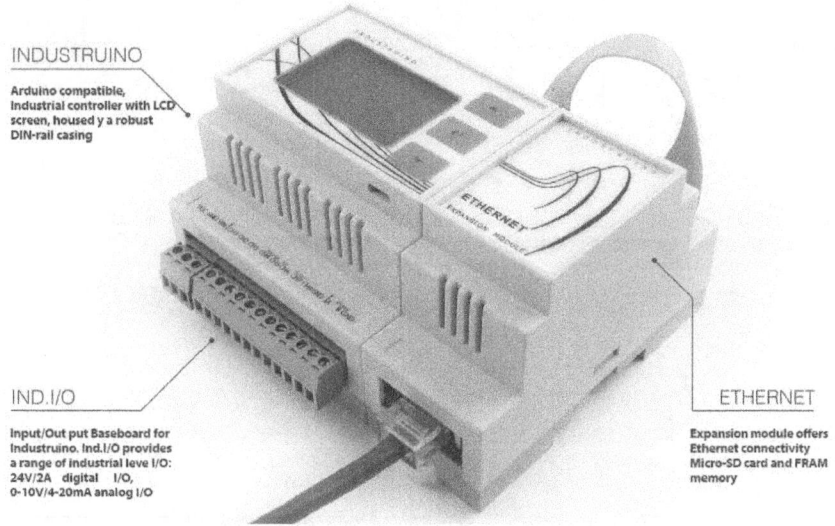

Figura 7.33. Industruino. Dispositivo de aplicación de Arduino en la industria (*https://industruino.com/*)

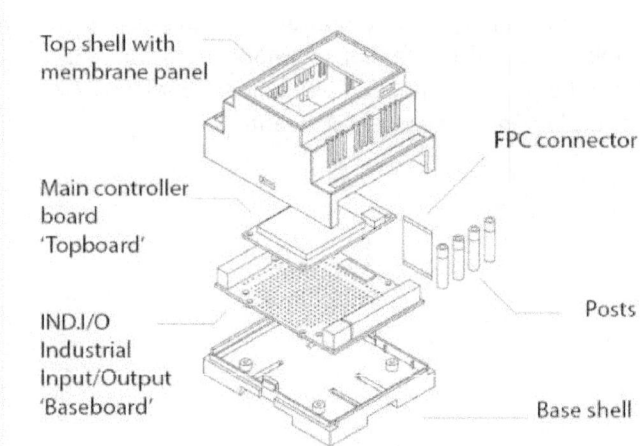

Figura 7.34. Diagrama de ensamblaje de Industruino (*https://industruino.com/*)

La compañía **Industrialshields** (*http://www.industrialshields.com*) también ha desarrollado productos basados en Arduino para la industria.

Figura 7.35. PLC Arduino ARDBOX 20 I/Os Analog (*http://www.industrialshields.com*)

ARDBOX 20 I/Os Analog es un autómata programable basado en Arduino que dispone de 20 entradas/salidas digitales, de las cuales 9 analógicas/digitales son configurables por *software* y 7 salidas configurables con *jumpers*. Esta familia ofrece la posibilidad de que dos equipos se comuniquen mediante I2C. A través del puerto USB se puede saber desde el ordenador el estado de todos los parámetros, datos, entradas y salidas del equipo. Se pueden analizar las características de este módulo y sus aplicaciones en la página web del fabricante.

8

HERRAMIENTAS DE SIMULACIÓN ELECTRÓNICA CON ARDUINO

8.1 INICIACIÓN A LA SIMULACIÓN ELECTRÓNICA

La simulación de circuitos, tal y como se conoce hoy día mediante el uso de computadoras potentes como las actuales, tiene su origen en 1975 con uno de los primeros simuladores (SPICE) desarrollado por Donald Pederson en la Universidad de California en Berkeley. En aquel momento, la simulación consistía en una lista de sentencias que describían el circuito y las conexiones. Posteriormente, las herramientas fueron desarrollando sistemas de *interfaz* que permitían al usuario el desarrollo de los circuitos de una forma visual, rápida y más intuitiva.

En la actualidad hay desarrollados una gran cantidad de programas que permiten diseñar y simular circuitos complejos, potentes y mixtos, y que disponen de componentes como microcontroladores o microchips interaccionando con circuitos analógicos. Herramientas de medidas y análisis de frecuencia en tiempo real y de ejecución. El avance con Internet también ha permitido que algunas herramientas sean desarrolladas en conexión con bases de datos, y actualizar así componentes para el desarrollo y simulación *on-line*.

8.2 PROGRAMAS PARA LA SIMULACIÓN DE CIRCUITOS

Existen muchos programas para el desarrollo, diseño, simulación y creación de prototipos de circuitos eléctricos y electrónicos en el mercado. Algunos de ellos con licencia pública y otros con licencias de pago, pero que disponen de *software* de evaluación o limitados donde se pueden desarrollar una gran cantidad de circuitos a nivel de prueba, evaluación o docencia.

A continuación, se citan algunos de los programas más extendidos:

▼ **MultiSim** (*http://www.ni.com/multisim/esa/*), que pertenece a *National Instruments* y que adquiere otro *software* de simulación, **Electronics Workbench**, en 2005, constituyendo el *National Instruments Electronics Workbench Group* como un entorno de simulación SPICE estándar en la industria. Según sus autores, es el principio básico de la solución para la enseñanza de circuitos con el fin de construir experiencia a través de la aplicación práctica del diseño, generación de prototipos y pruebas de circuitos eléctricos.

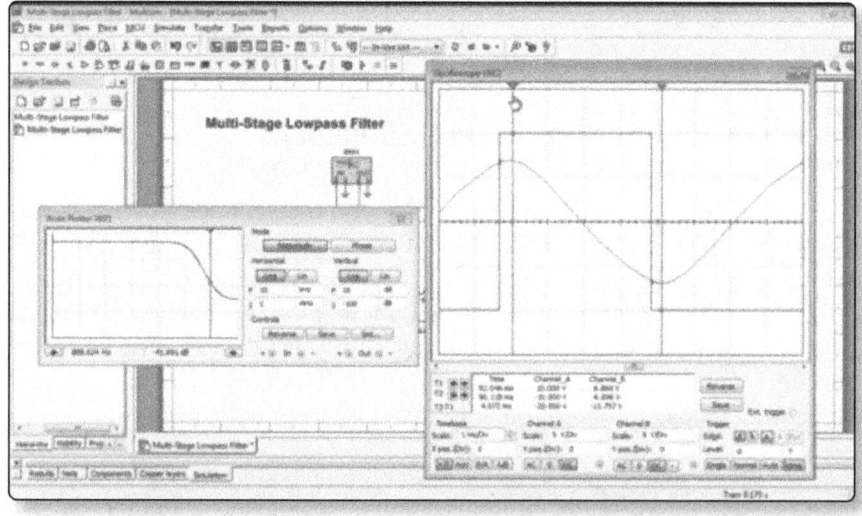

Figura 8.1. Imagen de la interface de usuario de MultiSim (*http://www.ni.com/multisim/whatis/esa/*)

Esta herramienta de diseño y simulación de circuitos fue diseñada pensando en las necesidades de educadores y estudiantes, además de cumplir ampliamente con los requerimientos de los ingenieros y diseñadores a nivel profesional. Cuenta con nuevas características técnicas, como puntas de prueba industriales, intercambio de datos con instrumentos virtuales y reales, corrector de errores y sugerencias de cambios sobre el circuito, así como simulación integrada con microcontroladores.

▼ **SIMetrix** (*http://www.simetrix.co.uk/*) es un *software* para la simulación electrónica, donde los resultados de las simulaciones pueden ser acumulados en la misma hoja de gráficos, lo que permite comparar con un golpe de vista todas las variaciones que hayamos hecho de un circuito.

SIMetrix es un *software* muy intuitivo que puede importar librerías de otros programas sólo con indicarle la ruta, lo que permite añadir nuevos modelos *Spice* con facilidad.

La versión de demostración está limitado a unos 140 nodos, permitiendo visualizar muchos de los circuitos para el aprendizaje y el conocimiento de la herramienta.

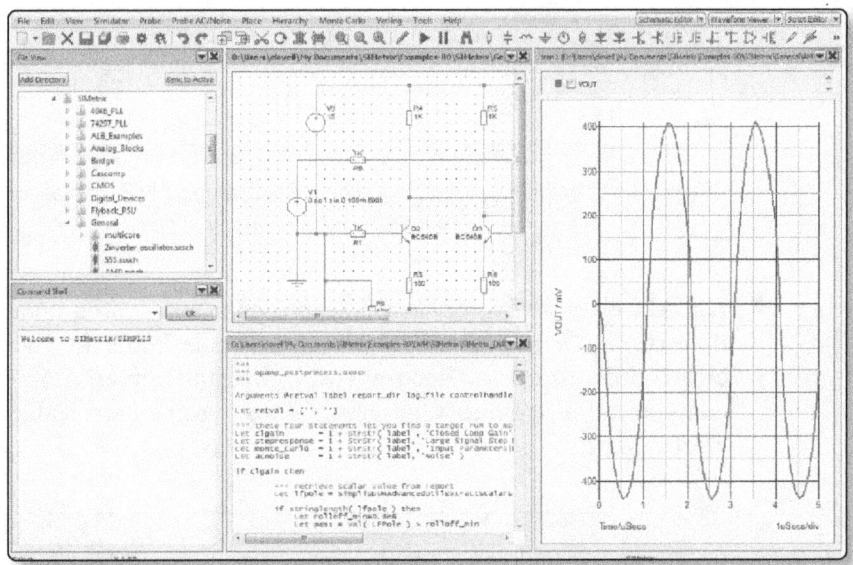

Figura 8.2. Imagen de la interface de usuario de SIMetrix (*http://www.simetrix.co.uk/Files/manuals/8.0/UsersManual.pdf*)

▼ **Livewire** (*http://www.new-wave-concepts.com/ed/livewire.html*) es otro sofisticado *software* para el diseño y simulación de circuitos electrónicos. Interruptores, transistores, diodos, circuitos integrados y cientos de componentes más se pueden interconectar para evaluar su comportamiento. Un aspecto curioso del programa es que cuando el rango máximo de un componente es excedido, explota en pantalla.

Dispone de tutoriales y *software* de evaluación.

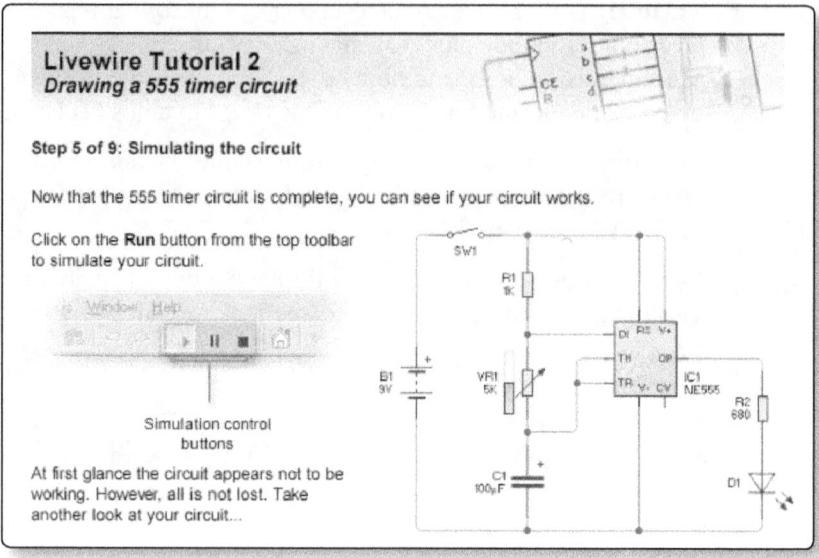

Figura 8.3. Tutorial Livewire sobre un circuito temporizador 555 (*http://www.new-wave-concepts.com/files/LWtutor2.pdf*)

▼ **KiCAD** (*http://kicad-pcb.org/*) se presenta como programa de código libre (GPL, *General Public Licence*, Licencia Pública General) para la creación de esquemas electrónicos y circuitos impresos. Se trata de un conjunto de programas y un gestor de proyectos para realizar circuitos electrónicos.

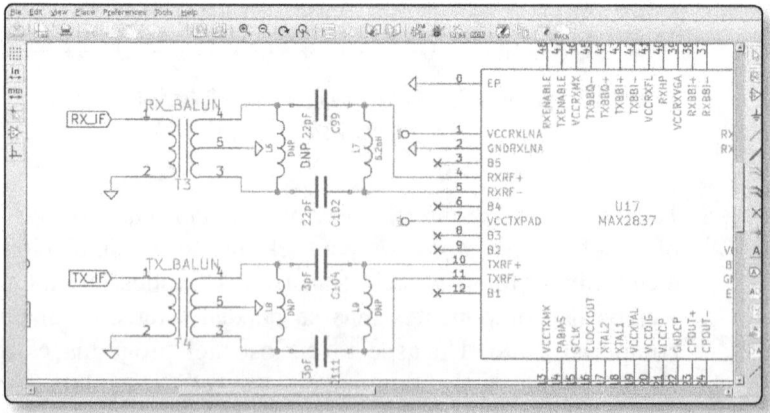

Figura 8.4. Representación esquemática de un circuito con KiCAD
(*http://kicad-pcb.org/img/frontpage/kicad_eeschema.png*)

▼ **Micro-Cap** (*http://www.spectrum-soft.com/*) es un editor de esquema de circuito y simulador mixto analógico/digital que ofrece un entorno interactivo de simulación. Su lanzamiento fue en 1982 y, desde ese momento, ha avanzado con interfaz más intuitiva y complejos algoritmos numéricos con el objetivo de generar un gran nivel de simulación más real y con más facilidad de uso.

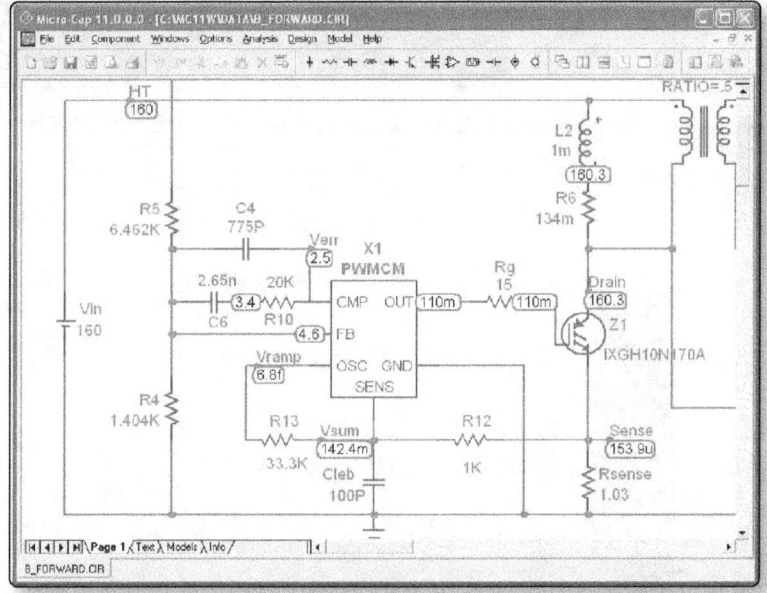

Figura 8.5. Representación esquemática con Micro-Cap *(http://www.spectrum-soft.com/demo/schemati.shtm)*

- **Orcad** (*http://www.orcad.com*) es uno de los programas para el diseño y simulación de circuitos más extendidos. Una de sus propiedades interesantes es que dispone de una base de componentes actualizable. A continuación, se muestran algunos de los paquetes del *software*.

- **OrCAD Capture:** permite dibujar esquemas de circuitos electrónicos, tanto analógicos como digitales o mixtos.

- **OrCAD Pspice AD:** permite simular el comportamiento de circuitos electrónicos analógicos, digitales o mixtos.

- **OrCAD Espress:** permite describir sistemas digitales, empleando el lenguaje de descripción del *hardware* VHDL, simulándolos a nivel funcional.

- **OrCAD Layout:** permite diseñar placas de circuito impreso (PCB) para soportar circuitos electrónicos.

	OrCAD Lite	OrCAD Capture	OrCAD PSpice Designer	OrCAD PSpice Designer Plus	OrCAD PCB Designer Standard	OrCAD PCB Designer Professional	OrCAD PCB Designer Professional w/ PSpice	OrCAD PCB SI
	Free version introducing all the features and functionality in OrCAD technology	An industry standard product in schematic design entry	A highly integrated front-end design solution with OrCAD Capture and PSpice A/D in a single package	A suite of advanced analysis capabilities that help designers maximize circuit performance	Basic versions of OrCAD. Proven, easy-to-use PCB place-and-route technology	More functionality for constraint management, advanced PCB editing, and upgraded placement	Adding PSpice® A/D, a full-featured analog simulator with support for digital elements	SI solution that helps designers test design alternatives and make important trade-offs very early in the design process
	download free	learn more	learn more	learn more	learn more	learn more	learn more	learn more
OrCAD Capture	Limited	✓	✓	✓	✓	✓	✓	
OrCAD CIS	Limited	Option	Option	Option	Option	Option	Option	
PSpice A/D	Limited		✓	✓			✓	
PSpice Advanced Analysis	Limited			Option	✓		Option	
OrCAD PCB Editor	Limited				✓	✓	✓	
SPECCTRA for OrCAD	Limited					✓	✓	
OrCAD Signal Integrity	Limited					✓	✓	✓

Figura 8.6. Tabla de productos y tecnología OrCAD *(http://www.orcad.com/products/orcad-overview)*

8.3 HERRAMIENTA PARA EL DISEÑO DE PROTOTIPOS CON ARDUINO. FRITZING

El desarrollador puede encontrar varios entornos de Programación Gráfica para sus aplicaciones con Arduino.

Estos programas, que se encuentran en el mercado, se pueden clasificar de la siguiente manera:

- ▼ **Entornos Autónomos**, donde el *software* permite programación. Ejemplos de *software libre*: Minibloq, Amici, Ardublock y Mind+; y de *software* comercial: ModKit, VirtualBreadBoard y VBB-JARVIS.

▼ **Entornos Esclavos**, para monitorizar, por ejemplo: Etoys, Snap!, Scratch 2.0, Pure Data, o comerciales, como Labview, Firefly o MyOpenLab.

▼ **Entornos de desarrollo de prototipos**, *Fritzing*.

Las herramientas libres pueden ser consultadas y descargadas en Internet. Como ejemplo, se puede ver ArduBlock, una utilidad gráfica cuya misión es generar código compatible con el entorno IDE de Arduino. ArduBlock ofrece una colección de bloques funcionales muy básicos que facilitan la comprensión de la programación. Es un *software* sencillo de instalar y con gran aplicación en niveles educativos, donde el usuario no necesita conocimientos de programación.

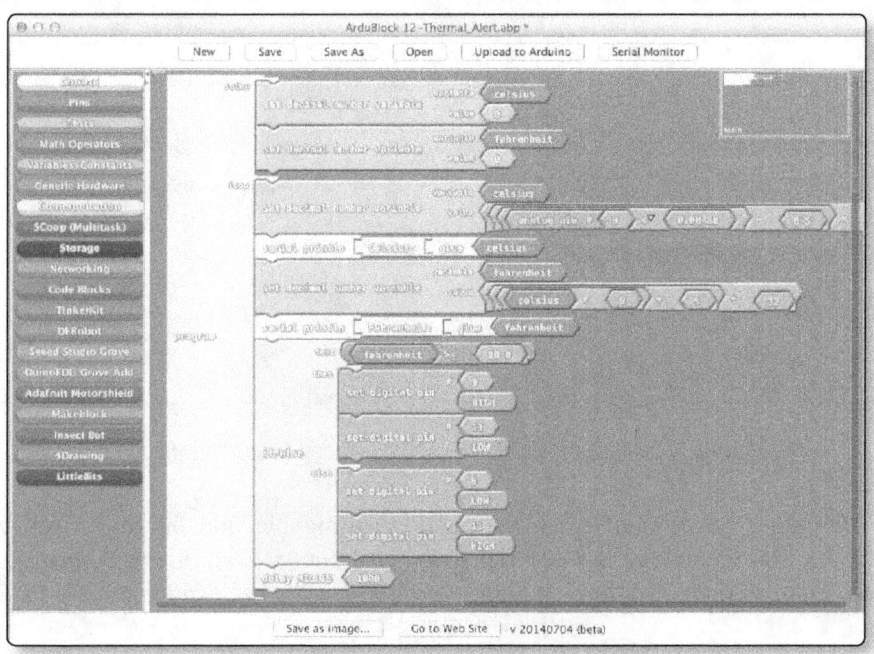

Figura 8.7. Ejemplo del software ArduBlock

A lo largo del libro se han mostrado diseños realizados con ***Fritzing***.

Fritzing, como se dice en su página web (*http://fritzing.org*), es una iniciativa de *hardware* de código abierto que hace que la electrónica sea más accesible como material para la creación dirigida a todo el mundo. Ofrece una herramienta *software*, una comunidad *Website* y servicios bajo los entornos de *Processing* y *Arduino*. Su objetivo, por tanto, es proveer las herramientas que faciliten la documentación y el intercambio de proyectos.

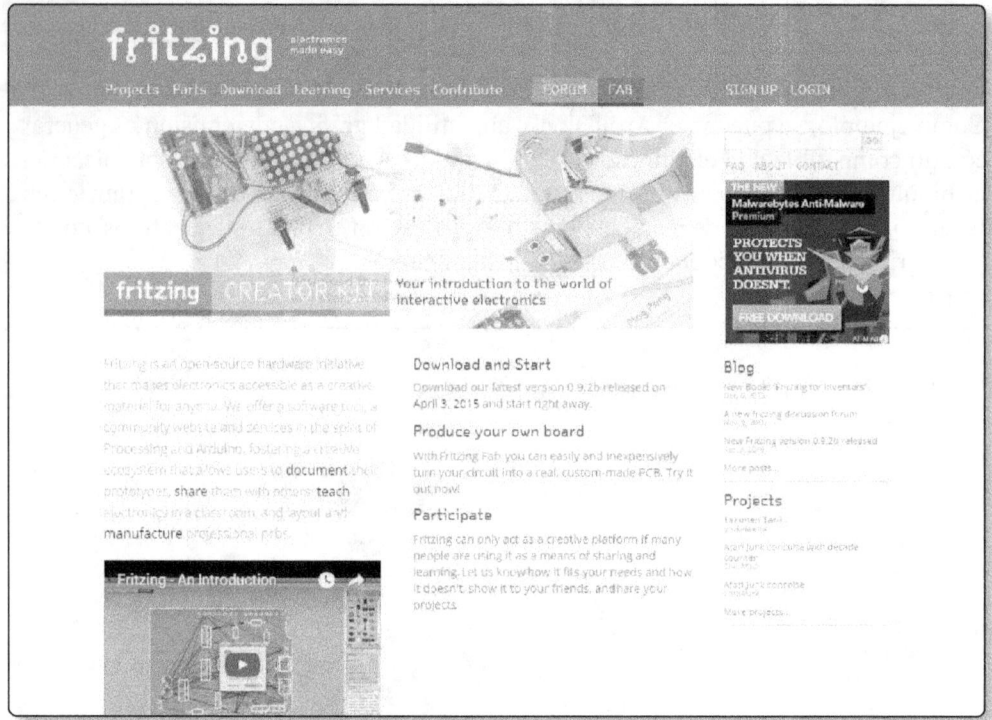

Figura 8.8. Pantalla principal de la web de Fritzing (*http://fritzing.org*)

Fritzing posee una interfaz de usuario amigable que facilita y agiliza el trabajo. En ésta se incluye la **vista del proyecto**, donde el circuito es construido y editado. La vista puede ser la de laboratorio con *protoboard*, esquemática o PCB.

La pantalla de trabajo de *Fritzing* se divide en:

- ▼ **Vista del Proyecto** – donde se desarrolla el circuito electrónico virtual en vista de *protoboard* (placa de prototipos), esquema o PCB.

- ▼ **Ventana de Paleta** – donde se incluye la librería de piezas, el inspector de piezas, historial de acciones y navegador de proyectos.

- ▼ **Creador de Piezas** – es una herramienta para modificar o crear piezas para Fritzing.

Capítulo 8. **HERRAMIENTAS DE SIMULACIÓN ELECTRÓNICA CON ARDUINO** 219

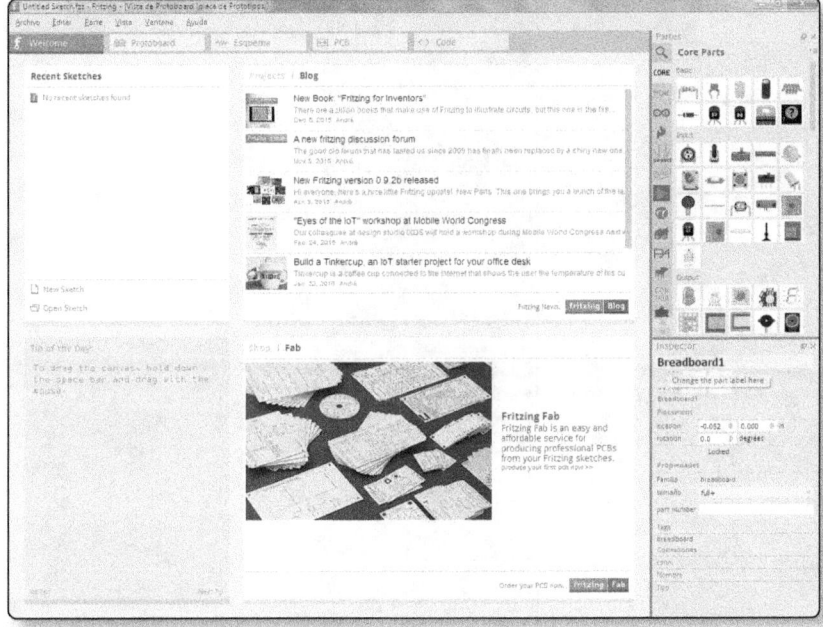

Figura 8.9. Pantalla principal de la herramienta Fritzing (*http://fritzing.org*)

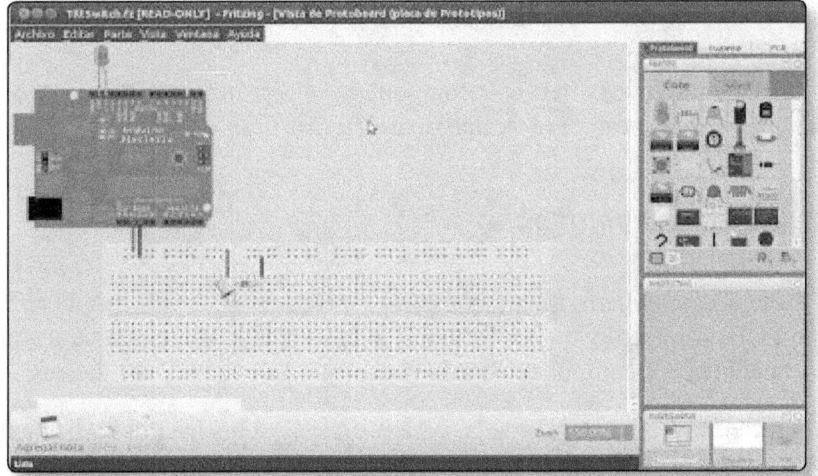

Figura 8.10. Ejemplo de diseño con Arduino utilizando la herramienta Fritzing (*http://fritzing.org*)

A la derecha de la pantalla se muestra la barra de menú con todos los componentes y opciones. Si un componente es personalizable, en la mitad inferior de la barra de herramientas se mostrarán las opciones de personalización disponibles para la parte específica.

Figura 8.11. Barra de menú en Fritzing (*http://fritzing.org*)

Seleccionando los diferentes componentes y situándolos en el *protoboard*, el desarrollador logrará crear su prototipo de una forma muy intuitiva.

8.4 SIMULACIÓN CON PROTEUS

Proteus es una herramienta completa y potente de simulación de circuitos y diseño de PCB. Dentro de la simulación de circuitos admite componentes pasivos, digitales, analógicos y componentes más complejos, como LCD y motores.

A diferencia de *123DCircuits*, para utilizar Proteus hace falta licencia, pero desde la página oficial *Labcenter Electronics (http://www.labcenter.com)*, empresa propietaria de Proteus, es posible descargarse una versión demo bastante completa. Esta versión tiene todas las características de pago, salvo que no se podrán guardar los proyectos que se desarrollen.

Proteus, en definitiva, es un entorno integrado diseñado para la realización completa de proyectos de construcción de equipos electrónicos en todas sus etapas: diseño, simulación, depuración y construcción.

Proteus, por tanto, se compone de varios programas, que están perfectamente integrados entre sí.

▼ **Isis** (*Intelligent Schematic Input System,* Sistema Inteligente de Entradas Esquemáticas o captura de esquemas) es un módulo de captura de esquemas. ISIS permite dibujar sobre un área de pantalla el circuito que se desea diseñar.

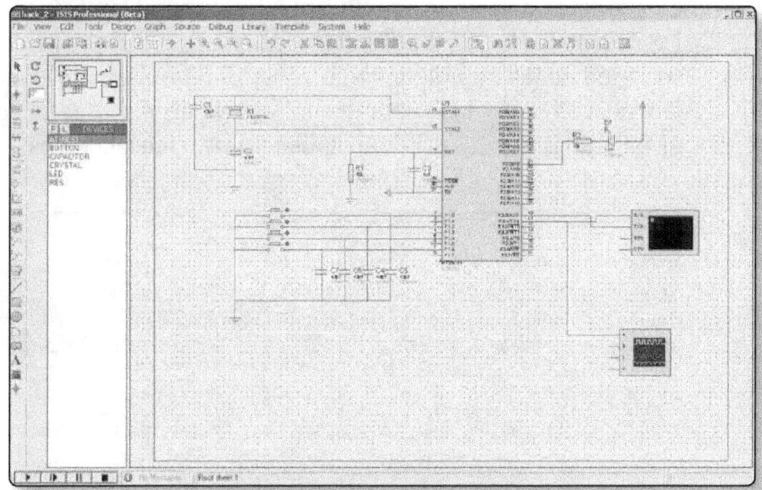

Figura 8.12. Módulo ISIS de Proteus

▼ **Ares** (*Advanced Routing Modelling*, Módulo Avanzado de Enrutado). Se trata del módulo para la realización de circuitos impresos (PCB). Dispone de generador automático de pistas, que permite el uso de hasta 16 capas.

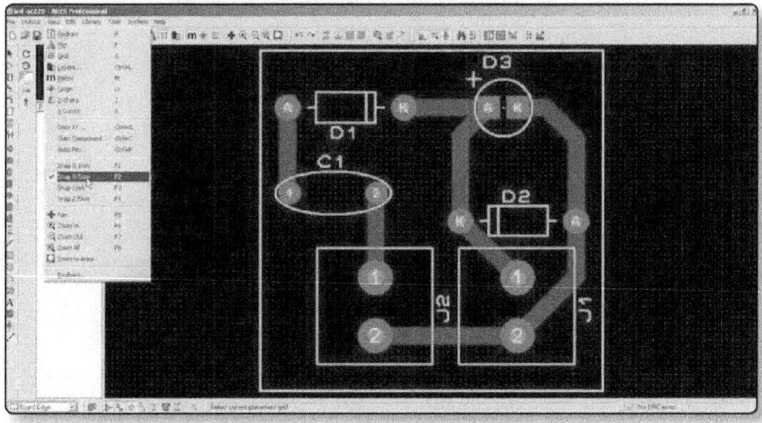

Figura 8.13. Módulo ARES de Proteus

▼ **VSM** (*Virtual System Modelling*, Sistema de Modelado Virtual). Se trata del módulo de simulación que incluye PROSPICE. En la actualidad es posible incluir en la simulación los microcontroladores más conocidos del mercado, así como la lectura de ficheros con código ensamblado para los microprocesadores de las familias PIC, AVR, 8051, HC11, ARM/LPC200, etc. Dispone de interacción en tiempo real con *hardware* utilizando modelos de periféricos animados como led, *displays*, teclados, simuladores de protocolos I2C, etc. Se dispone también de Proteus VSM USB, donde se puede simular con puerto USB. Las comunicaciones son modeladas completamente hasta el nivel del *driver* para el Sistema Operativo, con las peticiones y respuestas del dispositivo USB visualizadas con ayuda del Analizador de Transacciones.

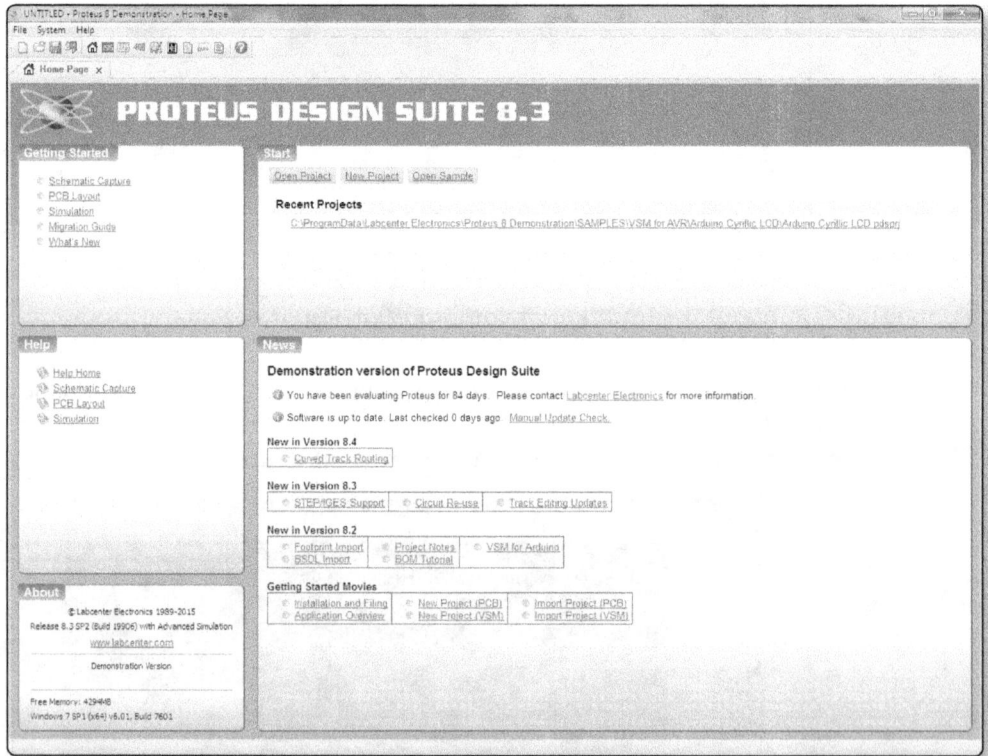

Figura 8.14. Pantalla de inicio de Proteus Design Suite 8.3

8.5 HERRAMIENTA LIBRE DE SIMULACIÓN *ON-LINE* PARA ARDUINO.123D CIRCUITS

En la actualidad es posible encontrar herramientas gratuitas en Internet para el aprendizaje y la docencia de proyectos electrónicos mediante simulación y emulación de circuitos. Estos proyectos se apoyan en el *software* libre.

En el caso de Arduino, al ser más específico, es más complicado, pero hay dos herramientas principalmente que ofrecen este tipo de posibilidades. Una de ellas es el llamado **123D Circuits**, creado conjuntamente por **Autodesk** (creador de AutoCAD) y **Circuits.io**, que saca a la luz un simulador gratuito, el cual incluye Arduino y los *protoboards* para trabajar como en un auténtico laboratorio. Autodesk está promoviendo así el *open hardware*, ya que los desarrollos que se realicen serán públicos y estarán en la nube; de lo contrario, se ha de pagar. El *software* gratuito y *on-line* para el desarrollo de proyectos con Arduino permite colaborar con los demás e incrustar el circuito directamente en una página web. Así mismo, se puede programar la placa Arduino y simular la aplicación.

En la página web de 123D Circuits se dispone de un tutorial bastante completo, donde se explican y abordan las diferentes posibilidades de desarrollo. A continuación, se muestra un resumen para iniciar un proyecto, y un proyecto de ejemplo.

Utilizando el explorador, situamos la página donde se aloja el *software* https://123d.circuits.io/

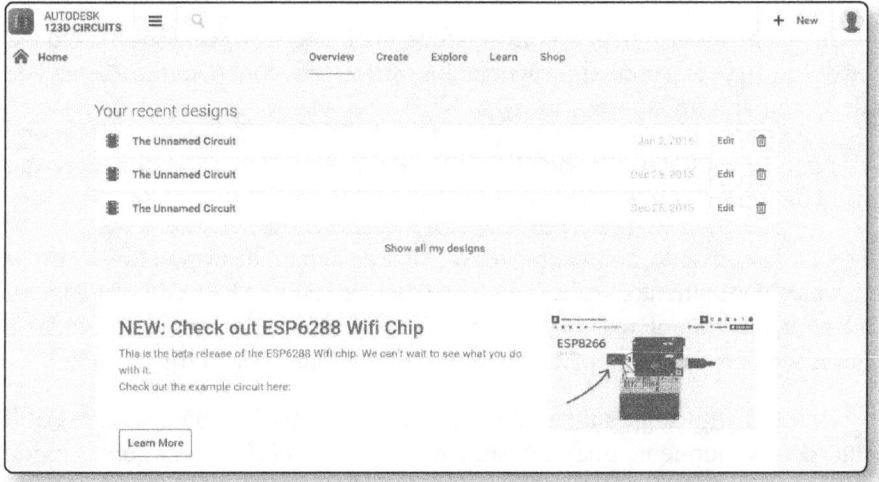

Figura 8.15. Pantalla de inicio en 123D Circuits (Autodesk)

Hay que darse de alta para poder crear proyectos. Una vez dado de alta en *circuits.io*, para crear un nuevo proyecto, se pulsa en el botón **+** New y aparecerá el siguiente menú a la derecha de la pantalla:

Figura 8.16. Menú de inicio para la creación de proyectos

Pulsando en *New Electronic Lab*, se accede a la pantalla del proyecto.

En la pantalla del proyecto aparece en blanco el *protoboard*. Con él, se podrán desarrollar las conexiones para los proyectos con Arduino de una forma cómoda y similar a un laboratorio.

En este momento se puede comenzar a elegir los componentes para el desarrollo del proyecto pulsando en **+ Components**.

Una vez pulsado, aparecerán, en la parte de debajo de la pantalla del proyecto, los diferentes componentes. A la derecha se dispone de una barra de desplazamiento vertical para mostrar el resto de componentes. También permite desplazar hacia arriba esta sección de componentes para ver más en pantalla al mismo tiempo.

En el ejemplo que sigue se va a utilizar la barra de búsqueda escribiendo **arduino** (o el componente que se desee), donde aparecerán los siguientes modelos:

Figura 8.17. Pantalla de proyecto en 123D Circuits (Autodesk)

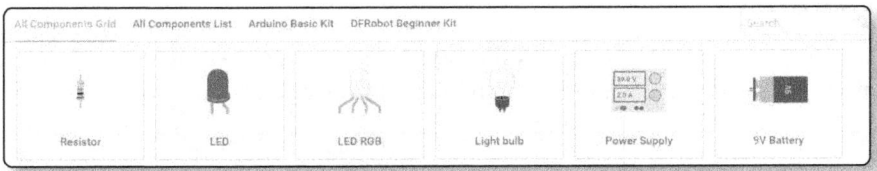

Figura 8.18. Zona de componentes en 123D Circuits (Autodesk)

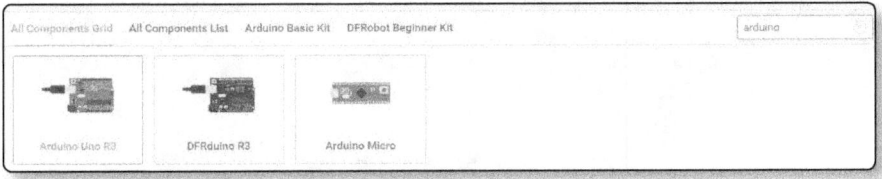

Figura 8.19. Componentes de Arduino en 123D Circuits (Autodesk)

Para un primer ejemplo visual sencillo, se puede elegir una pila y una bombilla que, conectadas al *protoboard* de la manera adecuada, hará que la bombilla se encienda al comenzar la simulación. Una vez colocados los componentes, se puede iniciar la simulación pulsando en el botón ▶ Start Simulation situado arriba a la derecha.

Inmediatamente, se puede ver el resultado de la simulación al encenderse la bombilla.

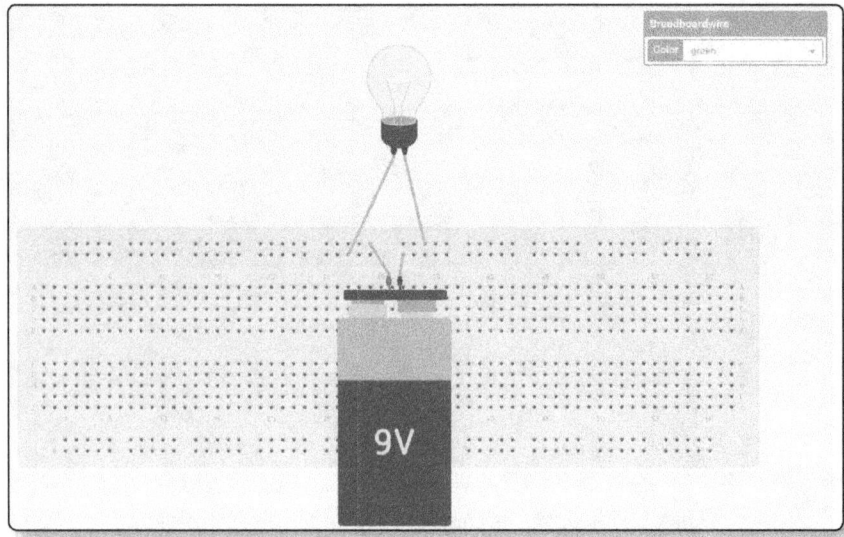

Figura 8.20. Ejemplo de simulación de encendido de bombilla con el software 123D Circuits (Autodesk)

En el caso de querer desarrollar una aplicación con Arduino, se escogerá de la pantalla de componentes la placa con la que se desee trabajar.

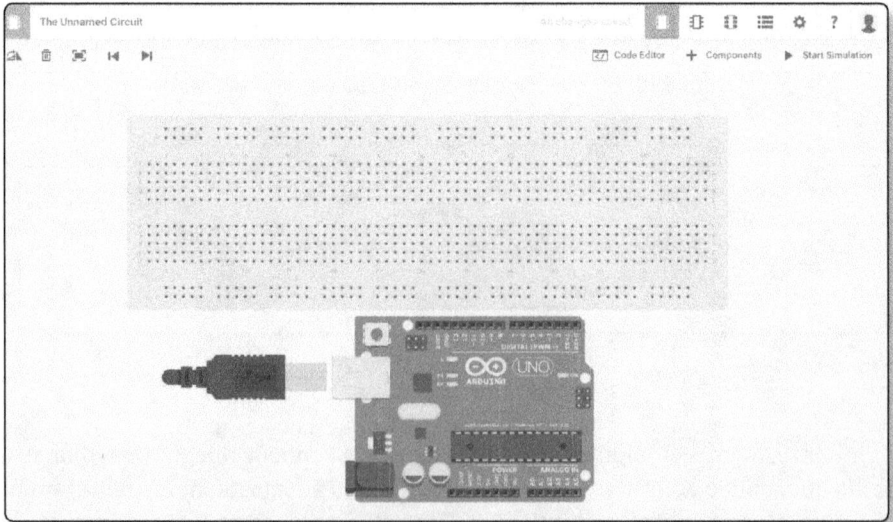

Figura 8.21. Arduino en 123D Circuits (Autodesk)

Arriba a la derecha se sitúan los siguientes botones, que permiten ver la vista esquemática (*schematics view*), vista PCB (PCB *view*) y cuenta de materiales (*bill of material*), así como la vista de configuraciones (*settings view*). Al poner el ratón encima, aparece el texto de lo que hace cada uno.

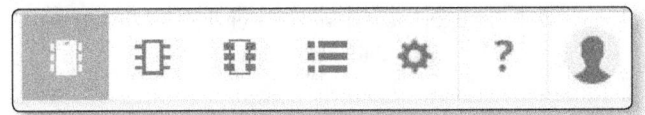

Figura 8.22. Botones para selección de vistas en 123D Circuits (Autodesk)

Figura 8.23. Ejemplo de simulación de encendido de bombilla con vista esquemática en 123D Circuits (Autodesk)

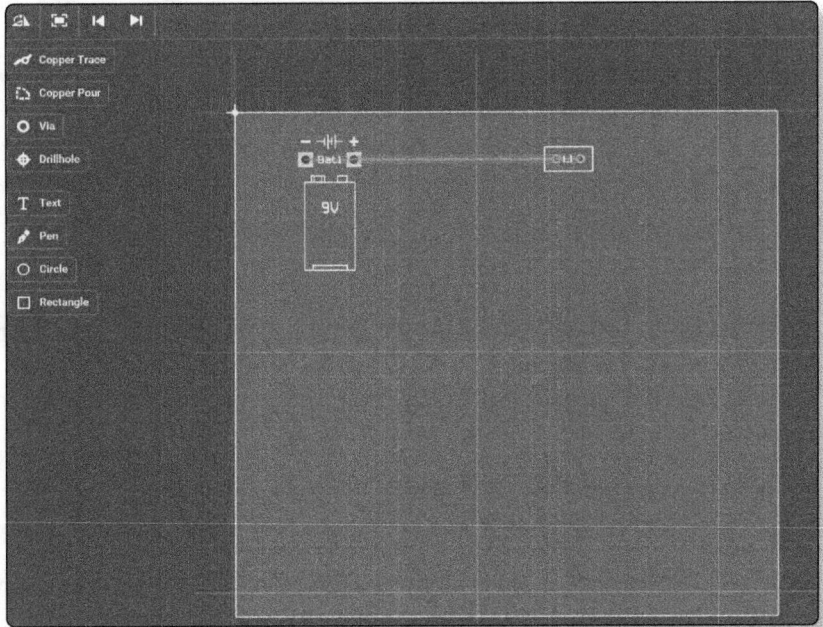

Figura 8.24. Ejemplo de simulación de encendido de bombilla con vista PCB en 123D Circuits (Autodesk)

IDs	#	Component	Footprint	Properties
Bat1	1	9V Battery This battery is commonly used to connect to power the breadboard	Battery Connector (forked)	
L1	1	Light bulb Incandescent light bulb 12V / 3W	2 pin	

Figura 8.25. Ejemplo de lista de materiales del proyecto encendido de bombilla con vista PCB en 123D Circuits (Autodesk)

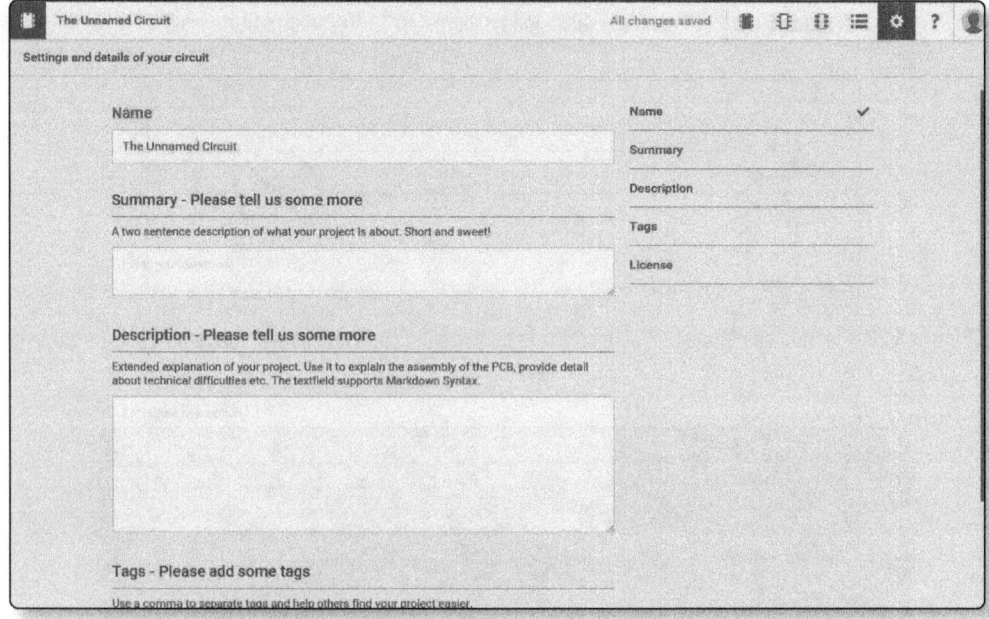

Figura 8.26. Vista de configuraciones en 123D Circuits (Autodesk)

A continuación, se muestra el desarrollo de una aplicación con placa Arduino UNO con el objetivo de ver encender un LED en el pin 13. De esta forma, se podrá evaluar cómo es posible practicar los diferentes proyectos que se deseen con este *software* de simulación *on-line*.

En primer lugar, se sitúan los componentes de Arduino UNO R3 y el LED. Se realizan las conexiones en el *protoboard*, tal y como se indica en la figura.

El código para hacer parpadear un LED con Arduino ya se indicó anteriormente. Se muestra a continuación, aunque este código vendrá dado ya por defecto en la simulación:

```
// Pin 13 has an LED connected on most Arduino boards.
// give it a name:
int led = 13;

// the setup routine runs once when you press reset:
void setup() {
  // initialize the digital pin as an output.
  pinMode(led, OUTPUT);
}

// the loop routine runs over and over again forever:
void loop() {
  digitalWrite(led, HIGH);   // turn the LED on (HIGH is the voltage level)
  delay(1000);               // wait for a second
  digitalWrite(led, LOW);    // turn the LED off by making the voltage LOW
  delay(1000);               // wait for a second
}
```

Una vez introducido el código que se desea para hacer parpadear al LED, con el tiempo de parpadeo que se indica en *delay()*, la aplicación ya se podrá simular.

Para ello, se pulsa en *Upload & Run* del editor de código, y se podrá observar cómo actuaría la simulación.

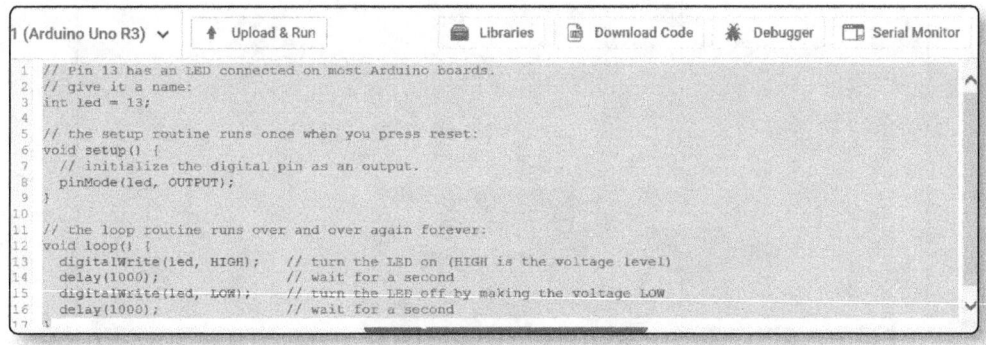

Figura 8.27. Editor de Código para programar el microprocesador en 123D Circuits (Autodesk)

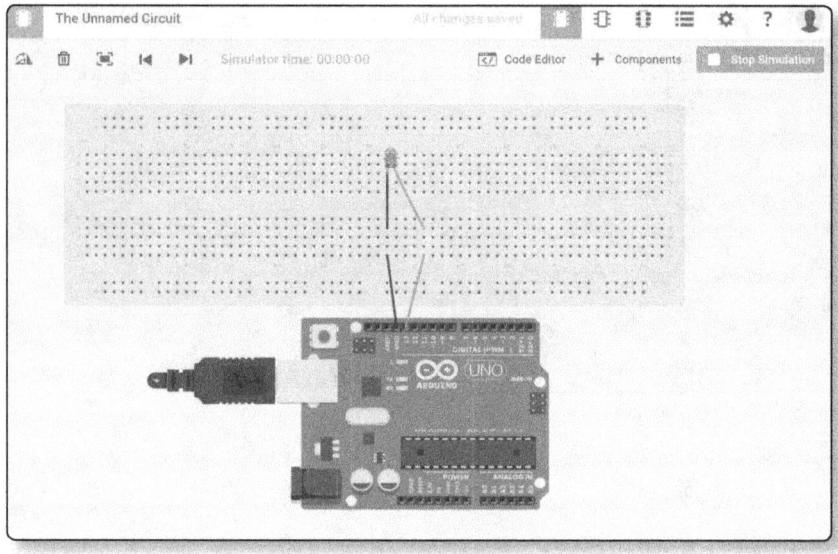

Figura 8.28. Ejemplo de simulación de parpadeo de un LED con la placa Arduino UNO R3 en en 123D Circuits (Autodesk)

La simulación funciona, pero enseguida vemos que el LED aparece como con una explosión. Para ello, conviene utilizar la resistencia de valor 220 Ω conectado al ánodo del LED.

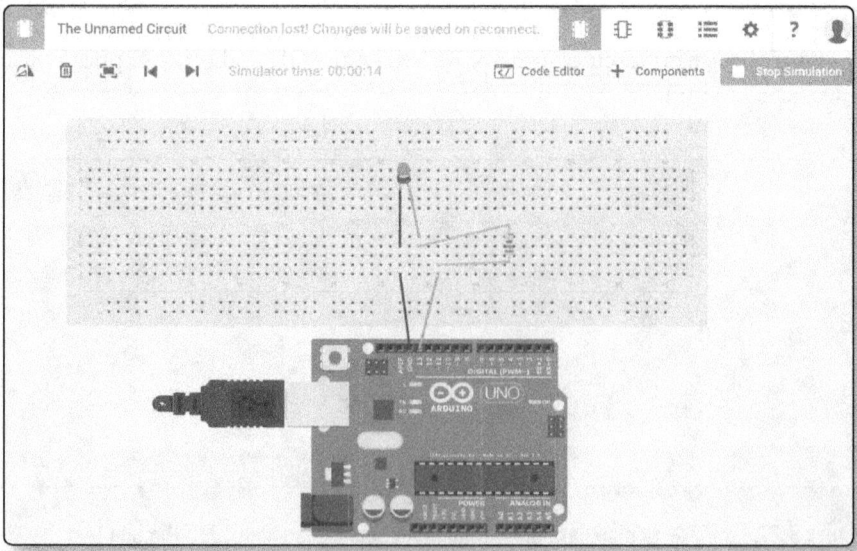

Figura 8.29. Ejemplo de simulación de parpadeo de un LED con resistencia con la placa Arduino UNO R3 en 123D Circuits (Autodesk)

Se puede observar que el LED (L) de la placa de Arduino también se enciende al estar éste conectado también al pin 13.

En el apartado *Learn* (aprender) se pueden ver diferentes tutoriales, desde un simple *sketch* hasta proyectos más complejos. Con ello, es posible hacerse una idea de las diferentes aplicaciones que tiene la placa y simular sus comportamientos de una forma rápida.

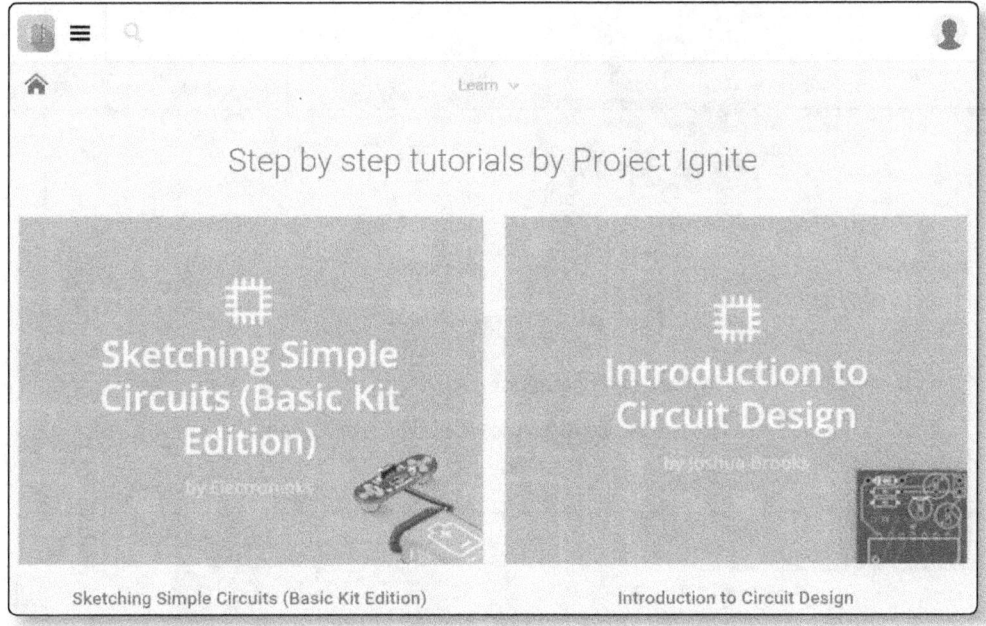

Figura 8.30. Tutoriales en 123D Circuits (Autodesk)

Se dispone también de proyectos ya elaborados, donde se pueden trabajar, modificar y simular. A continuación, se cita un ejemplo:

El proyecto *Oscilloscope Basics* enciende y apaga un diodo LED conectado al pin digital 13. La cantidad de tiempo que el LED estará encendido o apagado depende del valor obtenido por *analogRead ()*. En el caso más sencillo se conecta un potenciómetro al pin 2.

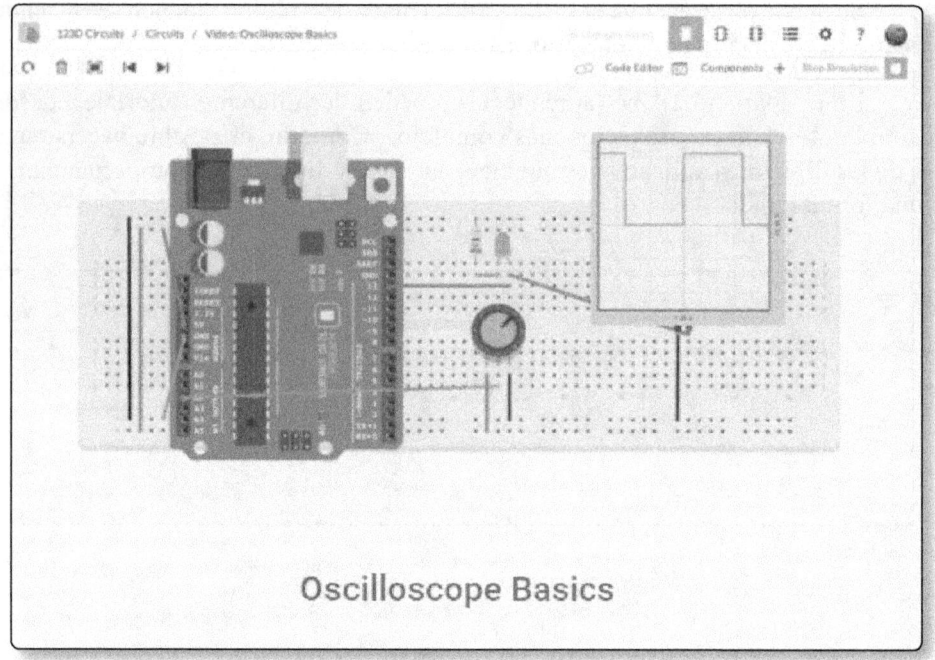

Figura 8.31. Proyecto Osciloscopio básico (Oscilloscope Basics) Arduino con 123D Circuits (Autodesk)

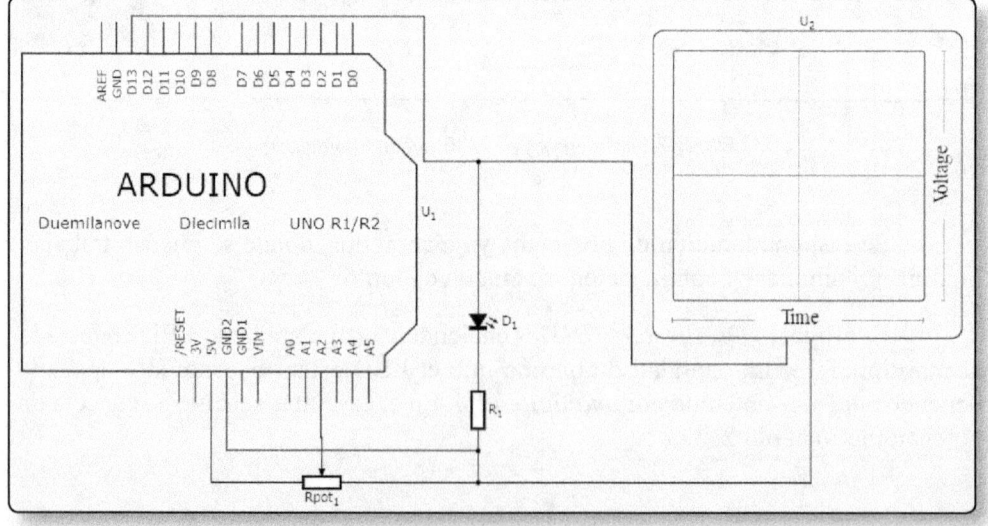

Figura 8.32. Vista esquemática del proyecto Osciloscopio básico con 123D Circuits (Autodesk)

Capítulo 8. **HERRAMIENTAS DE SIMULACIÓN ELECTRÓNICA CON ARDUINO**

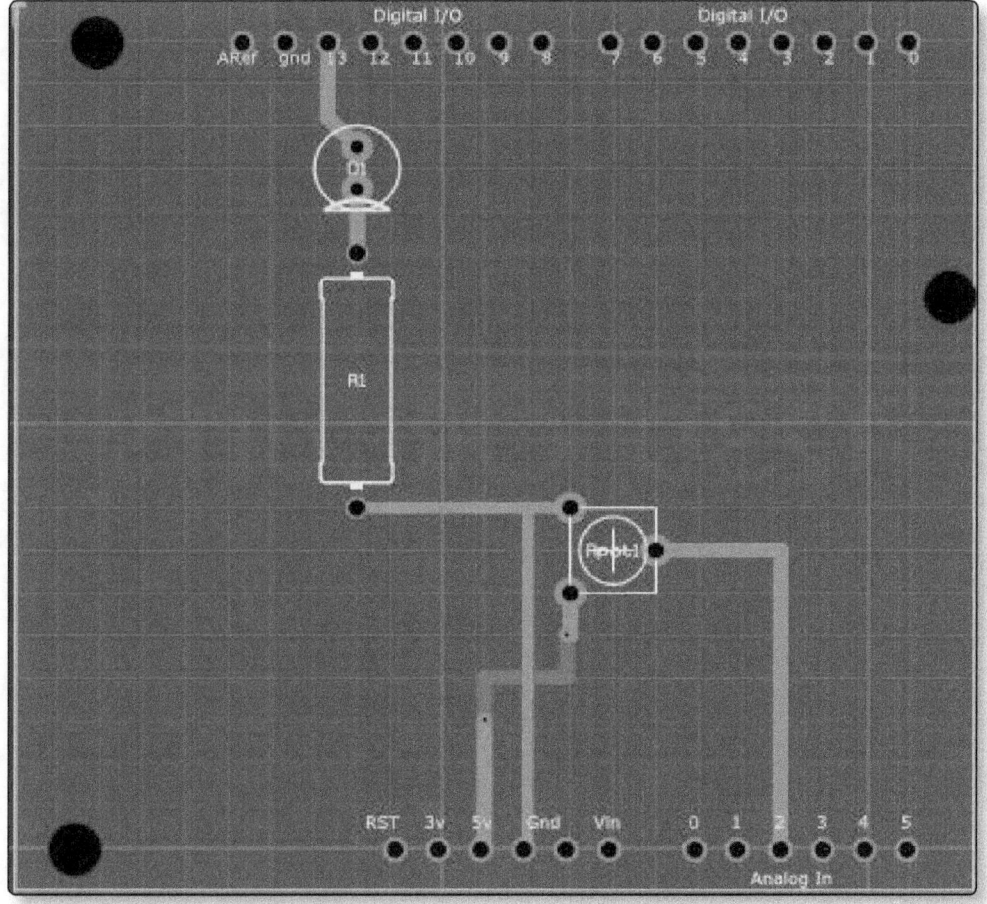

Figura 8.33. Vista PCB del proyecto Osciloscopio básico con 123D Circuits (Autodesk)

En el editor se muestra el siguiente código:

```
/* Analog Read to LED
 * ------------------
 *
 * turns on and off a light emitting diode(LED) connected to digital
 * pin 13. The amount of time the LED will be on and off depends on
 * the value obtained by analogRead(). In the easiest case we connect
 * a potentiometer to analog pin 2.
```

```
 *
 * Created 1 December 2005
 * copyleft 2005 DojoDave <http://www.0j0.org>
 * http://arduino.berlios.de
 *
 */

int potPin = 2;    // select the input pin for the potentiometer
int ledPin = 13;   // select the pin for the LED
int val = 10;      // variable to store the value coming from the sensor

void setup() {
  pinMode(ledPin, OUTPUT);  // declare the ledPin as an OUTPUT
}

void loop() {
  val = analogRead(potPin);       // read the value from the sensor
  digitalWrite(ledPin, HIGH);     // turn the ledPin on
  delay(val);                     // stop the program for some time
  digitalWrite(ledPin, LOW);      // turn the ledPin off
  delay(val);                     // stop the program for some time
}
```

BIBLIOGRAFÍA

- http://www.industrialshields.com
- https://industruino.com/
- http://www.naylampmechatronics.com/blog/27_Tutorial-Ethernet-Shield-y-Arduino.html
- https://www.arduino.cc/en/Tutorial/ShiftOut
- https://instrumentacionelectronica1.wordpress.com/2014/09/26/caracteristicas-estaticas/
- http://www.orcad.com/products/orcad-overview
- http://www.spectrum-soft.com/demo/schemati.shtm
- http://kicad-pcb.org/img/frontpage/kicad_eeschema.png
- http://www.new-wave-concepts.com/files/LWtutor2.pdf
- http://www.simetrix.co.uk/Files/manuals/8.0/UsersManual.pdf
- http://www.ni.com/multisim/whatis/esa/
- http://www.visualmicro.com/
- http://www.atmel.com/microsite/atmel-studio/
- http://flat5.net/2012/07/arduino-on-eclipse/
- https://zbutton.wordpress.com/2010/03/02/aplicaciones-graficas-con-processing-y-arduino//)
- http://diymakers.es/arduino-processing-primeros-pasos/
- http://www.ajpdsoft.com/modules.php?name=News&file=article&sid=570

- https://learn.sparkfun.com/tutorials/connector-basics
- http://www.pcdigital.com.mx/datafeed_shopmania_oscommerce.php
- http://rrgtechnology.blogspot.com.es/2013/04/arduino-presenta-su-nueva-placa-gsm.html
- https://www.arduino.cc/en/Main/ArduinoWiFiShield
- http://saber.patagoniatecnology.com/ethernet-shield-r2-v5-arduino-mega-uno-compatible-red-ptec
- http://www.electronicagimeno.com/store/arduino-motor-shield-rev3
- https://www.arduino.cc/en/Main/ArduinoProtoShield
- http://www.enerzuul.es/?p=328
- http://blog.conmasfuturo.com/2015/11/04/que-es-arduino-y-que-le-diferencia-de-otras-herramientas/
- http://www.radiolocman.com/review/article.html?di=112746
- https://solarbotics.com/product/50458/
- http://www.pccomponentes.com/arduino_esplora_compatible_arduino.html
- http://ultra-lab.net/tienda/arduino-pro-mini-328-5v16mhz
- http://tienda.bricogeek.com/arduino/152-arduino-pro-328-5v-16mhz.html
- http://www.electronicaestudio.com/lilypad_arduino.htm
- http://es.aliexpress.com/popular/arduino-nano-v3.0-microcontroller-board.html
- http://www.electan.com/arduino-fio-p-3089.html
- http://www.educachip.com/arduino-ethernet-shield/
- http://5hertz.com/tutoriales/?p=571
- http://www.lib.sfu.ca/borrow/borrow-materials/laptops-equipment/arduino-mega-2560
- https://store.arduino.cc/product/A000062
- http://tavendo.com/blog/post/arduino-yun-with-autobahn/
- http://ultra-lab.net/tienda/arduino-leonardo
- http://diymakers.es/arduino-zero-nueva-placa-arduino/
- http://diegorys.es/2014/10/02/primeros-pasos-con-arduino/
- https://www.arduino.cc/en/uploads/Main/Arduino_Uno_Rev3-schematic.pdf

- http://www.neoteo.com/comparativa-arduino-arduino-vs-el-resto-15399
- http://www.luisllamas.es/2015/08/salidas-analogicas-pwm-en-arduino/
- http://gammon.com.au/spi
- http://www.prometec.net/bus-spi/
- http://www.ikkaro.com/comunicacion-i2c-arcuino/
- http://quick2wire.com/articles/i2c-and-spi/
- http://www.luisllamas.es/2014/04/arduino-puerto-serie
- http://beagleboard.org/
- http://www.elandroidelibre.com/2013/03/todo-sobre-el-usb-otg-que-es-como-se-usa-es-compatible-mi-smartphone.html
- http://quidel.inele.ufro.cl/~jhuircan/PDF_CTOSII/ad03.pdf
- http://quidel.inele.ufro.cl/~jhuircan/PDF_CTOSII/ad03.pdf
- http://www.ie.itcr.ac.cr/rsoto/TTL%20Data%20Book%20y%20mas/MANUAL_TTL_esp.pdf
- https://es.wikipedia.org/wiki/Puerta_l%C3%B3gica
- http://101science.com/transistor.htm
- https://wikisistemasweb.wikispaces.com/Electronica?responseToken=c2294232e52f8882f745feaef894293e
- *Electrónica general. Teoría, problemas y simulación.* Editorial UNED
- OSHWA. http://www.oshwa.org. OSHWA 2015
- https://hangar.org/webnou/wp-content/uploads/2012/01/capsulab101.pdf
- http://isa.umh.es/asignaturas/asc/temasautomatas/Tema6.pdf
- http://www.unicrom.com/Tut_DAC.asp
- ftp://ftp.ehu.es/cidira/dptos/depjt/Instrumentacion/BK-ANGEL/03_ConvertidoresADC_DAC/Convertidores.pdf
- http://quidel.inele.ufro.cl/~jhuircan/PDF_CTOSII/ad03.pdf
- http://www.elandroidelibre.com/2013/03/todo-sobre-el-usb-otg-que-es-como-se-usa-es-compatible-mi-smartphone.html
- http://diymakers.es/guia-arduino/
- http://www.ikkaro.com/comunicacion-i2c-arcuino/

- http://quick2wire.com/articles/i2c-and-spi/
- http://www.prometec.net/bus-spi/
- https://aprendiendoarduino.wordpress.com/2015/03/26/lenguaje-de-programacion-c/
- https://www.arduino.cc/en/Reference/HomePage
- http://projectbot.blogspot.com.es/2011/01/sobre-arduino-y-su-lenguaje.html
- http://www.google.es/url?sa=t&rct=j&q=&esrc=s&source=web&cd=5&cad=rja&uact=8&ved=0ahUKEwjSh6-nvKTJAhWMaxQKHT5UAlAQFgg4MAQ&url=http%3A%2F%2Ffablab.cenatic.es%2Findex.php%2Frecursos%2Fdecargas%3Fdownload%3D2%3Amanual-de-ardino&usg=AFQjCNHU0JbTDY2nsJeFMJQN5Nt6gZg4AA&sig2=hwE0zABGN7ygLDPHRaKfNw&bvm=bv.108194040,d.ZWU
- http://educacionadistancia.juntadeandalucia.es/profesorado/pluginfile.php/2872/mod_resource/content/1/Arduino_Programming_Notebook_espanol_.pdf
- http://facilitamos.catedu.es/secundariatecnologia/wp-content/uploads/sites/19/2014/06/ARDUINO_APUNTES_2013.pdf
- http://playground.arduino.cc/Main/SketchList
- http://arduineando.matem.unam.mx/contenido/proyectos
- http://fritzing.org
- http://www.open-electronics.org/arduino-as-a-programmable-logic-controller-plc/,
- http://www.murcialanparty.com/jornadas/upload/OSHWCON14-entornos%20graficos%20con%20Arduino.pdf
- http://educacionadistancia.juntadeandalucia.es/profesorado/pluginfile.php/2881/mod_resource/content/1/Unidades_Didacticas_Propuestas.pdf

ÍNDICE ALFABÉTICO

A

ADC, 46, 47, 56, 87, 93, 94, 95
Acoplamiento, 108
Actuadores, 9, 10, 49, 62, 63, 65, 69, 75, 76, 105, 171, 173, 175, 176, 187, 188
Álgebra de Boole, 39
Algoritmos, 9, 115, 215
Analógica, 7, 15, 28, 29, 30, 32, 45, 46, 77, 85, 86, 87, 94, 95, 97, 99, 100, 101, 104, 105, 106, 129, 132, 133, 140, 174, 176, 177, 183, 196
AND, 39, 40, 121
Arduino UNO, 47, 50, 60, 61, 64, 69, 74, 76, 78, 79, 80, 81, 83, 84, 85, 87, 88, 89, 90, 91, 92, 93, 95, 96, 101, 107, 108, 127, 128, 129, 142, 143, 149, 151, 152, 157, 169, 174, 176, 184, 189, 228, 230,
Arduino Zero, 92, 93, 94
Arduino Leonardo, 61, 62, 92, 95, 96, 106
Arduino Yun, 92, 96, 97, 98
Arduino Due, 92, 98, 99, 107
Arduino Mega, 92, 99, 100, 110, 142, 188

Arduino Ethernet, 92, 101, 110, 139, 140
Arduino Fio, 92, 102
Arduino Nano, 92, 102
Arduino LilyPad, 92, 103
Arduino Pro, 92, 103
Arduino Pro Mini, 92, 104
Arduino Esplora, 92, 105
Arduino Micro, 92, 106
Arduino BT, 92, 107
Arduino Duemilanove, 92, 107
Arduino Diecimila, 92, 108
ASCII, 129, 130, 132, 187
Audio, 38, 45, 46, 54, 57, 60, 61, 62, 141, 204
AVR, 52, 69, 70, 71, 159, 160, 222

B

Base, 35, 36, 37, 43, 47, 52. 65. 103, 183, 215
Baterías, 109, 157
Binario, 28, 114, 187, 197
Bit, 43, 46, 47, 48, 56, 59, 61, 75, 77, 78, 80, 85, 86, 88, 89, 92, 94, 98, 119, 127, 130, 137, 142, 174, 188, 191, 196, 203, 204

Bloques, 17, 37, 46, 47, 65, 69, 87, 115, 116, 122, 217
Bobinas, 26, 27, 167
Bombilla, 225, 226, 227, 228
Bucle 122, 123, 124
Bus, 10, 15, 47, 54, 55, 57, 65, 80, 81, 83, 141, 189, 190, 205

C

Cables, 20, 21, 33, 42, 57, 80, 117
Capacidad, 7, 23, 24, 42, 53, 61, 68, 85, 93, 95, 96, 98, 99, 106, 129, 166
Central, 15, 57, 65, 67, 174, 1998
Ciclo, 22, 68, 98, 123, 171, 178, 182
Cifrado, 57
Circuitos, 7, 10, 13, 16, 24, 31, 34, 37, 41, 42, 43, 52, 55, 75, 79, 80, 81, 109, 142, 172, 193, 211, 212, 213, 214, 215, 216, 220, 221, 223
Circuito abierto, 33, 34
Circuito activo, 16
Circuito conversión analógico-digital, 85
Circuito digital, 36, 42, 43
Circuito eléctrico, 15, 16, 20
Circuito electrónico, 32, 75, 218
Circuito pasivo, 16
Circuito regulador, 75
Circuito temporizador 555, 214
Circuitos analógicos, 211
Circuitos conformadores de onda, 17
Circuitos impresos, 214, 216, 221
Circuitos integrados, 34, 41, 42, 43, 52, 57, 64, 66, 79, 81, 142, 191, 193, 213
Circuitos lógicos, 41
Condensadores, 26, 167
Conectores, 15, 47, 57, 77, 104, 208
Conmutar, 134
Contactos, 168

Contador, 121, 122, 123, 126, 127, 140, 197
Controles, 62
Convertidores, 7, 17, 45, 47, 237
Cortocircuito, 33, 34
Codificación, 38
Código ASCII, 133
Código abierto, 50, 63, 70, 108, 158, 217
Código fuente, 102, 114
Código máquina, 114, 115
Convertidores A/D, 45, 46, 47, 54, 127
Convertidores D/A, 47, 67
Convertidores, 17, 46, 54, 129
Corrector de errores, 212
Corrientes, 36
CISC, 68
CMOS, 45

D

DAC, 46, 93, 94, 98
Decodificación, 42
Decimal, 114, 119, 132, 187, 188
Depuración, 68, 115, 160, 220
Desviación, 166
Detectores, 167, 168
Diodos, 7, 16, 32, 33, 34, 43, 106, 125, 213

E

Efecto, 10, 34, 36, 126, 176, 177, 178
Electrónica analógica, 15, 17, 32
Electrónica digital, 37, 38, 42
Enchufe, 20, 26
Enteros, 119, 133, 135, 136
Entrada analógica, 86, 94, 95, 99, 100, 101, 104, 105, 106, 127, 132, 133, 140, 196
Escudos, 8, 9, 61, 91, 93, 108, 109, 202
Escudo Proto, 109

Escudo Motor, 109
Escudo Ethernet, 109, 110, 139, 202,
Escudo Wi-Fi, 109, 111, 140
Escudo GSM, 109, 111, 139, 141
Etapas, 220
Ethernet, 8, 9, 10, 55, 56, 57, 60, 61,
 78, 92, 96, 97, 101, 109, 110, 139,
 140, 202, 205, 206, 207

F

Familia AVR, 69, 70
Familia CMOS, 45
Familia ECL, 45
Familia lógica, 40, 43, 44, 45, 48,
Familia MOS, 45
Familia M68HC08, 58
Familia TTL, 40, 43, 44, 45, 78, 84,
 88, 102, 129, 143
Fan-in, 45
Fan-out, 45
Filtro, 17, 35
Flujo, 18, 27, 36, 115, 116, 120, 123
Fuentes de alimentación, 17, 37
Fuerzas, 17
Función AND,
Función continua, 24
Funciones de lógica digital, 17, 38,
 40, 41, 126

G

Generadores, 7, 16, 20, 21, 22, 167

H

Hardware abierto, 49, 50, 51, 53, 55,
 58, 208
Hardware arduino, 47, 50, 63, 65, 69,
 87, 92, 108
HEX (Hexadecimal), 187, 204

I

Iluminación, 137, 177
Impedancia, 26, 45

Impulsos, 167
Inductancia, 7, 23, 25
Instrumentación, 46
Instrumentos, 212

L

Lámparas, 183
LED, 33, 35, 40, 41, 52, 67, 76, 79,
 82, 84, 106, 124, 126, 128, 134,
 135, 153, 154, 155, 157, 168, 170,
 171, 172, 173, 176, 177, 178, 183,
 184, 189, 190, 197, 199, 222, 228,
 229, 230, 231, 233, 234
Lenguaje C, 70, 116, 117
Lenguaje de alto nivel, 70, 117, 138
Lenguaje de programación, 52, 63,
 70, 114, 115, 140, 158
Lenguaje de programación Arduino,
 70, 116, 117, 118, 195
Lenguaje ensamblador, 114
Lenguaje máquina, 114
Ley de Ohm, 25, 153
Linealidad, 165
Líneas, 108, 158, 160, 188

M

Margen de error, 75
Microchip, 34, 42, 53, 56, 67, 211
Microcontrolador, 37, 38, 43, 46, 51,
 52, 53, 59, 63, 65, 66, 67, 69, 70,
 71, 72, 74, 77, 79, 80, 82, 88, 89,
 90, 92, 93, 94, 95, 96, 97, 98, 99,
 100, 101, 103, 105, 106, 107, 113,
 114, 117, 140, 142, 145, 160,
 164, 168, 171, 174, 186, 211, 222,
Microcontrolador ATMEL, 52, 92
Microprocesador, 17, 29, 38, 43, 46,
 55, 61, 66, 67, 68, 75, 97, 106,
 107, 114, 115, 118, 222, 229
Motores, 85, 109, 139, 142, 168
Movimiento, 10, 17, 21, 75, 167, 180

N

NAND, 40
NOT, 39, 40, 121
NOR, 40
Números enteros, 119, 135
Núcleo, 11, 18, 23, 27

O

OCT (Octal), 187
Ondas, 203
Open hardware, 222
OR, 39, 40

P

Pilas, 68, 70, 75, 157, 225
Placa de circuito impreso, 51, 56
Placa electrónica, 49
Placa hardware, 105, 117
Plataforma electrónica, 49, 51, 63
Plataforma hardware, 49, 59
Peso, 88
Polaridad, 77
Precisión, 46, 87, 119, 142, 165, 166, 167
Producto lógico, 39
Puertas lógicas, 18, 40, 41, 42, 114
Puertos, 10, 15, 47, 48, 52, 55, 57, 60, 77, 78, 90, 129, 143, 153, 174, 195, 197
Pulsador, 59, 82, 198, 200
Pulsos, 28, 164

R

Recuperación de errores, 77
RISC, 52, 68, 69
Rango continuo, 38, 85
Rango de direcciones, 204
Rango de entrada, 46
Rango de salida, 179
Rango de valores, 164, 167

Rango indefinido, 24
Red, 27, 68, 96, 139, 201, 203, 204, 205
Redes, 10, 202, 203, 204
Red Ethernet, 96, 101, 111, 140
Red local, 57
Red móvil, 111
Red resistiva, 46
Red TCP/IP, 140
Red Wifi, 204
Registros, 8, 10, 59, 68, 72, 74, 113, 141, 191, 195, 196, 197
Relés, 38, 75, 109, 168, 183
Reloj, 67, 68, 77, 80, 81, 83, 94, 95, 9+7, 98, 99, 100, 101, 104, 105, 106, 142, 188, 192, 193
Resistor – resistencia, 7, 33, 16, 20, 21, 23, 24, 25, 26, 30, 34, 36, 43, 49, 52, 81, 84, 88, 120, 137, 153, 163, 164, 167, 170, 172, 173, 174

S

Salida analógica, 85, 93, 94, 95, 127, 176, 177,
Semiconductores, 7, 16, 18, 32, 33, 43, 73
Sensibilidad, 43, 165, 166
Sensores, 9, 10, 49, 87, 100, 105, 134, 139, 141, 142, 163, 164, 165, 167, 169, 171, 172, 173, 174, 175, 177, 179, 181, 183, 185, 187, 188, 189, 191, 193, 195, 197, 199, 201, 203, 205, 207, 209
Simulación, 1, 3, 4, 7, 10, 13, 17, 31, 35, 51, 211, 212, 213, 215, 220, 222, 223, 225, 227, 228, 229, 230, 237
Simulación electrónica, 211, 213
Sonido, 178, 180, 38

T

Temporizador, 60, 214
Tensión, 7, 15, 16, 17, 18, 19, 20, 21, 22, 24, 25, 26, 27, 28, 33, 37, 40, 70, 71
Termopares, 167
Toma, 30, 75,
Transformador, 26, 27, 28, 36, 157
Transistores, 7, 16, 33, 35, 37, 40, 42, 43, 163, 213

V

Válvulas, 36, 168
Vídeo, 38, 46, 54, 57, 60, 61, 62, 141
VHDL, 216

W

Wifi

X

XOR, 40

www.ingramcontent.com/pod-product-compliance
Lightning Source LLC
Chambersburg PA
CBHW082116230426
43671CB00015B/2712